SUCCESSFUL
CHINA
Guiding Values of China's Success

缘何成功？
中国的主导价值观

易立亚·奥蒂诺（Peter Hiria Ottino）/ 著

徐嘉璐 / 译

当代世界出版社
THE CONTEMPORARY WORLD PRESS

著作权合同登记号：图字：01-2025-0361 号

图书在版编目（CIP）数据

缘何成功？：中国的主导价值观／（法）易立亚·
奥蒂诺（Peter Hiria Ottino）著；徐嘉璐译. -- 北京：
当代世界出版社，2025. 2. -- ISBN 978-7-5090-1921-4

Ⅰ . F124

中国国家版本馆 CIP 数据核字第 2025BV0031 号

书　名	：	缘何成功？中国的主导价值观
作　者	：	易立亚·奥蒂诺（Peter Hiria Ottino）著；徐嘉璐 译
出品人	：	李双伍
策划编辑	：	刘娟娟
责任编辑	：	刘娟娟
出版发行	：	当代世界出版社
地　址	：	北京市东城区地安门东大街 70-9 号
邮　编	：	100009
邮　箱	：	ddsjchubanshe@163. com
编务电话	：	(010) 83907528
		(010) 83908410 转 804
发行电话	：	(010) 83908410 转 812
传　真	：	(010) 83908410 转 806
经　销	：	新华书店
印　刷	：	北京新华印刷有限公司
开　本	：	710 毫米×1000 毫米　1/16
印　张	：	21
字　数	：	289 千字
版　次	：	2025 年 2 月第 1 版
印　次	：	2025 年 2 月第 1 次
书　号	：	ISBN 978-7-5090-1921-4
定　价	：	118. 00 元

序　言

归根结底，我们需要问的是：哪种政治和经济制度能够很好地满足人民需求？

中国是一个奇迹。第二次世界大战结束时，中国是一个以农耕文明为主、封建、极度贫困的国家，并且，由于半个世纪以来，外国向中国贩运鸦片，中国面临着严重的毒品问题，人均预期寿命为35岁，4亿人口中的大多数是文盲……

在经历了一个多世纪的战乱和外国殖民侵略后，中国人民需要温饱和稳定住所。第一步就是要恢复国家领土主权，建立基础工业体系，提供生活保障。20世纪80年代初，中国从这一目标出发，进行了根本的政治和经济改革，发挥市场力量，实行对外开放，并在全球经济中扮演越来越重要的角色。改革开放以来，中国取得了人类历史上最令人瞩目的减贫成就。中国对世界经济增长年均贡献率长期居世界首位，稳居世界第二大经济体。如今，中国政府致力于解决两个关键问题：一是缩小收入差距；二是建设创新型国家，实现绿色发展。

世界银行表示，中国经济实现了历史上主要经济体最快的持续增长。然而，在这个过程中，中国没有对外输出革命、饥饿和贫穷；从未强迫他国接受自己的意志；从未干涉他国内政……事实就是如此，无论你是否相信。

大多数国外经济学家了解中国经济表现中高度可见的部分，却不甚了解能够带来如此惊人表现的制度和政策，很少有人强调，中国经济的成功源自一种不同于他国的、独特的政治模式。要解释中国的经济成就，就必须承认中国在政治上的成功。

在保持发展稳定与政策连续性的情况下，中国发展政策呈现出四个显著特征：一是精准评估。在地方治理中，各级党的代表大会、人民代表大会及政协地方委员会围绕核心议题展开深入研讨。与会代表、委员深入各级行政区开展实地调研，广泛接触当地民众、专家学者、研究人员，全面收集议题相关的数据统计、调查资料、民众意见、工作报告、审计结果、效果评估报告及可行性研究报告等一手资料，为政策制定提供坚实的数据支撑与民意参考。二是务实导向。在改革进程中，中国始终坚持实事求是，直面新问题，切实解决实际问题，推动社会发展。三是渐进推进。中国摒弃"休克疗法"这类较为激进的改革模式，选择以渐进式的策略稳步推进改革，在维持社会稳定的前提下，逐步释放改革红利，实现经济社会的平稳转型。四是动态适应。中国深刻认识到，不同发展阶段对制度设计和政策安排提出不同要求，因此，中国能够及时调整、优化制度政策，确保其与发展实际相契合。

对任何试图理解政治经济发展一般方式的人而言，中国的非凡成就都是特别的且唯一的研究案例。更重要的是，中国的成功为如何使制度和政策更有效提供了方案。

所以，中国如何取得这一史无前例的成就？中国如何实现如此卓越的经济转型？一个人口总量超过 14 亿的国家如何保持如此高速且长久的发展？是什么带来了这一切？为了回答这些问题，本书以中国官方文件汇编为基础，分为三个主题：政治制度、经济模式和国家政策。中国特色社会主义是当下举世瞩目的新模式，希望本书能为增进读者对中国模式的理解作出些许贡献。

写于茉莉雅岛

2022 年 2 月 26 日

目录
CONTENTS

序言

第一部分

政治制度

第一章　制度结构

中国先后于 1954 年、1975 年、1978 年和 1982 年颁布四部《中华人民共和国宪法》（以下简称"宪法"），分别于 1988 年、1993 年、1999 年、2004 年和 2018 年对宪法进行了五次修订。

宪法是中国的根本法，具有最高法律效力。宪法规定了国家的根本制度和根本任务，确认了中国公民的基本权利和义务。任何违反宪法的法律都是无效的。宪法以序言和四个章节的篇幅表明社会主义制度是中国的根本制度。宪法阐述了中国共产党领导中国的根本原则，确立了中国共产党领导中国的目标。

一、历史沿革

（一）1949 年以前

中国古代的社会和政治秩序受儒释道思想影响，以明确的封建等级制度为基础来维系社会秩序，以法律传统和成文法典来引导和制约社会关系和道德观念。这一封建体制运行至 19 世纪。

中华法系是世界上最古老的法系之一。在大部分历史时期，中华法系都是以儒家思想和法家思想为基础的，强调法律与道德的统一。儒家思想主张通过道德教化实现社会稳定，法家思想则重视法律的约束和规范作用。

继两次鸦片战争签订不平等条约之后，中国集中力量进行社会改革和治理。受日本明治维新的启发，中国改革派开始致力于在中国实行君主立宪制。

年轻的光绪皇帝和他的改革派支持者于 1898 年发起戊戌变法（又称"百日维新"），试图改君主专制为君主立宪制，废除传统科举制度，建立现代教育体系，鼓励皇室成员出国留学，运用资本主义原理发展经济，希望通过发展制造业和商业快速实现中国的工业化……由袁世凯指挥的清朝军队镇压了这场运动。

1908 年，清政府颁布了《钦定宪法大纲》，这是中国第一部宪法性文件。《钦定宪法大纲》以《日本帝国宪法》为基础，由正文"君上大权"和附录"臣民权利义务"等 23 条组成，由慈禧太后以光绪皇帝的名义颁布。任何深刻改革的失败都会催生中国内部革新的动力。大量起义在中国南部地区萌芽，1911 年秋，武昌起义演变为民族民主革命，辛亥革命爆发。清廷响应一系列旨在将专制统治转变为君主立宪制的要求，任命袁世凯为内阁总理大臣。

1912 年，孙中山就任中华民国临时大总统。孙中山的"三民主义"（民族主义、民权主义、民生主义）在中华民国一系列宪法文件中均有所体现。中华民国最后一部正式宪法于 1947 年在内忧外患中仓促颁布并实施。

（二）1949 年之后

1949 年 9 月 21—30 日，政协第一届全体会议在北京召开，代行全国人民代表大会的职权，通过了具有临时宪法性质的《中国人民政治协商会议共同纲领》，制定了《中国人民政治协商会议组织法》《中华人民共和国中央人民政府组织法》。会议将新中国首都定于北京，以五星红旗为国旗，以《义勇军进行曲》为国歌。

全国人民代表大会成立于 1954 年 9 月，是中国人民民主建设的重要里程碑。1982 年年底以前，只有全国人民代表大会这一宪法规定的国家最高权力机关才有权制定法律。

1982 年 12 月，第五届全国人民代表大会第五次会议通过了中国第四部宪法，即 1982 年宪法，这也是中国现行宪法。这部宪法赋予全国人民代表大会常务委员会部分立法权，同时，允许省、自治区、直辖市的人民代表大会及其常务委员会根据本行政区域的具体情况和实际需要，在不同宪法、法律、行政法规相抵触的前提下，制定地方性法规。随后，修改后的《中华人民共和国地方各级人民代表大会和地方各级人民政府组织法》将立法权扩大到省、自治区人民政府所在地的市人民代表大会和国务院批准的特大市人民代表大会，以及相应的常务委员会。

自香港和澳门分别于 1997 年和 1999 年回归中国，中国便有了三个法系。香港延续了其作为英国殖民地时期的普通法传统，澳门则采用基于葡萄牙民法的法律制度。它们都有自己的终审法院和引渡政策。除了宪法规定的外交和国防事务外，香港和澳门享有高度自治权。

二、宪法

宪法目录

序　言

第一章　总　纲

第二章　公民的基本权利和义务

第三章　国家机构

　　第一节　全国人民代表大会

　　第二节　中华人民共和国主席

宪法是一份不到两万字的简明文件，分为序言、四章和143个条款。

宪法有严格的制定和修改程序。如宪法第六十四条规定：宪法的修改，由全国人民代表大会常务委员会或者五分之一以上的全国人民代表大会代表提议，并由全国人民代表大会以全体代表的三分之二以上的多数通过。法律和其他议案由全国人民代表大会以全体代表的过半数通过。

宪法规定，中国是统一的多民族国家。宪法强调社会主义法治，详细规定公民的基本权利和义务，并凝聚党外力量，推动其在现代化进程中发挥作用。

宪法赋予中国公民选举权和被选举权。宪法第三十五条规定：中华人民共和国公民有言论、出版、集会、结社、游行、示威的自由。宪法第三十六条规定：中华人民共和国公民有宗教信仰自由。宗教团体和宗教事务不受外国势力的支配。

宪法提出了一种不同于西方立法、行政和司法三权分立的制度。宪法规定，全国人民代表大会是国家最高权力机关，国务院、最高人民法院和最高人民检察院对其负责。

任何公民享有宪法和法律规定的权利，同时必须履行宪法和法律规定的义务。1982年宪法的第一章（总纲）和第二章（公民的基本权利和义务）

包含了有关公民权利和义务的详细条款。因此，法律面前人人平等是中国宪法的一个显著特点。

宪法确立的政治制度、基本经济制度等一系列制度、原则和规则，为改革开放奠定了根本政治前提和制度基础。宪法规定，中国实行社会主义市场经济，强调完善宏观调控，赋予集体经济组织独立进行经济活动的自主权等，相关规定包括：

——在法律规定范围内的个体经济、私营经济等非公有制经济，是社会主义市场经济的重要组成部分。

——国家鼓励、支持和引导非公有制经济的发展，并对非公有制经济依法实行监督和管理。

——社会主义的公共财产神圣不可侵犯。国家保护社会主义的公共财产。禁止任何组织或者个人用任何手段侵占或者破坏国家的和集体的财产。

——公民的合法的私有财产不受侵犯。国家依照法律规定保护公民的私有财产权和继承权。国家为了公共利益的需要，可以依照法律规定对公民的私有财产实行征收或者征用并给予补偿。

——参加农村集体经济组织的劳动者，有权在法律规定的范围内经营自留地、自留山、家庭副业和饲养自留畜。

三、行政管理体系

中国的"5+1"行政管理体系特色鲜明。

就中国共产党而言，包括党的全国代表大会（+1级）和地方各级党的代表大会（1—4级）。

就行政权而言，在国家层面上（+1级），包括中央人民政府（国务院）及其有关机构；在地方层面上（1—4级），包括地方各级人民政府及其有关机构。

就立法权而言，在国家层面上（+1 级），由全国人民代表大会及其常务委员会组成；在地方层面上（1—4 级），包括地方各级人民代表大会及其常务委员会。

就司法权而言，在国家层面上（+1 级），由最高人民法院和最高人民检察院组成；在地方层面上（1—3 级），由地方各级人民法院和地方各级人民检察院组成。

基层（5 级）实行基层群众自治制度。

"5+1"行政管理体系展示了一个复杂的政府组织结构，每个层级都有特定的职权范围，从而形成了一个由中央到地方不同层级组成的较为完善的行政管理体系。

四、中国共产党

中国共产党在中国扮演着重要角色。中国共产党是中国人民和中华民族的先锋队。宪法突出强调了中国共产党在推动社会主义法治国家进程、促进社会主义现代化建设中发挥的作用。党章规定，党和人民的利益高于一切。

（一）党员

截至 2023 年年底，中国共产党有超过 9900 万名党员。年满十八周岁的中国公民，凡承认党的纲领和章程，愿意参加党的组织并执行党的决议，不论其社会经济地位、民族或性别，均可申请成为中国共产党党员。

个人身份、教育水平和经济背景与申请成为中国共产党党员的资格无冲突，但政治和道德至关重要。申请人必须通过严格的程序、接受严格的考察和预备期后才能成为正式党员。一旦成为党员，就应遵守党的纲领和章程、加入党的组织、参与党的活动、执行党的决议。党员有退党的自由。

（二）党的代表大会

党的各级代表大会定期召开，讨论党的方针政策，确定各个领域的议程。只有党的全国代表大会有权修订党章。

五、民主党派和无党派人士

宪法规定了中国共产党领导的多党合作和政治协商制度，八个民主党派积极参与国家治理、国家事务管理、民主监督和政治协商。事实上，民主党派和无党派人士在中国政治体系中发挥着重要作用。

（一）八个民主党派

除中国共产党外，中国还有八个民主党派，分别是：中国致公党（成立于 1925 年）、中国农工民主党（成立于 1930 年）、中国民主同盟（成立于 1941 年）、九三学社（成立于 1946 年）、中国民主建国会（成立于 1945 年）、中国民主促进会（成立于 1945 年）、台湾民主自治同盟（成立于 1947 年）和中国国民党革命委员会（成立于 1948 年）。

（二）无党派人士

无党派人士是指没有参加任何党派、对社会有积极贡献和一定影响的人士，其主体是知识分子。无党派人士是中国共产党领导的多党合作和政治协商制度的重要组成部分，也是政协的界别之一。其职能与民主党派大体一致，包括参政议政、民主监督等，是一支独特的政治力量，在中国革命、建设、改革的各个历史时期都发挥了重要作用。

六、人民代表大会与中国人民政治协商会议

（一）人民代表大会

全国人民代表大会和地方各级人民代表大会是公民行使国家权力的机

关。国家行政机关、审判机关和检察机关由人民代表大会产生，对其负责，受其监督。中国立法权限的划分体现为：全国人民代表大会及其常务委员会行使国家立法权，负责制定、修改和废止法律。国务院根据宪法和法律制定行政法规。省、自治区、直辖市人民代表大会及其常务委员会在不同宪法、法律相抵触的前提下制定地方性法规。

（二）中国人民政治协商会议

政协的主要职能是政治协商、民主监督、参政议政。

政治协商是对国家大政方针和各级地方重要举措，以及政治、经济、文化、社会及生态文明建设过程中的重要问题，在决策之前和决策实施之中进行协商。政协全国委员会和各级地方委员会可根据中国共产党、全国人民代表大会常务委员会、人民政府、民主党派、人民团体的提议，举行有各党派、团体的负责人和各族各界人士的代表参加的会议，进行协商，亦可建议上列单位将有关重要问题提交协商。

民主监督是对国家宪法、法律和法规的实施，重大方针政策、重大改革举措、重要决策部署的贯彻执行情况，涉及人民群众切身利益的实际问题解决落实情况，国家机关及其工作人员的工作等，通过提出意见、批评、建议的方式进行的协商式监督。

参政议政是对政治、经济、文化、社会生活和生态环境等方面的重要问题，以及人民群众普遍关心的问题，开展调查研究，反映社情民意，进行协商讨论，通过调研报告、提案、建议案或其他形式，向中国共产党和国家机关提出意见和建议。

七、国家主席与国务院

（一）国家主席

国家主席由全国人民代表大会选举产生，每届任期同全国人民代表大会每届任期相同。宪法规定，国家主席必须是有选举权和被选举权的年满四十五周岁的中华人民共和国公民。

（二）国务院

国务院，即中央人民政府，是最高国家行政机关，也是最高国家权力机关的执行机关。国务院的职责、人员、政策及活动涵盖经济、文化、安全、发展等各个领域。国务院实行总理负责制。总理由国家主席提名，由全国人民代表大会决定。

八、人民法院与人民检察院

（一）人民法院

中国人民法院的组织体系分为四级，即设基层、中级、高级和最高人民法院，并设军事、铁路、水运等专门人民法院。高级人民法院包括省、自治区、直辖市的高级人民法院；中级人民法院包括省、自治区内按地区设立的中级人民法院，直辖市内设立的中级人民法院，省、自治区辖市的中级人民法院和自治州人民法院；基层人民法院包括县、市、自治县、市辖区的人民法院。

（二）人民检察院

中国设立最高人民检察院、地方各级人民检察院和军事检察院等专门检察院。地方各级人民检察院分为省、自治区、直辖市人民检察院；省、自治区、直辖市人民检察院分院，自治州和省辖市人民检察院；县、市、自治县和市辖区人民检察院。人民检察院行使多种职权，包括侦查、公诉、监督和审查等。人民检察院是国家的法律监督机关。

第二章　地方行政体系

一、历史沿革

自西周末年开始，统治集团内部矛盾加剧，诸侯国分裂割据，并在战国时期达到顶峰。

秦朝以郡县制作为地方行政管理制度：在皇帝之下，丞相监管 36 郡，郡置守、尉和监御史。郡守下设郡丞，掌管民政；郡尉掌管军事；监御史掌管监察。郡下设若干县，由县令、县长管理，其下官员管理地方事务。这项郡县两级的地方行政制度为后世王朝奠定了制度基础。

汉朝在郡县之上增设州，形成州、郡、县三级制的地方行政体系，这一体系基本持续到 13 世纪，隋、唐、宋、金时期皆有所继承和改进。

元朝增设行省。这一体系一直延续到清朝。1928 年，中华民国将四级制改为两级制，只保留省和县。但很快，由一个省直接管理数十个甚至数百个县的复杂性便暴露出来。

二、行政区划

截至 2022 年 12 月 31 日，中国行政区划分为：

省级行政区划单位共 34 个，包括 23 个省、5 个自治区、4 个直辖市和 2 个特别行政区；

地级行政区划单位共 333 个，包括 293 个地级市、30 个自治州、7 个地区、3 个盟；

县级行政区划单位共 2843 个，包括 977 个市辖区、1301 个县、394 个县级市、117 个自治县、49 个旗、3 个自治旗、1 个特区和 1 个林区；

乡级行政区划单位共 38 602 个行政区划单位，包括 2 个区公所、21 389 个镇、7116 个乡、153 个苏木、957 个民族乡、1 个民族苏木、8984 个街道。

村不作为行政级别存在，而是实行基层群众自治。

（一）省级行政区划单位

省级行政区划单位是地方行政区划中的第一级，在地方经济政策上拥有一定自主权。

中国大部分省份的边界是在元朝确定的，明清时期有所调整。各省均在中华文化中扮演着重要角色。每个省都有独特的方言、文化、风俗、饮食习惯和建筑风格。

---

23 个省：由选举产生的中共省委（由省委书记担任第一负责人）和选举产生的省政府（省长作为行政首长）领导。

5 个自治区：在自治区中，汉族人口比例较小而特定少数民族的人口比例相对较高。根据中国法律，自治区相比于省拥有更多的立法权力，例如制定自治条例和单行条例。自治区主席通常从实行区域自治的民族的公民中选举产生。

4 个直辖市：中国城市中的最高级别，与省同级，属于中国地方行政区划中的第一级。

2 个特别行政区：实行高度自治的行政区，设一名行政长官。根据特别行政区基本法，只有外交和国防事务归中央人民政府管辖。

---

23 个省：安徽省、福建省、甘肃省、广东省、贵州省、海南省、河北省、黑龙江省、河南省、湖北省、湖南省、江苏省、江西省、吉林省、辽宁省、青海省、陕西省、山东省、山西省、四川省、台湾省、云南省、浙江省；5 个自治区：广西壮族自治区、内蒙古自治区、宁夏回族自治区、新疆维吾尔自治区、西藏自治区；4 个直辖市：北京市、重庆市、上海市、天津市；2 个特别行政区：香港特别行政区、澳门特别行政区。

（二）地级行政区划单位

地级行政区划单位是地方行政区划中的第二级。在 23 个省和 5 个自治区中，只有云南省、青海省两个省份和新疆维吾尔自治区一个自治区有三个以上的非地级市地级行政区划单位。

293 个地级市：是地级行政区划中数量最多的行政区划单位，通常由城市中心和周围郊区组成，因此，严格意义上讲，地级市不是指城市，而是指地级行政区划单位。

7 个地区：曾是占主导地位的二级行政区划单位，因此这一行政层级通常被称为"地级"。从 1983 年到 20 世纪 90 年代，地区大多被地级市取代。目前，这 7 个地区存在于黑龙江省、西藏自治区和新疆维吾尔自治区。

30 个自治州：存在一个或多个特定少数民族，主要分布在中国西部地区。

3 个盟：实际上类似于地区，但仅存在于内蒙古自治区。同地区一样，盟大多已被地级市取代。

地级市的设立标准是市区从事非农产业的人口超过 25 万人，其中，市政府驻地具有非农业户口的从事非农产业的人口超过 20 万人，其工业生产总值超过 20 亿元。地级市有相对发达的第三产业，其生产总值在地区生产总值中的占比在 35% 以上，超过第一产业生产总值。其地方财政收入超过 2 亿元。已经成为若干市县范围内中心城市的县级市，在符合以上标准的情况下可以升格为地级市。

（三）县级行政区划单位

县级行政区划单位是地方行政区划的第三级，包括：

1301 个县：是最常见的县级行政区划单位，自战国时期存续至今，是中国产生时间最早的行政区划单位。

977 个市辖区：曾是城市区域的子分区，仅包括建成区。近年来，许多县升级为市辖区，因此，一些市辖区与县类似，有城镇、村庄和农田。

394 个县级市：类似于地级市，涵盖城市和郊区。

117 个自治县：存在一个或多个特定少数民族，类似于自治区和自治州。

49 个旗：与县类似，但只存在于内蒙古自治区。

3 个自治旗：与自治县类似，但只存在于内蒙古自治区。

1 个特区：贵州省六枝特区。

1 个林区：湖北省神农架林区。

（四）乡级行政区划单位

乡级行政区划单位是地方行政区划的第四级，包括：

7116 个乡：在较小的农村地区划分的区域。

153 个苏木：与乡类似，但只存在于内蒙古自治区。

957 个民族乡：存在一个或多个特定少数民族的小型农村地区。

1 个民族苏木：与民族乡类似，但仅存在于内蒙古自治区。

21 389 个镇：用于划分较大的农村地区。

8984 个街道：用于划分小型城市。

2 个区公所：是县或自治县人民政府的派出机关，用于管理县辖区。

三、基层群众性自治组织

基层群众自治具有明确的范围和由选举产生的负责人。一个城市由许多街道、社区组成，街道办事处指导、支持、帮助居民委员会做好建设工作，居民委员会是具有中国特色的基层群众性自治组织，现有居民委员会、居民小组等超过 10 万个。村庄由村民委员会管理，现有村民委员会、村民小组、行政村、嘎查、牧委会超过 55 万个，也是具有中国特色的基层群众性自治组织。

四、副省级市

副省级市介于地级和省级之间，代表行政级别而非行政区划单位。例如，副省级市的市长与副省长级别相同。副省级市仍是省辖市，通常由一个城市中心及其周围的郊区组成，并划分为各个辖区。其周边的一些县或县级市由副省级市代省进行管理，这些县或县级市也由城市地区及周边郊区组成。现有 15 个副省级市，分别是吉林省长春市、四川省成都市、广东省广州市、浙江省杭州市、黑龙江省哈尔滨市、山东省济南市、江苏省南京市、辽宁省沈阳市、陕西省西安市、湖北省武汉市十个省会城市，以及辽宁省大连市、浙江省宁波市、山东省青岛市、广东省深圳市和福建省厦门市五个计划单列市。新疆维吾尔自治区的伊犁哈萨克自治州是中国唯一的副省级自治州。

第三章　中国式民主

民主是全人类的共同价值，没有固定的模式，也没有最完美的体制，更没有放之四海而皆准的制度。民主有多种形式，各国应该根据自身的历史和国情来建立和发展民主。民主应有助于实现政治稳定、社会进步，改善人民生活，为推动人类共同事业作出贡献。中国实行全过程人民民主，人民作为国家的主人是民主的核心，民主为了人民，由人民实现。

在一些实行多党选举的西方国家，不同政党通过作出承诺等多种手段来获得选票、击败对手。与之不同的是，中国以具体行动而非选举时的浮夸言辞和承诺，来持续响应人民需求。

评价一个国家政治制度是否民主、有效，主要看国家领导层能否依法有序更替，全体人民能否依法参与国家事务和社会事务、管理经济和文化事业，人民群众能否畅通表达利益要求，社会各界能否有效参与国家政治生活，国家能否科学决策，各方面人才能否通过公平竞争进入国家管理体系，执政党能否依照宪法及法律规定领导国家事务，以及权力运用能否得到有效制约和监督。

自由民主制之所以引起不满，是因为它在任何问题上都鼓励广泛的意见多样性，这种多样性凸显了相互矛盾的人类愿望。这种矛盾被强调出来，引发政治冲突、妨碍政治行动和问题的有效解决。自由民主制下的行动进程是分散而漫长的，因为它允许个别否决者阻碍整体行动。本应用于防止权力滥用的制衡机制被扭曲，加剧政治极化，分散社会共识，使政府效能难以避免地受到削弱。

金钱至上。在美国国会选举中，相当一部分竞选资金和政治捐款来自美国极少数的超富裕阶层。人们的财富与他们对政策制定的影响力之间存在正相关关系。在 2020 年的美国选举中，总统和国会候选人总共花费了近 140 亿美元，是 2016 年大选开销的两倍以上。

一、民主集中制

民主集中制具有制度优越性。在决策讨论阶段，它能够引发包容多元观点的氛围，鼓励各方充分表达见解，从而形成广泛且深入的思想碰撞。当经过公正透明的投票程序确定政治决策后，该决策便对全体成员产生约束力。这确保了决策一旦形成，便能迅速、有效地付诸实践，避免因无休止的纷争导致决策执行的停滞或混乱。一个群体的团结程度，不仅仅取决于那些可能导致分歧的因素，更在于成员们能否以理性与合作的态度克服分歧，共同为实现既定的共同目标而努力。图 3-1 对民主集中制与自由民主制的民主行为作了简单比较。

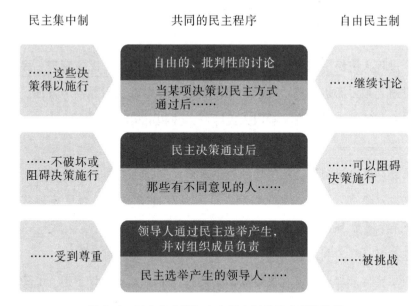

民主集中制　　　　　共同的民主程序　　　　　自由民主制

图3-1　民主集中制与自由民主制的民主行为比较

民主与集中、自由与纪律看起来似乎是对立的，实则相辅相成、辩证统一。集中并非对民主的压制，而是保障民主能够高效、有序运行的重要机制。中国将民主集中制载入宪法，使之成为国家政治生活的重要准则。在这一制度框架下，公民通过各级人民代表大会行使民主权利。

通常，法律和其他议案由全国人民代表大会以全体代表的过半数通过，宪法的修改则需要全体代表的三分之二以上的多数通过。

宪法第三条规定：中华人民共和国的国家机构实行民主集中制的原则。全国人民代表大会和地方各级人民代表大会都由民主选举产生，对人民负责，受人民监督。国家行政机关、监察机关、审判机关、检察机关都由人民代表大会产生，对它负责，受它监督。中央和地方的国家机构职权的划分，遵循在中央的统一领导下，充分发挥地方的主动性、积极性的原则。

二、民主制度

全过程人民民主把民主选举、民主协商、民主决策、民主管理、民主监督等贯通起来，涵盖经济、政治、文化、社会、生态文明等各个方面。中国共产党充分征求人民意见，听取人民呼声，并制定相应政策。

民族区域自治制度：从制度和政策层面保障了少数民族公民享有平等自由权利以及经济、社会、文化权利。这一制度既有利于少数民族地区的发展，也有利于加强民族团结。

基层群众自治制度：基层群众直接行使民主权利的制度保证。

职工民主管理制度：在保障职工合法权益方面发挥积极作用。它为职工自主管理涉及切身利益的事务提供保障，有利于增强组织活力。

中国民族自治地方的自治机关、社会组织和民间团体的民主权利受到充分保障，组织机构与公民之间安全、开放的利益互动受到保障。例如：

——工会、工商联、行业协会、经济组织等社会组织构成了一个民主管理体系，是公民表达和捍卫自身利益的重要平台。

——中国重视选贤任能。公务员考试坚持平等、公开和竞争原则，注重增强公务员队伍整体素质水平，选拔优秀人才参与国家治理。

——政府信息公开于20世纪90年代提出，2007年颁布《政府信息公开条例》，政府信息公开得到规范化，信息披露义务从中央人民政府延伸到地方各级人民政府（除涉及国家安全的信息）。政府信息公开有利于公民、法人和其他组织对行政机关进行监督。

——人民陪审员制度是人民群众参与国家司法活动的一种重要形式，按照法律规定，在审判过程中，人民陪审员除不得担任审判长外，与法官具有同等权利。这项制度有利于促进司法公正、保障司法廉洁。

三、协商民主

社会主义协商民主是中国特色社会主义民主政治的特有形式和独特优势，是中国实践全过程人民民主的重要形式，在中国共产党领导下，人民内部各方面围绕改革发展稳定的重大问题和涉及群众切身利益的实际问题，在决策之前和决策实施之中广泛协商。

在 2015 年发布的《关于加强社会主义协商民主建设的意见》中，中国共产党将协商民主分为七种形式：基层协商、人民团体协商、社会组织协商、政党协商、政协协商、人大协商和政府协商。

（一）基层协商

在乡镇、街道、行政村、社区及企事业单位，基层协商能够更好解决人民群众的实际困难和问题。基层协商内容与人们的日常生活息息相关，如城市化、本地城乡规划与发展、教育、住房、文化等；还包括更细致的内容，如垃圾箱的设计、社区规章制度的制定、对社区财政收支的监督、对弱势群体的援助、获得最低生活保障的资格、劳动报酬、工作时间、劳动安全和健康、社会保险和福利、股息红利分配等。基层民主协商有利于及时化解矛盾纠纷，维护社会和谐稳定。

（二）人民团体协商和社会组织协商

人民团体协商和社会组织协商有利于搭建一个基于协作、参与和共享的社会治理体系，有利于更为有效地反映群众意愿和利益诉求。人民团体协商与社会组织协商有利于增强决策的专业性，解决涉及群众切身利益的实际问题。政府可通过适当方式定期向人民团体通报重要工作部署和相关重大举措，加强决策之前和决策实施之中的协商。

典型的人民团体和社会组织包括：中华全国总工会、中国共产主义青年团、中华全国妇女联合会、中国文学艺术界联合会、中国作家协会、中国科学技术协会、中华全国归国华侨联合会、中国法学会、中国人民对外友好协会、中华全国新闻工作者协会、中华全国台湾同胞联谊会、中国国际贸易促进委员会等。

（三）政党协商

政党协商是中国共产党同民主党派基于共同的政治目标，就党和国家重大方针政策和重要事务，在决策之前和决策实施之中，直接进行政治协商的重要民主形式。

政党协商主要有三种形式：会议协商、约谈协商、书面协商。这有助于畅通意见表达渠道，增进政治共识，广泛凝心聚力，推动国家治理体系和治理能力现代化。

（四）政协协商

政协是协商民主的重要渠道和专门协商机构，通过加强中国共产党与民主党派、社会团体和无党派人士等的合作和政治协商，不断提高政协协商民主制度化水平。

（五）人大协商

宪法规定，一切权力属于人民，人民行使国家权力的机关是全国人民代表大会和地方各级人民代表大会。宪法明确定义了全国人民代表大会的职权，包括修改宪法；监督宪法的实施；制定和修改刑法、民事、国家机构的和其他的基本法律；选举国家主席、副主席；决定重大国家问题等。

《关于加强社会主义协商民主建设的意见》中强调，要深入开展立法工作中的协商，发挥好人民代表大会代表在协商民主中的作用。

立法协商是指以立法相关问题为核心的各种形式的协商活动。具体而言，它指负责立法起草的部门按照程序，组织相关公民、团体进行平等理性的协商、对话、辩论和说服，并达成共识，最终交由立法机关审议和表决的活动。协商方法包括设立论坛、论证会、立法听证会等，充分利用大众媒体，允许并邀请公民参与立法过程；通过发放问卷、举办研讨会或座谈会等途径征求公民对法律或某些法律条款的意见和建议。

（六）政府协商

政府协商既增强了公民的民主法治意识，也凝聚了公民参与政府公共决策、限制过度行政干预的共识。

目前较常见的两种政府协商形式是基于听证的咨询（通常用于政府信息公开）和意见建议征询（通常用于政府和公民之间的互动）。这些形式还可以与民主对话会、领导干部接访日、咨询意见征集、社区平台、舆情监测、民主评议等配合发挥作用。

第四章　政党制度

一个国家的政治体制是由其历史、传统和现实决定的。世界上有许多不同类型的政党制度，但没有哪一种制度能够适用于所有国家。中国共产党领导的多党合作和政治协商制度是中国一项基本政治制度，是从中国土壤中生长出来的新型政党制度，展示出中国政治和社会的多样性和活力。

美国宪法没有提及政党。亚历山大·汉密尔顿（Alexander Hamilton）在1787年的《联邦党人文集》（*Federalist Papers*）第九篇、詹姆斯·麦迪逊（James Madison）在1787年的《联邦党人文集》第十篇中专门写到美国国内政治派系的危险性。正如美国首任总统乔治·华盛顿（George Washington）在其1796年的告别演说中所表达的，希望美国不会形成政党，因为他担心会引发冲突和停滞。

一、历史沿革

（一）1949年以前

中华文明博大精深，倡导"和合"思想、求同存异。1911年辛亥革命后不久，中国效仿西方实行议会制和多党制，300 多个政治团体相继成立。

中华民国时期，中国实行议会制。从 1912 年组建第一届内阁开始到 1928 年，国家元首更替了 10 次，总理更换了 59 次，内阁重组了 45 次。任期最长的不到 1 年，而最短的不到 1 天。此外，还产生了 5 届议会和 7 部宪法。国家元首、内阁、议会和宪法的频繁变动引起了巨大的社会动荡。

1948 年 4 月，中国共产党提出召开政治协商会议，成立民主联合政府。这拉开了中国共产党与民主党派、团体、各领域杰出人士和各族人民进行协商的序幕，为中国共产党领导的多党合作和政治协商制度奠定了基础。

（二）1949 年以后

新中国成立后，中国共产党加强与民主党派和无党派人士的团结合作，并于 1981 年提出了"长期共存、互相监督、肝胆相照、荣辱与共"的基本方针，确立了中国新型政党制度长期存在和发展的格局；1989 年，中共中央印发了《关于坚持和完善中国共产党领导的多党合作和政治协商制度的意见》；1993 年，中国共产党领导的多党合作和政治协商制度载入宪法，使这一制度有了明确的宪法依据；2005 年，中共中央印发了《关于进一步加强中国共产党领导的多党合作和政治协商制度建设的意见》；2006 年，中共中央印发了《关于加强人民政协工作的意见》，中国新型政党制度进一步发展。

中共十八大以来，中共中央推进多党合作理论、政策和实践创新，召开中央统战工作会议、中央政协工作会议，明确提出中国共产党领导的多党合作和政治协商制度是新型政党制度，是国家治理体系的重要组成部分，是对人类政治文明的重大贡献。为进一步提升多党合作制度化、规范化水平，中共中央出台了一系列重要文件，内容涉及新时代加强和改进人民政协工作的意见、加强社会主义协商民主建设的意见、加强人民政协协商民主建设的实施意见、加强政党协商的实施意见、加强中国特色社会主义参政党建设的意见等。

二、中国新型政党制度

长期以来，中国共产党同各民主党派共同奋斗，形成了通力合作、团结和谐的新型政党关系，中国共产党支持各民主党派、无党派人士充分履行职能，积极发挥作用。

（一）主要特点

这一制度不同于一党制、两党制或多党制，主要有以下特点：根据宪法，中国共产党和各民主党派一律平等，各民主党派、无党派人士接受中国共产党领导；中国共产党与各民主党派合作的基本方针是长期共存、互相监督、肝胆相照、荣辱与共，它有利于巩固多党合作的政治格局，促进政治民主；民主党派不是在野党或反对党，也不是旁观者、局外人，而是中国共产党领导下参与国家治理的参政党；中国共产党和各民主党派是政治合作关系而不是政治竞争关系，中国共产党处于领导和执政地位，各民主党派共同参与国家治理。

（二）民主党派参政基本点

民主党派参政的基本点是参加国家政权，参与重要方针政策、重要领导人选的协商，参与国家事务的管理，参与国家方针政策、法律法规的制定和执行。民主党派的参政地位和参政权利受宪法保护，这是人民民主的重要体现。民主党派围绕国家经济社会发展的重大问题献计出力，是中国特色社会主义事业的亲历者、实践者、维护者和捍卫者。

中国共产党与各民主党派互相监督。各民主党派对中国共产党的监督是协商式监督、合作性监督，是通过提出意见、批评和建议的方式进行的政治监督。中国共产党自觉接受各民主党派的监督。互相监督不是为了彼此倾轧、相互掣肘，而是相互促进、共同提高。

（三）特点和优势

中国新型政党制度以合作、参与、协商为基本精神，以团结、民主、和谐为本质属性，实现了执政与参政、领导与合作、协商与监督的有机统一，是社会主义协商民主的重要制度载体。

中国新型政党制度能够实现利益代表的广泛性。这一政党制度能够代表全国各族各界根本利益，有效避免了旧式政党制度只能代表少数人、少数利益集团的弊端，尊重多数人的意愿，又照顾少数人的合理要求，具有统筹兼顾各方利益和协调各方关系的优势。

中国新型政党制度能够体现奋斗目标的一致性。这一政党制度能够把各民主党派和无党派人士紧密团结起来，为着共同目标而奋斗，有效避免了一党缺乏监督或多党轮流坐庄、恶性竞争的弊端。这一政党制度通过广泛协商凝聚共识、凝聚智慧、凝聚力量，有利于达成思想共识、目标认同和行动统一，有利于促进政治团结和有序参与。

中国新型政党制度能够促进决策施策的科学性。这一政党制度通过政党协商、参政议政、民主监督等制度化、规范化、程序化的安排，集中各方面意见和建议，推动决策科学化、民主化。

中国新型政党制度能够保障国家治理的有效性。这一政党制度以合作、协商代替对立、争斗，克服政党之间互相倾轧造成政权更迭频繁的弊端，能够有效化解矛盾冲突、维护和谐稳定。这一政党制度坚持在协商中求同，能够有效避免否决政治、议而不决、决而不行，保持政策的连续性和稳定性。

旧式政党制度的弊端之一在于，其囿于党派利益、阶级利益、区域和集团利益，在决策施政时固执己见、排斥异己、导致社会撕裂。——国务院新闻办公室，《中国新型政党制度》白皮书，2021 年。

各民主党派、无党派人士为促进国家经济社会发展议政建言、发挥作用。中共中央每年都会召开党外人士座谈会，听取各民主党派中央、全国工商联负责人和无党派人士代表对中国当年经济形势和下一年经济工作的意见和建议。座谈会结束后，中共中央办公厅和中共中央统战部收集整理提案，并转送相关部门进行研究、处理和反馈。每年都有许多建议被采纳并转化为政策措施。

三、政党协商

政党协商是中国共产党同各民主党派基于共同的政治目标，就国家重大方针政策和重要事务，在决策之前和决策实施之中，直接进行政治协商的重要民主形式，是社会主义协商民主体系的重要组成部分。无党派人士参加政党协商。

（一）政党协商的内容

中共中央同民主党派中央主要就以下内容开展政党协商：第一，中国共产党全国代表大会、中共中央委员会的有关重要文件；第二，宪法的修改建议，有关重要法律的制定、修改建议；第三，国家领导人建议人选；第四，关系统一战线和多党合作的重大问题；第五，国民经济和社会发展的中长期规划以及年度经济社会发展情况；第六，关系改革发展稳定等重要问题。

（二）政党协商的形式

政党协商有会议协商、约谈协商、书面协商三种形式。会议协商包括专题协商座谈会、人事协商座谈会、调研协商座谈会及其他协商座谈会等。约谈协商是中共中央负责同志或委托中共中央统战部不定期邀请民主党派中央负责同志就共同关心的问题开展小范围谈心活动，沟通情况、交换意见；民主党派中央主要负责同志约请中共中央负责同志就经济社会发展以及参政党自身建设等重要问题反映情况、沟通思想。书面协商是中共中央就有关重要文件、重要事项书面征求民主党派中央的意见建议，民主党派中央以书面形式反馈；民主党派中央以调研报告、建议等形式直接向中共中央提出意见建议，民主党派中央负责同志可以个人名义向中共中央和国务院直接反映情况、提出建议。

（三）政党协商的保障机制

政党协商的保障机制包括知情明政机制、考察调研机制、工作联系机制、协商反馈机制。比如：有关部门适时向民主党派中央直接提供有关材料，中共中央统战部定期组织专题报告会和情况通报会，邀请有关部门介绍情况；中共中央每年委托民主党派中央就经济社会发展重大问题开展重点考察调研，支持民主党派中央结合自身特色开展经常性考察调研；最高人民法院、最高人民检察院和国务院有关部门视情邀请民主党派列席相关工作会议、参加专项调研和检查督导工作；等等。

中共中央就制定"十四五"规划和 2035 年远景目标听取民主党派和无党派人士的意见建议。主要涉及以下问题：优化区域经济布局；形成以国内大循环为主体，国内国际双循环相互促进的新发展格局；坚持创新引领、强化国家发展战略支撑；实施健康中国战略；深化开放合作等。这些意见建议对于制定好、实施好"十四五"规划发挥了积极作用。

四、民主监督

民主党派、无党派人士对中国共产党进行民主监督，是发挥中国新型政党制度优势的重要方式，是实现国家治理体系和治理能力现代化的必然要求。

（一）民主监督的内容

民主监督的内容主要包括国家宪法和法律法规的实施情况，中国共产党和政府重要方针政策的制定和贯彻执行情况，中国共产党依法执政及中共党员领导干部履职尽责、为政清廉等方面的情况。

（二）民主监督的形式

民主监督的形式主要是民主党派、无党派人士在政治协商、调研考察等工作中，提出意见、批评、建议。具体实施中，民主党派成员和无党派人士中的人民代表大会代表参与各级人民代表大会组织开展的执法检查。最高人民法院、最高人民检察院每年召开党外人士座谈会，听取各民主党派、无党派人士的意见建议。行政机关、监察机关、审判机关、检察机关聘请党外代表人士担任特约人员，对有关工作进行监督。

五、民主党派建言献策

中国共产党和各民主党派、无党派人士加强团结、合作共事，是中国的重要制度安排。中国共产党坚持平等相待、民主协商、真诚合作，支持各级人民代表大会、人民政府和司法机关中的民主党派成员和无党派人士发挥作用。

据 2021 年 6 月发布的《中国新型政党制度》白皮书，2018 年以来，民主党派成员和无党派人士共有 15.2 万余人担任各级人民代表大会代表。其中，超过 8000 人在县级以上的政府和司法部门担任领导职务。全国人民代表大会常务委员会副委员长 6 人，委员 44 人；省级人民代表大会常务委员会副主任 32 人，委员 462 人；市级人民代表大会常务委员会副主任 364 人，委员 2585 人。在最高人民法院、最高人民检察院和国务院部委办、直属局担任领导职务 14 人。全国 31 个省（自治区、直辖市）中，担任副省长（副主席、副市长）的有 29 人，担任副市（州、盟、区）长的有 380 人，担任省级人民法院副院长和人民检察院副检察长的有 45 人，担任地市级人民法

院副院长和人民检察院副检察长的有345人。他们对分管工作享有行政管理的指挥权、处理问题的决定权和人事任免的建议权。

（一）通过人民代表大会

人民代表大会是中国人民行使国家权力的机关，也是民主党派成员和无党派人士发挥作用的重要机构。民主党派人士通过担任各级人民代表大会代表、人民代表大会常务委员会委员及专门委员会委员，履行人民代表的职责，参与宪法、法律和地方性法规的制定和修改，参与选举、决定和罢免国家机关成员，参与审查和批准国民经济和社会发展规划和规划执行情况的报告、国家预算和预算执行情况的报告，参与视察和执法检查工作，反映人民意愿，提出议案和质询案。

（二）通过中国人民政治协商会议

就国家政治、经济、社会生活中的全局性、战略性、前瞻性重大问题开展考察调研，提出意见建议，是各民主党派、无党派人士发挥作用的重要渠道。

政协全国委员会由中国共产党、各民主党派、无党派人士、人民团体、各少数民族和各界的代表，香港特别行政区同胞、澳门特别行政区同胞、台湾同胞和归国侨胞的代表，以及特别邀请的人士组成，设若干界别。各民主党派、无党派人士是其中的重要界别，在其中发挥重要作用。政协全国委员会始终致力于完善重点关切问题情况通报会等制度，为各民主党派、无党派人士知情明政、协商履职创造条件。

多年来，各民主党派中央、无党派人士围绕共建"一带一路"、京津冀协同发展、长江经济带发展、粤港澳大湾区建设、长三角一体化发展、创新驱动引领高质量发展、供给侧结构性改革等经济社会发展重大问题深入考察调研，向中共中央、国务院提出的许多意见建议被采纳。

中国新型政党制度具有历史的必然性、伟大的创造性、巨大的优越性和强大的生命力。经过 70 多年的发展，中国新型政党制度日渐成熟，为当代世界政党政治的发展贡献了中国智慧，也为人类政治文明提供了新模式。

第五章　中国共产党

一、发展历程

（一）1921—1949 年

中国共产党成立于 1921 年 7 月，最初仅有 50 多名党员，诞生于上海法租界。在会议的最后一天，中国共产党第一次全国代表大会被迫转移到浙江嘉兴南湖的一艘船上。到 1925 年 1 月，中国共产党的党员人数仍不足 1000 人。

1921 年 7 月，13 个人在上海法租界的一栋砖木建筑中开会并创建了中国共产党。如今，中国共产党党员人数超过 9900 万人，基层党组织数量超过 500 万个。

1924 年，国共首次合作，这是中国民主革命史上的一次历史性事件，两党致力于结束中国军阀混战局面。孙中山在广州建立革命根据地，致力于统一四分五裂的国家。

1925 年，孙中山去世，蒋介石接任国民党领导人。

1926 年，北伐拉开序幕。

1927 年，北伐尚未结束时，蒋介石发动反革命政变。

1930 年，国民党对中共党员进行暴力清洗，结束了两党之间的合作关系。

1930 年，红军壮大为约 10 万人的队伍，许多农民加入其中。红军强调人人平等，主要任务之一是保护农民免受土匪和地方军阀的侵害，红军士兵还帮助农民耕种、挖掘、收割。

红军十六字战术：敌进我退，敌驻我扰，敌疲我打，敌退我追。红军六原则：一、上门板；二、捆铺草；三、说话和气、乐于助人；四、买卖公平；五、借东西要还；六、损坏东西要赔。

1931 年，中共中央决定以中央苏区为依托，成立中华苏维埃共和国临时中央政府。

1934—1936 年，红军长征，这是红军为躲避国民党军队的追击和军阀围剿而进行的约 12 000 千米的战略转移。

1936 年，长征结束后，延安成为中共中央的所在地。

1937 年，日本对北京、上海和南京发动进攻。11 月，上海沦陷。12 月，日军攻破南京，制造了惨绝人寰的南京大屠杀。

日本犯下了诸多战争暴行，包括生物战。731 部队是满洲第 731 部队的简称，是日本帝国陆军秘密生化战研发部队，在第二次世界大战的侵华战争期间进行了致命的人体实验，犯下了臭名昭著的战争罪行。731 部队驻扎在哈尔滨的平房区，并在中国其他地区和东南亚各地设有分支机构。就像美国在回形针行动中对德国研究人员所做的那样，731 部队用他们在人体实验中收集的数据换取到了美国的豁免。

1937 年，国共两党达成第二次合作，建立抗日民族统一战线。

1945 年，抗日战争胜利。红军打击日本侵略者，受到人民的支持和拥戴。抗日战争结束后不久，国共内战再次爆发。

1949 年 10 月 1 日，毛泽东宣告中华人民共和国成立。

1950 年，孙中山遗孀宋庆龄女士成为中华人民共和国副主席。

"经过二十八年浴血奋斗，党领导人民，在各民主党派和无党派民主人士积极合作下，于一九四九年十月一日宣告成立中华人民共和国，实现民族独立、人民解放，彻底结束了旧中国半殖民地半封建社会的历史，彻底结束了极少数剥削者统治广大劳动人民的历史，彻底结束了旧中国一盘散沙的局面，彻底废除了列强强加给中国的不平等条约和帝国主义在中国的一切特权，实现了中国从几千年封建专制政治向人民民主的伟大飞跃，也极大改变了世界政治格局，鼓舞了全世界被压迫民族和被压迫人民争取解放的斗争。"——《中共中央关于党的百年奋斗重大成就和历史经验的决议》

（二）1949 年至今

在中国发展的各个阶段，中国共产党都不断推进重大的理论创新，形成了毛泽东思想、邓小平理论、"三个代表"重要思想、科学发展观，以及习近平新时代中国特色社会主义思想。

随着改革开放不断推进，中国实现了从计划经济体制向社会主义市场经济体制的转变，实现了从相对封闭的国家向对外开放国家的历史性转变。

中国共产党始终坚持以经济建设为中心，坚持发展才是硬道理，坚持科学技术是第一生产力；实施科教兴国、可持续发展、人才强国等重大战略；大力推进西部大开发，振兴东北等老工业基地，促进中部崛起；支持东部沿海地区创新发展，推动不同区域之间城乡统筹协调发展；推进国有企业改革和发展，支持非公有制经济的发展，加快转变经济增长模式；加强环境保护；促进经济持续快速发展，不断增强中国综合国力。

中国共产党加强理想信念教育，推进社会主义核心价值观建设；推动精神文明建设，培育社会主义先进文化；加快社会建设，着力改善民生；努力提高人民生活水平，取消农业税，着力保障教育、就业、医疗、养老、住房，促进社会和谐稳定；推进中国特色军队改革，旨在建设一支强大、现代化、规范化的军队，把打赢信息化时代的局部战争作为军事斗争的着力点。

1. 社会主义革命和建设

新中国成立后，面临着政治、经济、国家安全多方面的挑战，面临着实现稳定和统一、统一财政经济工作、完成土地改革、实现男女平权、稳定物价等一系列任务。在中国共产党领导下，中国巩固了国家政权，实现了社会稳定，创造了促进国家快速发展所必需的条件。

1949 年，政协第一届全体会议通过了《中国人民政治协商会议共同纲领》。1953 年，中国共产党正式提出了过渡时期总路线，即逐步实现国家的社会主义工业化和对农业、手工业和资本主义工商业的改造。同年，第一个五年计划（1953—1957 年）开始实施。1954 年，第一届全国人民代表大会第一次会议通过了宪法。1956 年，中国基本上完成了对农业、手工业和资本主义工商业的社会主义改造，开始实行生产资料公有制和按劳分配，标志着社会主义基本经济制度的确立。

在中国共产党领导下，中国建立了人民代表大会制度、中国共产党领导的多党合作和政治协商制度、民族区域自治制度，为人民当家作主提供了制度保障。1956 年，中国共产党第八次全国代表大会指出，中国的主要矛盾不再是工人阶级和资产阶级之间的矛盾，而是人民对于经济文化迅速发展的需要同当前经济文化不能满足人民需要的状况之间的矛盾。因此，中国面临的主要任务是集中力量发展社会生产力，尽快把中国从落后的农业国变为先进的工业国，以满足人民日益增长的物质需要和文化需要。

通过连续实施五年计划，中国建立了一个独立且相对完整的工业体系和国民经济格局。农业生产条件显著改善，教育、科学、文化、卫生和体育等各项社会事业取得显著进步。前沿技术不断实现突破，国防工业稳步发展。

中国共产党坚决捍卫国家的独立、主权和尊严，坚持独立自主的和平外交政策，倡导并维护和平共处五项原则，为被压迫民族争取解放，为新兴独立国家发展提供支持和援助。中国还支持各国人民进行反对帝国主义、霸权主义、殖民主义和种族主义的正义斗争。

这一阶段的"大跃进"和"文化大革命"等造成中国国内连年动荡，使党、国家和人民遭受了严重的损失和挫折，这对于中国共产党来说是一个惨痛的教训。

2. 为下一阶段改革作理论准备

自新中国成立至改革开放前夕，中国共产党领导人民完成了社会主义革命，实现了中国历史上最广泛而深刻的社会变革，实现了从贫困落后的国家迈进社会主义社会的伟大飞跃。

在探索过程中，虽然经历了严重挫折，但中国共产党取得了独创性理论成果，为在新的历史时期开创中国特色社会主义提供了宝贵经验，作好了理论准备，打下了物质基础。

"文化大革命"之后，中国共产党站在一个重大历史关头，面临党和国家应该何去何从的问题。中国共产党意识到，实行改革开放是唯一出路。

"一个党，一个国家，一个民族，如果一切从本本出发，思想僵化，迷信盛行，那它就不能前进，它的生机就停止了，就要亡党亡国。"——邓小平 1978 年 12 月 13 日在中央工作会议闭幕会上的讲话《解放思想，实事求是，团结一致向前看》

1978 年，中国共产党开展关于真理标准问题的讨论，从新的实践和时代特征出发，科学回答了坚持和发展马克思主义，建设中国特色社会主义的发

展道路、发展阶段、根本任务等一系列基本问题。

3. 什么是社会主义，怎样建设社会主义？

1978 年 12 月，以邓小平为核心的中央领导集体放弃了"以阶级斗争为纲"的方针，解放思想、实事求是，作出将党和国家的工作重点转移到经济建设上来、实行改革开放的历史性决策。这是中国共产党历史上具有深远意义的重大转折点。

在农村实行家庭联产承包责任制标志着改革的初步突破。随后，城市经济体制改革深入推进，以发展社会主义市场经济为导向，更加广泛地发挥市场在资源配置中的基础性作用。

邓小平理论是在新的历史条件下对毛泽东思想的坚持和发展。1978 年 12 月，在中央工作会议闭幕会上，邓小平发表了题为《解放思想，实事求是，团结一致向前看》的讲话。在随后的中共十一届三中全会上，全党的工作重点转移到社会主义现代化建设上来，强调保护和发展生产力，实行改革开放。邓小平理论是马克思主义中国化的典范。在邓小平理论指导下，中国进行了一系列重大变革，实现了从"以阶级斗争为纲"到"以经济建设为中心"、从封闭半封闭到对外开放、从计划经济体制到社会主义市场经济体制的历史性转变，实现了政治稳定、经济发展、综合国力提升和人民生活水平显著提高。邓小平理论在 1997 年的中国共产党第十五次全国代表大会上载入党章。

---

4. "三个代表"重要思想

2000 年，江泽民提出了"三个代表"重要思想。在国内外形势错综复杂、世界社会主义出现严重曲折的情况下，中国确立了社会主义初级阶段的基本经济制度和收入分配制度，即以公有制为主体，多种所有制经济共同发展。

"三个代表"重要思想是对马克思列宁主义、毛泽东思想、邓小平理论的继承和发展。1989 年中共十三届四中全会后，江泽民明确提出，中国共产党必须始终代表中国先进生产力的发展要求，代表中国先进文化的前进方向，代表中国最广大人民的根本利益。"三个代表"重要思想回答了建设什么样的党和怎样建设党的问题。2002 年，"三个代表"重要思想写入党章。

5. 科学发展观

2002 年，以胡锦涛同志为总书记的中共中央提出了科学发展观，坚持以人为本，树立全面、协调、可持续的发展观，促进经济社会和人的全面发展。这有利于保障和改善民生，促进社会公平正义，增强党的执政能力。

从 2007 年到 2012 年，中国共产党多次对推进改革开放和现代化建设作出部署。

6. 习近平新时代中国特色社会主义思想

2012 年，中国特色社会主义进入新时代。中国共产党强调，中国特色社会主义新时代是在新的历史条件下继续夺取中国特色社会主义伟大胜利的时代。

（1）总任务和主要矛盾

坚持和发展中国特色社会主义，总任务是实现社会主义现代化和中华民族伟大复兴，在全面建成小康社会的基础上，分两步走，在本世纪中叶建成为富强民主文明和谐美丽的社会主义现代化强国。

新时代中国社会的主要矛盾是人民日益增长的美好生活需要和不平衡不充分的发展之间的矛盾。因此，中国共产党始终坚持以人民为中心的发展思想，不断促进人的全面发展，推动共同富裕。

（2）总体布局和战略布局

中国特色社会主义事业的总体布局是经济、政治、文化、社会和生态五位一体、全面推进的布局。"四个全面"战略布局是全面建成小康社会、全面深化改革、全面依法治国、全面从严治党四位一体。

习近平新时代中国特色社会主义思想在 2017 年 10 月的中国共产党第十九次全国代表大会上首次提出，并先后写入党章和宪法。这一思想是对马克思列宁主义、毛泽东思想、邓小平理论、"三个代表"重要思想、科学发展观的继承和发展。

习近平新时代中国特色社会主义思想的核心内容是"八个明确"和"十四个坚持"。

"八个明确"：明确坚持和发展中国特色社会主义，总任务是实现社会主义现代化和中华民族伟大复兴，在全面建成小康社会的基础上，分两步走在本世纪中叶建成富强民主文明和谐美丽的社会主义现代化强国；明确全面推进依法治国的总目标是建设中国特色社会主义法治体系、建设法治国家；明确党在新时代的强军目标是建设一支听党指挥、能打胜仗、作风优良的人民军队，把人民军队建设成为世界一流军队；明确中国特色大国外交要推动构建新型国际关系，推动构建人类命运共同体；明确新时代中国社会主要矛盾是人民日益增长的美好生活需要和不平衡不充分的发展之间的矛盾，必须坚持以人民为中心的发展思想，不断促进人的全面发展、全体人民共同富裕；明确中国特色社会主义事业总体布局是"五位一体"、战略布局是"四个全面"，强调坚定道路自信、理论自信、制度自信、文化自信；明确全面深化改革总目标是完善和发展中国特色社会主义制度、推进国家治理体系和治理能力现代化；明确中国特色社会主义最本质的特征是中国共产党领导，中国特色社会主义制度的最大优势是中国共产党领导，党是最高政治领导力量，提出新时代党的建设总要求，突出政治建设在党的建设中的重要地位。

"十四个坚持"：坚持党对一切工作的领导；坚持以人民为中心；坚持全面深化改革；坚持新发展理念；坚持人民当家作主；坚持全面依法治国；坚

持社会主义核心价值体系；坚持在发展中保障和改善民生；坚持人与自然和谐共生；坚持总体国家安全观；坚持党对人民军队的绝对领导；坚持"一国两制"和推进祖国统一；坚持推动构建人类命运共同体；坚持全面从严治党。

7. 14个关键词

中国社会主义现代化远景目标和"十四五"规划时期经济社会主要发展目标可以提炼为14个关键词：

办好自己的事。深刻认识社会主要矛盾变化带来的新特征新要求，深刻认识错综复杂的国际环境带来的新矛盾新挑战。立足社会主义初级阶段基本国情，保持战略定力，办好自己的事，认识和把握发展规律，准确识变、科学应变、主动求变，善于在危机中育先机、于变局中开新局，抓住机遇，应对挑战，趋利避害，奋勇前进。

科技自立自强。坚持创新在现代化建设全局中的核心地位，把科技自立自强作为国家发展的战略支撑，深入实施创新驱动发展战略，完善国家创新体系，加快建设科技强国。要强化国家战略科技力量，提升企业技术创新能力，激发人才创新活力，完善科技创新体制机制。

实体经济。加快发展现代产业体系，推动经济体系优化升级。坚持把发展经济着力点放在实体经济上，坚定不移建设制造强国、质量强国、网络强国、数字中国，推进产业基础高级化、产业链现代化，提高经济质量效益和核心竞争力。要提升产业链供应链现代化水平，发展战略性新兴产业，加快发展现代服务业，统筹推进基础设施建设，加快建设交通强国，推进能源革命，加快数字化发展。

新发展格局。形成强大国内市场，构建新发展格局。坚持扩大内需这个战略基点，加快培育完整内需体系，把实施扩大内需战略同深化供给侧结构性改革有机结合起来，以创新驱动、高质量供给引领和创造新需求。要畅通国内大循环，促进国内国际双循环，全面促进消费，拓展投资空间。

有效市场和有为政府。全面深化改革，构建高水平社会主义市场经济体制。坚持和完善社会主义基本经济制度，充分发挥市场在资源配置中的决定性作用，更好发挥政府作用，推动有效市场和有为政府更好结合。要激发各类市场主体活力，完善宏观经济治理，建立现代财税金融体制，建设高标准市场体系，加快转变政府职能。

新型工农城乡关系。优先发展农业农村，全面推进乡村振兴。推动形成工农互促、城乡互补、协调发展、共同繁荣的新型工农城乡关系，加快农业农村现代化。要保障国家粮食安全，提高农业质量效益和竞争力，实施乡村建设行动，深化农村改革，实现巩固拓展脱贫攻坚成果同乡村振兴有效衔接。

以人为核心的新型城镇化。优化国土空间布局，推进区域协调发展和新型城镇化。坚持实施区域重大战略、区域协调发展战略、主体功能区战略，健全区域协调发展体制机制，完善新型城镇化战略，构建高质量发展的国土空间布局和支撑体系，推进以人为核心的新型城镇化。

国家文化软实力。繁荣发展文化事业和文化产业，提高国家文化软实力。加强社会主义精神文明建设，提升公共文化服务水平，健全现代文化产业体系。

人与自然和谐共生的现代化。推动绿色发展，促进人与自然和谐共生。坚持绿水青山就是金山银山理念，坚持尊重自然、顺应自然、保护自然，坚持节约优先、保护优先、自然恢复为主，深入实施可持续发展战略，完善生态文明领域统筹协调机制，构建生态文明体系，促进经济社会发展全面绿色转型，建设人与自然和谐共生的现代化。

更高水平开放型经济新体制。实行高水平对外开放，开拓合作共赢新局面。坚持实施更大范围、更宽领域、更深层次对外开放，依托中国大市场优势，促进国际合作，实现互利共赢。要建设更高水平开放型经济新体制，全面提高对外开放水平，推动贸易和投资自由化便利化，推进贸易创新发展，推动共建"一带一路"高质量发展，积极参与全球经济治理体系改革。

共建共治共享的社会治理制度。改善人民生活品质，提高社会建设水平。坚持把实现好、维护好、发展好最广大人民根本利益作为发展的出发点和落脚点，尽力而为、量力而行，健全基本公共服务体系，完善共建共治共享的社会治理制度，扎实推动共同富裕，不断增强人民群众获得感、幸福感、安全感，促进人的全面发展和社会全面进步。要提高人民收入水平，强化就业优先政策，建设高质量教育体系，健全多层次社会保障体系，全面推进健康中国建设，实施积极应对人口老龄化国家战略，加强和创新社会治理。

更高水平的平安中国。统筹发展和安全，建设更高水平的平安中国。坚持总体国家安全观，实施国家安全战略，维护和塑造国家安全，统筹传统安全和非传统安全，把安全发展贯穿国家发展各领域和全过程，防范和化解影响现代化进程的各种风险，筑牢国家安全屏障。要加强国家安全体系和能力建设，确保国家经济安全，保障人民生命安全，维护社会稳定和安全。

建军百年奋斗目标。加快国防和军队现代化，实现富国和强军相统一。贯彻习近平强军思想，贯彻新时代军事战略方针，坚持党对人民军队的绝对领导，坚持政治建军、改革强军、科技强军、人才强军、依法治军，加快机械化信息化智能化融合发展，全面加强练兵备战，提高捍卫国家主权、安全、发展利益的战略能力，确保2027年实现建军百年奋斗目标。要提高国防和军队现代化质量效益，促进国防实力和经济实力同步提升，构建一体化国家战略体系和能力，推动重点区域、重点领域、新兴领域协调发展，优化国防科技工业布局，巩固军政军民团结。

坚持党的全面领导。实现"十四五"规划和2035年远景目标，必须坚持党的全面领导，充分调动一切积极因素，广泛团结一切可以团结的力量，形成推动发展的强大合力。要加强党中央集中统一领导，推进社会主义政治建设，健全规划制定和落实机制。

中国开始实行改革开放、引入市场经济时提出"让一部分人先富起来，先富带动后富"。改革开放以来，经过40余年的快速发展，中国已经使7.7亿农村贫困人口摆脱贫困。

共同富裕并不是劫富济贫，而是遏制贫富差距不断扩大，使普通民众能够更多享有他们及整个社会创造的财富。

二、党章

1987年以来党章的几次修订见图5-1。

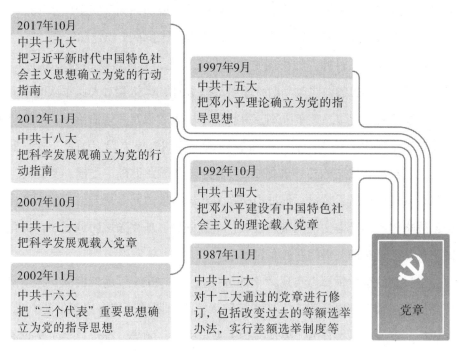

图5-1 1987年以来党章的几次修订

党章由总纲和十一章五十五条组成。

第一章　党员（第一至九条）

第二章　党的组织制度（第十至十八条）

第三章　党的中央组织（第十九至二十四条）

第四章　党的地方组织（第二十五至二十九条）

第五章　党的基层组织（第三十至三十四条）

第六章　党的干部（第三十五至三十八条）

第七章　党的纪律（第三十九至四十四条）

第八章　党的纪律检查机关（第四十五至四十七条）

第九章　党组（第四十八至五十条）

第十章　党和共产主义青年团的关系（第五十一至五十二条）

第十一章　党徽党旗（第五十三至五十五条）

（一）依法治国和依规治党

党章由中共中央委员会发布，是全党必须遵循的总规矩。中国共产党坚持依法治国、依规治党，并运用法治思想和法治方式来提高执政水平、增强执政能力。中国共产党不断完善指导立法、保障执法、支持司法公正、发挥守法表率作用的工作机制。

纪律是中国共产党的生命线。没有严明的纪律，就不会有党内团结和凝聚力，政策就无法顺利传达和执行，党的凝聚力和领导力也会严重削弱。中国共产党将纪律建设作为全面从严治党的治本之策，加强对党员的引导和管理，查处违纪违规行为。

（二）党的全面领导

民主集中制是中国共产党的根本组织原则和领导制度。

集体领导是民主集中制在中国共产党的领导制度上的具体体现，党员以

民主方式服从党组织。少数服从多数，下级党组织服从上级党组织，全党服从党中央。坚定维护党中央权威和党的集中统一领导是中国共产党在革命、建设和改革中积累的重要经验。

中国共产党始终坚持推进党内民主，以党内民主带动人民民主。自2012年以来，中共中央采取了一系列有效措施，坚持和加强党的全面领导，维护党中央权威和集中统一领导。党的领导强调：第一，党是领导一切的，是最高的政治领导力量；第二，坚持党的全面领导就是坚持党中央权威和集中统一领导，党的领导制度是中国的根本领导制度，维护党中央权威，在任何时候任何情况下都必须在思想上政治上行动上同党中央保持高度一致，是基本的政治纪律和政治规矩；第三，增强政治意识、大局意识、核心意识、看齐意识，坚持中国共产党这一领导核心，按党中央要求办事；增强中国特色社会主义道路自信、理论自信、制度自信、文化自信。

（三）决策部署的有效施行

中国共产党坚持加强组织建设、纪律建设和党内法规建设，形成了上下贯通、执行有力的组织体系，包括党中央、地方党组织和基层党组织。中国共产党的最高领导机关是党的全国代表大会及其产生的中央委员会。

中国共产党有517万多个基层党组织[1]，分布在企业、农村、机关、学校、科研院所、街道社区、社会组织、人民解放军连队等基层单位。它们是党的神经末梢，贯彻落实党中央和各级党组织的决策部署，收集反映党员群众关心的问题和建议。党员在基层单位发挥表率作用。

---

〔1〕《中国共产党党内统计公报》，http://www.qstheory.cn/yaowen/2024-06/30/c_1130171069.htm。

三、党员

"我志愿加入中国共产党，拥护党的纲领，遵守党的章程，履行党员义务，执行党的决定，严守党的纪律，保守党的秘密，对党忠诚，积极工作，为共产主义奋斗终身，随时准备为党和人民牺牲一切，永不叛党。"——入党誓词

（一）基本要求

要成为一名党员，入党申请人必须年满十八周岁并通过一年的预备期。需有两名中共党员作为入党介绍人向党组织推荐入党申请人。入党介绍人必须熟悉入党申请人，了解其思想、品质、经历和表现，同时向入党申请人介绍党的纲领和党的章程，以及党员的条件、义务和权利。

两名入党介绍人需向支部大会提供书面推荐信（一般情况下，入党申请人本人的亲属不宜作为其入党介绍人），汇报入党申请人是否符合成为党员的条件。

预备党员须面向党旗进行宣誓。有关党组织负责教育和考察预备党员。预备党员的义务同正式党员一样，预备党员的权利，除了没有表决权、选举权和被选举权以外，也同正式党员一样。

（二）正式党员

党员须学习党的路线、方针、政策及决议，学习党的基本知识，学习科学、文化和业务知识，努力提高为人民服务的本领；自觉遵守党的纪律；维护党的团结和统一；发扬社会主义新风尚，提倡共产主义道德。

党员能够参加党的有关会议，阅读党的有关文件，接受党的教育和培训；在党的会议上和党报党刊上，参加关于党的政策问题的讨论；对党的工作提出建议和倡议；在党的会议上有根据地批评党的任何组织和任何党员；

行使表决权、选举权，有被选举权；在党组织讨论决定对党员的党纪处分或作出鉴定时，本人有权参加和进行申辩，其他党员可以为他作证和辩护；对党的决议和政策如有不同意见，在坚决执行的前提下，可以声明保留，并且可以把自己的意见向党的上级组织直至中央提出；向党的上级组织直至中央提出请求、申诉和控告，并要求有关组织给以负责的答复。

（三）党的代表大会代表

党的代表大会是党的组织的领导机关，包括党的全国代表大会，以及党的省、自治区、直辖市的代表大会，设区的市和自治州的代表大会，县（旗）、自治县、不设区的市和市辖区的代表大会，党的基层代表大会。

党的代表大会代表应是党员中的优秀分子，具备过硬的思想政治素质、优良的工作作风、出色的议政能力和突出的工作业绩，有着广泛的代表性。他们肩负着将党员的真实情况和意见传递至大会的重要职责。

四、组织结构

党的基层组织，根据工作需要和党员人数，经上级党组织批准，分别设立党的基层委员会、总支部委员会、支部委员会。

（一）党的基层委员会

企业、农村、机关、学校、科研院所、街道社区、社会组织、人民解放军连队和其他基层单位，凡是有正式党员三人以上的，都应当成立党的基层组织。党员不足100人的，因工作需要，经上级党组织批准，也可以设立党的基层委员会。党的基层委员会由党员大会或代表大会选举产生。党员人数在500人以下的基层组织进行换届选举，一般应召开党员大会。

（二）总支部委员会

党员50人以上、100人以下的，设立党的总支部委员会。党员不足50人的，因工作需要，经上级党组织批准，也可以设立党的总支部委员会。党的总支部委员会由党员大会选举产生，每届任期三年。党的总支部委员会下可分设若干支部。

（三）支部委员会

正式党员三人以上的，成立党的支部。党员七人以上的党的支部，设立支部委员会，支部委员会由党员大会选举产生；党员不足七人的党的支部，不设支部委员会。支部委员会在支部党员大会闭会期间负责领导和处理日常工作。支部委员会对支部党员大会负责，并定期向其报告工作情况。

（四）党组

在中央和地方国家机关、人民团体、经济组织、文化组织和其他非党组织的领导机关中，可以成立党组。党组发挥领导核心作用。党组的任务主要是落实党的路线、方针、政策；讨论和决定本部门的重大问题；团结非党干部和群众；完成党和国家交给的任务；指导机关和直属单位党组织的工作。

五、党的中央组织

（一）党的全国代表大会

根据党章，全国代表大会由中央委员会召集，每五年举行一次。中央委员会认为有必要，或者有三分之一以上的省一级组织提出要求，全国代表大会可以提前举行。如无非常情况，不得延期举行。全国代表大会职权包括：选举中央委员会；选举中央纪律检查委员会；听取和审查中央委员会的报告；审查中央纪律检查委员会的报告；讨论并决定党的重大问题；修改党的章程。

（二）党的中央委员会

党的中央委员会每届任期五年，每年至少举行一次中央委员会全体会议。改革开放以来，历届中共中央委员会五年召开七次全会基本形成惯例。每次全会会承担相对固定的职责。

在全国代表大会闭会期间，中央委员会执行全国代表大会的决议，领导党的全部工作，对外代表中国共产党。

中央委员会全体会议选举产生党的中央政治局、中央政治局常务委员会和中央委员会总书记。党的中央军事委员会组成人员由中央委员会决定。

一般来说，七次全会职能分别为：

一中全会通常担负选举产生新一届中央领导机构的重任；

二中全会通常为全国人民代表大会、政协全国委员会和国家机构推荐领导人选；

二中全会通常就经济改革发展作出重人决策；

四中全会推出国家重大决策部署；

五中全会主要议题是"五年规划"；

六中全会通常就党的建设作出重大部署；

七中全会承前启后，为下一次党的全国代表大会进行文件及程序的准备。

（三）中央政治局及其常务委员会

在中央委员会全体会议闭会期间，中央政治局及其常务委员会行使中央委员会的职权。每届中央委员会产生的中央领导机构和中央领导人，在下届党的全国代表大会开会期间，继续主持党的经常工作，直到下届中央委员会产生新的中央领导机构和中央领导人为止。

（四）中央书记处

中央书记处书记由中央政治局常务委员会提名，由中央委员会全体会议通过。中央书记处是中央政治局及其常务委员会的办事机构，由中央委员会总书记主持工作。

（五）中央委员会总书记

中央委员会总书记由中央委员会全体会议从中央政治局常务委员会委员中选举产生，负责召集中央政治局会议和中央政治局常务委员会会议，并主持中央书记处的工作。

（六）党中央各部门及直属事业单位

党中央各部门包括：中共中央纪律检查委员会、中华人民共和国国家监察委员会机关，中共中央办公厅，中共中央组织部（对外加挂国家公务员局牌子），中共中央宣传部（对外加挂国务院新闻办公室，国家新闻出版署，国家版权局，国家电影局牌子），中共中央统一战线工作部（对外加挂国家宗教事务局，国务院侨务办公室牌子），中共中央对外联络部，中共中央政法委员会，中共中央政策研究室（中央全面深化改革委员会办公室），中央国家安全委员会办公室，中央网络安全和信息化委员会办公室（国家互联网信息办公室），中央军民融合发展委员会办公室，中共中央台湾工作办公室（国务院台湾事务办公室），中央财经委员会办公室，中央外事工作委员会办公室，中央机构编制委员会办公室，中国共产党中央委员会中央和国家机关工作委员会。

党中央直属事业单位包括：中央党校（国家行政学院）、中央党史和文献研究院、人民日报社、求是杂志社、光明日报社、中国浦东干部学院、中国井冈山干部学院、中国延安干部学院、中央社会主义学院。

六、党的地方组织

（一）党的地方各级代表大会

党的地方各级代表大会每五年召开一次，在特殊情况下，经上一级委员会批准，可以提前或延期举行。代表的名额和选举办法由同级党的委员会决定，并报上一级党的委员会批准。

党的地方各级代表大会职权包括：讨论本地区范围内的重大问题并作出决议；选举同级党的委员会，选举同级党的纪律检查委员会；听取和审查同级党的委员会的报告；审查同级纪律检查委员会的报告。

（二）党的地方各级委员会

党的地方各级委员会存在在各级行政机构中，由各级党的代表大会选举产生。

党的地方各级委员会全体会议每年至少召开两次。在代表大会闭会期间，党的地方各级委员会执行上级党组织的指示和同级代表大会的决议，领导本地方的工作，定期向上级党的委员会报告工作。党的地方各级代表大会如提前或延期举行，由它选举的委员会的任期相应地改变。

党的地方各级委员会委员和候补委员名额由上一级委员会决定。党的地方各级委员会委员出缺，由候补委员按照得票多少依次递补。

（三）党的地方各级委员会的常务委员会

党的地方各级委员会的常务委员会，在委员会全体会议闭会期间，行使委员会职权；在下届党的代表大会开会期间，继续主持经常工作，直到新的常务委员会产生为止。党的地方各级委员会的常务委员会定期向委员会全体会议报告工作，并接受监督。

七、党的纪律检查机关

党的中央和地方各级纪律检查委员会向同级党和国家机关全面派驻党的纪律检查组。党的中央纪律检查委员会在党的中央委员会领导下进行工作。党的地方各级纪律检查委员会和基层纪律检查委员会在同级党的委员会和上级纪律检查委员会双重领导下进行工作。党的各级纪律检查委员会每届任期和同级党的委员会相同。

党的各级纪律检查委员会是党内监督专责机关，主要任务是：维护党的章程和其他党内法规，检查党的路线、方针、政策和决议的执行情况，协助党的委员会推进全面从严治党、加强党风建设和组织协调反腐败工作，推动完善党和国家监督体系。

第六章　选贤任能

"从表面上看，很难理解为什么选举民主会有如此广泛的吸引力。一方面，通过自由公正的竞选方式选择一个国家最高领导人的做法的历史相对较短（在大多数国家只有不到一个世纪的时间，而中国的科举制度存在了1300年）。……更根本的是，对不需要领导经验（和专业知识）的系统持几乎不质疑的立场似乎很奇怪。行使权力的途径有很多，在工作场所、学校、医院、监狱等等地方。一个自然的假设是，高层领导人行使权力必须具备相应经验。没有任何一家公司或大学会选择一个没有相当领导经验（最好是同一领域经验）的领导者。然而，政治权力是一个例外：只要他或她是基于一人一票的选择，那么选出一个没有政治经验的领导者也是可以的。"——丹尼尔·A. 贝尔（Daniel A. Bell），《中国模式》（*The China Model*）

世界银行表示，中国经济实现了历史上主要经济体最快的持续增长。尽管中国的经济表现和经济模式引起了全球的关注，仍很少有人强调这一经济表现是由一个非凡且独特的政治模式带来的。这个模式注重选拔优秀的公务员和党政领导干部，而广泛的群众支持和出色的工作表现是重要的参考标准。

　　与聚焦个体利益、将候选人的"表演技巧"置于重要位置的模式不同，中国选拔人才始终以人民为中心，坚持任人唯贤、德才兼备的准则，着重考察候选人过往工作中的实际成效，确保每一位脱颖而出的候选人都能凭借过硬的专业素养与高尚的道德品行，真正肩负起为人民谋幸福的重任。

　　在强调自由主义的西方社会中，领导人只对他们的选民负责（如果负责的话），几乎不对子孙后代负责，因此，处理长期问题的难度很大。这一体系中所有已知问题非但不会威胁其架构，还会将责任从领导人转移给为其投票的选民。有了这种选择自由，选民就可以因没有选出高效的领导人而受到指责。相比之下，在强调选贤任能的政治体系中，选拔出诚信正直、品德高尚、具有广泛群众基础的领导人是主要目标。

一、汉朝文官制度

　　汉朝在中国古代帝制发展历程中的主要贡献体现在其对中央与地方政治体制的发展，以及开创性地构建起一套完备的文官制度。汉朝所设立的文官制度将官员划分为 12 个品级。从制度设计的初衷来讲，任何一位官员都拥有从最低品级起步，通过自身不懈努力与卓越表现，逐步升至最高品级的晋升通道。从理论架构及部分实际运行情况综合来看，汉朝政府的组织架构呈现出鲜明特点：一方面，官员等级分明；另一方面，存在部分职能重叠，其核心目的是防止个别官员权力过度集中。比如，在某些时期，朝廷会同时任命两名宰相，通过这种方式实现权力的分散与制衡，避免权力过度膨胀。在财政事务的管理上，更是将其交由农业和财政部、枢密院这两个常设部门共同负责，通过相互协作与监督，来避免权力寻租与滥用。

在汉朝，"九卿"作为九名高级官员，分别肩负着掌管宗教礼仪、维护宫廷治安、裁决刑事案件、处理外交事务及统筹税收征用等关键职责，他们各自执掌一个重要机构。除了"九卿"主管的机构之外，还有其他几个主要机构专门负责特定领域的事务，尽管它们在行政地位上略低于"九卿"所主管的机构，但同样在国家治理中发挥着重要作用。

二、选贤任能的程序和标准

每位公民都平等地享有为社会贡献力量的权利。然而，在贤能政治理念下，那些凭借自身卓越才能、品德与智慧脱颖而出的人，会获得更多参与公共事务决策的机会，从而能够做出更多造福人民的决策。

在中国，党政领导干部均是从庞大的公务员队伍中，经严格择优流程选拔而来。经过长期的发展与完善，中国已构建起一套成熟且行之有效的选拔任用制度化体系。在这个体系里，那些学识渊博、具备政治影响力，并且能够对各类复杂事务做出合理决策的优秀人才会被提名为候选人。随后，充分尊重人民的意愿，通过选举的方式，将最终的选择权交到人民手中。这一选贤任能体制机制，十分重视公务员在不同职业生涯阶段的实践历练与经验积累。同时，整个选拔过程秉持开放、透明的原则，以严谨的标准和流程进行层层筛选。在筛选过程中，不仅着重考量候选人的工作能力与业绩，还广泛听取同事、领导及下属的评价与意见，确保选拔结果的全面性与公正性。最终，通过全方位、综合性的评估，以及公平公正的选举程序，选拔出真正德才兼备、能力出众的领导干部。公务员选拔任用程序见图6-1。

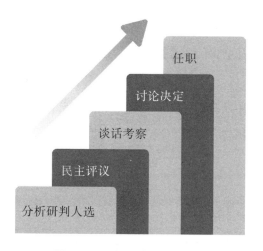

图 6-1　公务员选拔任用程序

2019 年，中共中央印发修订后的《党政领导干部选拔任用工作条例》，修订该条例的目的是回应干部工作中出现的一些新情况、新问题，进一步推进干部选拔任用制度化、规范化，建设忠诚干净担当的高素质专业化干部队伍。条例要求，树立注重基层实践的导向，大力选拔敢于负责、勇于担当、善于作为的干部；注重发现、培养、选拔年轻干部、女性干部，促进所有干部发挥应有作用；及时调整不适合当前职务的领导干部。

（一）组织机构

中央机构编制委员会是中共中央设立的机构之一，是党中央决策议事协调机构，在中央政治局及其常务委员会领导下工作。中央机构编制委员会的职责包括贯彻落实党中央对党和国家机构编制工作的集中统一领导；研究提出党和国家机构改革方案并组织实施；审定省级机构改革方案，指导地方各级机构改革工作等。

中共中央组织部成立于 1924 年，是中共中央负责党的组织建设、干部队伍建设和人才队伍建设等工作的重要职能部门。

国家公务员局于 2008 年 3 月成立，隶属人力资源和社会保障部，该部由人事部、劳动和社会保障部合并而来。国家公务员局的职能覆盖公务员事务管理的各个环节，包括职位管理、考试录用、考核奖励、培训与监督、拟订新录用公务员试用期管理办法、拟订公务员日常登记管理办法、负责中央国家机关及其直属机构公务员登记工作等。国家公务员局的成立是国务院机构改革的组成部分。

自公元前六世纪以来，选贤任能的概念就存在于知识分子的讨论中。对于如何定义贤才，人们有着不同看法。在孔子及其追随者看来，贤才与道德修养紧密相连，一个人只有具备高尚的品德，才能称之为贤才；而法家则认为，道德难以用具体标准衡量，无法作为选拔人才的唯一依据。1300 年前，中国建立科举制度，通过考试选拔官吏，择优取士。今天，中国已经形成一套较为完善的干部选拔任用体系和制度。

柏拉图认为，国家之所以存在，是因为没有一个人是自给自足的。理想的社会应该能够为人民提供谋生的机会，摆脱自私的个人主义和商业主义，通过和谐来实现统一。如果每个人都有平等的机会证明自己的能力，那么缺乏特定训练的人就不应该被允许担任公职。高级官员也必须先担任低阶官职。柏拉图还认为，民主制倾向于以肤浅的言辞和表征来判断政治家能否胜任，这使得擅长赢得选票的人更有机会主导民主政治，选举出的官员将不得不持续争取人民的青睐以保持自己的权力地位，而忽视寻求内在的智慧和知识。这个系统最终会接受完全的自由（柏拉图所说的"无政府状态"）和不必要的"欲望"。这只创造了人为的平等，却破坏了实现善治所必需的专业性。

（二）培养选拔

中国对公务员的能力要求具有高标准、全方位的特点。2011 年，为加强公务员职业道德建设，国家公务员局印发了《公务员职业道德培训大纲》，主要内容包括十项基础知识和四个专题：

十项基础知识分别是：道德、职业道德的含义和作用；公务员职业道德的内涵和作用；公务员的责任、义务和纪律；公务员的世界观、权力观、事业观；中国古代如何加强"官德"修养；社会主义核心价值体系的主要内容；党中央国务院关于公务员作风建设和反腐倡廉建设有关要求；国外公务员职业道德的主要内容、特点和加强公务员职业道德建设的做法；加强公务员职业道德建设的重要意义；加强公务员职业道德建设的原则和实现途径。

四个专题分别是：忠于国家；服务人民；恪尽职守；公正廉洁。

通过持续的培训和实践，中国培养了许多优秀的政治人才。对公务员的基本评价维度包括忠诚、道德、学识、能力、领导力和作风等。在减贫、增加就业岗位、促进经济增长、推动社会进步，以及保护生态环境、促进可再生能源开发利用、推动创新等领域的经验和政绩都是公务员选拔和晋升中的考虑因素。

在中国，公务员主要通过竞争性考试选拔产生，其管理遵循《公务员法》的相关规定。大部分公务员任职于政府部门，他们在工作中承担着对中国党、政府、国有企业及其他重要机构的管理职责。军队体系中也设有文职人员，他们同样属于广义的公务员范畴。国家领导人和领导机构成员均纳入公务员制度的管辖范围，体现了公务员制度的全面性与系统性。需要明确的是，成为公务员并不以加入中国共产党为必要条件，体现了公务员队伍的广泛性和多元化，旨在吸纳各界优秀人才，共同为国家的发展与建设贡献力量。

三、公务员职务、职级与级别

在中国，党政机关、国有企业和社会组织这三个系统共同构建起了一条既相对独立又彼此融合的公务员职业道路，公务员有机会在职业生涯中实现跨系统轮转。这种跨系统轮转有利于拓宽公务员的视野，使其得以接触不同领域的工作内容、管理模式与运作机制，进而在实践中不断磨砺、成长，全方位提升自身综合能力，最终成为能适应多领域工作需求、素养全面的优秀人才，见图6-2。

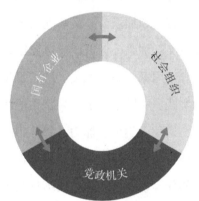

图6-2 三个系统

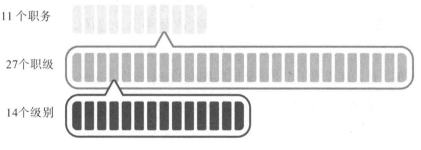

11个职务

27个职级

14个级别

图6-3 公务员职务、职级和级别示意图

如图6-3所示，中国公务员体系分为11个职务、27个职级和14个级别。公务员的职务、职级与级别是由其德才表现、工作实绩和资历综合决定

60

的，职务、职级和级别是确定公务员工资及其他待遇的依据。这一制度适用于全体公务员。中国公务员体系中的主要职务包括：

（一）国家级正职、国家级副职

中国行政系统内拥有大约 300 个国家级领导职务，职务范围如下：

国家级正职：

党的职务：中共中央总书记、中央政治局常委、中央军事委员会主席等。

政府职务：国家主席、国务院总理、全国人民代表大会常务委员会委员长、政协全国委员会主席等。

国家级副职：

党的职务：中央政治局委员、中央纪律检查委员会书记、中央书记处书记、中央军事委员会副主席等。

政府职务：国家副主席、国务院副总理、国务委员、全国人民代表大会常务委员会副委员长、政协全国委员会副主席、最高人民法院院长、最高人民检察院检察长等。

（二）省部级正职、省部级副职

中国行政系统内拥有大约 5000 个省部级职务。职务范围如下：

省部级正职：

党的职务：中央纪律检查委员会副书记，省、自治区、直辖市党委正职，中共中央下属部委和事业单位（党组）正职等。

政府职务：省、自治区、直辖市政府正职，国务院下属部委行署室和事业单位正职，省、自治区、直辖市人民代表大会常务委员会主任或政协地方委员会主席等。

其他：人民团体正职、国有正部级企业正职等。

省部级副职：

党的职务：中共中央纪律检查委员会常务委员会委员，省、自治区、直辖市党委副职，副省级市党委正职，中共中央下属部委和事业单位副职等。

政府职务：省、自治区、直辖市政府副职，副省级市政府正职，国务院、全国人民代表大会常务委员会、政协全国委员会下属部委行署室和事业单位副职，省、自治区、直辖市人民代表大会或政协地方委员会副职等。

其他：副部级高校党政正职、国有正部级企业副职、国有副部级企业正职等。

（三）厅局级正职、厅局级副职

中国行政系统内共有约5万个厅局级职务。职务范围如下：

厅局级正职：

党的职务：省、自治区、直辖市党委正职，副省级市党委副职，中共中央司局室正职等。

政府职务：全国人民代表大会常务委员会、国务院、政协全国委员会直属部委行署室和事业单位的司局室正职，省、自治区、直辖市人民代表大会、政府、政协地方委员会直属机关和事业单位正职，副省级市政府副职等。

其他：省属高校党政正职、国有副部级企业副职和正厅级企业正职等。

厅局级副职：

党的职务：中共中央直属部委行署室和事业单位的司局室副职，各省、自治区、直辖市党委直属机关和事业单位副职，副省级市党委下属机关正职等。

政府职务：全国人民代表大会常务委员会、国务院、政协全国委员会直属部委行署室和事业单位的司局室副职，地级市人民代表大会、政府、政协地方委员会副职，省、自治区、直辖市政府直属机关和事业单位副职等。

其他：省属高校党政副职、国有副厅级企业正职和正厅级企业副职等。

（四）县处级正职、县处级副职

中国约有30万个县处级职务。

县处级正职：

党的职务：中共中央直属部委行署室和事业单位的处室正职，省、自治区、直辖市党委直属机关和事业单位的处室正职，副省级市党委下属机关副职等。

政府职务：全国人民代表大会常务委员会、国务院、政协全国委员会直属部委行署室和事业单位的处室正职，省、自治区、直辖市人民代表大会、政府、政协地方委员会直属机关和事业单位的处室正职，副省级市人民代表大会、政府、政协地方委员会下属机关副职，各县市人民代表大会、政府、政协地方委员会正职等。

其他：省属高校院系处室正职、国有正县级企业正职等。

县处级副职：

党的职务：中共中央直属部委行署室和事业单位的处室副职，省、自治区、直辖市党委直属机关和事业单位的处室副职等。

政府职务：全国人民代表大会常务委员会、国务院、政协全国委员会直属部委行署室和事业单位的处室副职，省、自治区、直辖市人民代表大会、政府、政协地方委员会直属机关和事业单位的处室副职，各县市人民代表大会、政府、政协地方委员会副职等。

其他：国有正县级企业副职和副县级企业正职等。

（五）乡科级正职、乡科级副职

乡科级正职：

党的职务：地级市党委下属单位科室正职，县级市党委下属单位正职，乡镇党委正职等。

政府职务：地级市人民代表大会、政府、政协地方委员会下属单位科室正职，县级市人民代表大会、政府、政协地方委员会下属单位正职，乡镇政府正职等。

其他：国有正科级企业正职等。

乡科级副职：

党的职务：各地级市党委下属单位科室副职，各县级市党委下属单位副职等。

行政部门：各地级市人民代表大会、政府、政协地方委员会下属单位科室副职，各县级市人民代表大会、政府、政协地方委员会下属单位副职等。

其他：国有正科级企业副职等。

四、合法性和领导力

在政治理论与实践的探讨中，国家的本质及其合法性的呈现方式是核心议题之一。在领导干部选拔机制上，中国与部分西方国家存在显著差异。中国秉持德才兼备的选人用人标准，高度重视领导干部的思想政治觉悟、道德品质修养及专业能力素养，而规避在部分西方国家过度依赖竞选技巧和政治表演的选人模式。在中国，国家本质与合法性的彰显紧密依托于高素质的领导干部队伍、科学合理的政策制定与高效执行，以及对全心全意为人民服务宗旨的践行。自改革开放以来，中国取得了人类减贫史上的伟大奇迹，跃居世界第二大经济体，人民生活水平实现质的飞跃，这些发展成就佐证并生动诠释了中国特色干部选拔机制的科学性、优越性。

一方面，中国的选拔任用制度能够凭借严格的标准与全面的考察流程，选拔出能力出众、历经实践考验的领导干部。另一方面，针对那些因履职不力、违反纪律或其他原因不再胜任岗位的人员，该制度设有清晰明确的退出机制。尤为值得一提的是，中国选拔任用制度能够确保在有能力的领导干部之间开展民主选举，能够确保公务员选拔任用过程公平、公正、公开，能够有力地阻止金钱政治对选举、立法及行政过程的侵蚀。在公务员的整个职业生涯里，其道德水准、知识储备、工作能力及工作作风等各个方面，都处于持续的监督与考察之下。公务员唯有不断自我提升，在工作中精益求精，在品德修养上严格自律，在知识技能上持续学习，才能在众多同行中崭露头角。

这种模式为领导干部选拔任用开辟了一条高效且务实的路径，提出了具有中国特色的选贤任能方案，在中国经济社会全面发展的进程中发挥着重要的基础性作用，不仅为中国人民带来了实实在在的福祉，也为世界各国提供了制度借鉴。

中共十九大选举出的七位最高领导人中，有六位拥有管理省或直辖市的经验，这些省或直辖市无论是人口总量还是区域经济总量，都堪比一些国家。

第七章　选举制度

宪法第二十四条规定：中华人民共和国年满十八周岁的公民，不分民族、种族、性别、职业、家庭出身、宗教信仰、教育程度、财产状况、居住期限，都有选举权和被选举权。依照法律被剥夺政治权利的人除外。

"超过 9 亿人民正在为 35 400 个乡镇和 2800 个县级人民代表大会的 200 万个席位进行投票。"——亚洲新闻/南华早报，2006 年 9 月 21 日

"根据官方媒体报道，中国各地已有超过 9 亿人投下他们的选票。因此，超过 250 万名代表将就职于数千个地方各级人民代表大会。"——英国广播公司，2006 年 11 月 17 日

"今年，中国有 9 亿选民参加选举……到年底，他们将选出 250 万名代表进入地方各级人民代表大会。"——经济学人，2016 年 11 月 10 日

一、全国人民代表大会及地方各级人民代表大会的选举

首部《中华人民共和国全国人民代表大会和地方各级人民代表大会选举法》（以下简称《选举法》）于 1979 年 7 月 1 日通过，于 1982 年第一次修正。

（一）比例代表制

全国人民代表大会代表名额，由全国人民代表大会常务委员会根据各省、自治区、直辖市的人口数，按照每一代表所代表的城乡人口数相同的原则，以及保证各地区、各民族、各方面都有适当数量代表的要求进行分配。

省、自治区、直辖市应选全国人民代表大会代表名额，由根据人口数计算确定的名额数、相同的地区基本名额数和其他应选名额数构成。

（二）广泛的代表性

广泛的代表性体现在人民代表大会代表涵盖基层代表、妇女代表、少数民族代表、党政领导干部代表、军队代表和归侨代表等。

1. 基层代表

《选举法》第七条规定："全国人民代表大会和地方各级人民代表大会的代表应当具有广泛的代表性，应当有适当数量的基层代表，特别是工人、农民和知识分子代表。"第十四届全国人民代表大会一次会议大会发言人王超表示，一线工人、农民代表（497 名）占代表总数（2977 名）的 16.69%。[1]

2. 妇女代表

《妇女权益保障法》要求，全国人民代表大会和地方各级人民代表大会的代表中，应当有适当数量的妇女代表。第十四届全国人民代表大会代表

---

〔1〕《人大代表中基层群众占有相当比例》，http://www.xinhuanet.com/politics/2023lh/2023-03/04/c_1129412408.htm。

中，妇女代表（790 名）占代表总数的 26.54%。[1]

3. 少数民族代表

全国少数民族应选全国人民代表大会代表，由全国人民代表大会常务委员会参照各少数民族的人口数和分布等情况，分配给各省、自治区、直辖市的人民代表大会选出。第十四届全国人民代表大会代表中，少数民族代表（442 名）占代表总数的 14.85%。全国 55 个少数民族都有人民代表大会代表。[2]

4. 党政领导干部代表

党政领导干部代表的比例持续下降，同时，基层代表比例、妇女代表比例有所提高。第十四届全国人民代表大会代表中，党政领导干部代表（969名）占代表总数的 32.55%。[3]

5. 军队代表

全国人民代表大会还确定了军队代表的规模。第十四届全国人民代表大会代表中，解放军和武警部队代表总数为 281 名。[4]

6. 归侨代表

《选举法》规定，全国人民代表大会和归侨人数较多地区的地方人民代表大会，应当有适当名额的归侨代表。第一届全国人民代表大会设立了 30个归侨代表的名额。第十四届全国人民代表大会代表中，归侨代表人数为42 名。[5]。

(三) 基本情况

全国人民代表大会和地方各级人民代表大会的选举经费，列入财政预

---

〔1〕《人大代表中基层群众占有相当比例》，http://www.xinhuanet.com/politics/2023lh/2023-03/04/c_1129412408.htm。

〔2〕《2977 名十四届全国人大代表具有广泛的代表性》，http://www.npc.gov.cn/npc//c2/c30834/202302/t20230225_423680.html。

〔3〕同〔2〕。

〔4〕《中华人民共和国第十四届全国人民代表大会代表名单》，新华社北京 2023 年 2 月 24 日电。

〔5〕同〔2〕。

算，由国库开支。

全国人民代表大会代表，省、自治区、直辖市、设区的市、自治州的人民代表大会代表，由下一级人民代表大会选举。不设区的市、市辖区、县、自治县、乡、民族乡、镇的人民代表大会代表，由选民直接选举。每一选民在一次选举中只有一个投票权。

全国人民代表大会常务委员会主持全国人民代表大会代表的选举。省、自治区、直辖市、设区的市、自治州的人民代表大会常务委员会主持本级人民代表大会代表的选举。不设区的市、市辖区、县、自治县、乡、民族乡、镇设立选举委员会，主持本级人民代表大会代表的选举。不设区的市、市辖区、县、自治县的选举委员会的组成人员由本级人民代表大会常务委员会任命。乡、民族乡、镇的选举委员会的组成人员由不设区的市、市辖区、县、自治县的人民代表大会常务委员会任命。

不设区的市、市辖区、县、自治县、乡、民族乡、镇的人民代表大会的代表名额分配到选区，按选区进行选举。选区可以按居住状况划分，也可以按生产单位、事业单位、工作单位划分。选区的大小，按照每一选区选一名至三名代表划分。本行政区域内各选区每一代表所代表的人口数应当大体相等。

选民登记按选区进行，经登记确认的选民资格长期有效。对于公布的选民名单有不同意见的，可以在选民名单公布之日起五日内向选举委员会提出申诉。选民名单应在选举日的二十日以前公布。选举委员会对申诉意见，应在三日内作出处理决定。

（四）代表候选人的提出及当选

各政党、各人民团体可以联合或者单独推荐代表候选人。选民或代表，十人以上联名，也可以推荐代表候选人。全国和地方各级人民代表大会代表实行差额选举，代表候选人的人数应多于应选代表的名额。

由选民直接选举人民代表大会代表的，代表候选人的人数应多于应选代表名额三分之一至一倍；由县级以上的地方各级人民代表大会选举上一级人民代表大会代表的，代表候选人的人数应多于应选代表名额五分之一至二分之一。由选民直接选举人民代表大会代表的，代表候选人由各选区选民和各政党、各人民团体提名推荐。选举委员会汇总后，将代表候选人名单及代表候选人的基本情况在选举日的十五日以前公布，并交各该选区的选民小组讨论、协商，确定正式代表候选人名单。

在选民直接选举人民代表大会代表时，选区全体选民过半数参加投票，选举有效。代表候选人获得参加投票的选民过半数的选票时，始得当选。县级以上的地方各级人民代表大会在选举上一级人民代表大会时，代表候选人获得全体代表过半数的选票时，始得当选。

获得过半数选票的代表候选人的人数超过应选代表名额时，以得票多的当选。如遇票数相等不能确定当选人时，应当就票数相等的候选人再次投票，以得票多的当选。获得过半数选票的当选代表的人数少于应选代表的名额时，不足的名额另行选举。另行选举时，根据在第一次投票时得票多少的顺序，按照差额比例，确定候选人名单。

二、国家主席、国务院、地方各级人民政府及村民委员会的选举

（一）国家主席、副主席的选举

国家主席、副主席由全国人民代表大会选举产生。有选举权和被选举权的年满四十五周岁的中国公民可以被选为国家主席、副主席。国家主席、副主席每届任期同全国人民代表大会每届任期相同。国家主席、副主席行使职权到下届全国人民代表大会选出的主席、副主席就职为止。国家主席缺位的时候，由副主席继任主席的职位。国家副主席缺位的时候，由全国人民代表大会补选。国家主席、副主席都缺位的时候，由全国人民代表大会补选；在补选以前，由全国人民代表大会常务委员会委员长暂时代理主席职位。

（二）国务院的选举

根据主席的提名，全国人民代表大会决定国务院总理的人选。国务院总理每届任期同全国人民代表大会每届任期相同。国务院副总理、国务委员、各部部长、各委员会主任、审计长、秘书长的人选由全国人民代表大会根据总理的提名决定。

（三）地方各级人民政府的选举

地方各级人民政府实行行政首长负责制。地方各级人民政府每届任期同本级人民代表大会每届任期相同。地方各级人民代表大会分别选举并且有权罢免本级人民政府的省长和副省长、市长和副市长、县长和副县长、区长和副区长、乡长和副乡长、镇长和副镇长。

地方各级人民代表大会选举本级国家机关领导人员，获得过半数选票的候选人人数超过应选名额时，以得票多的当选。如遇票数相等不能确定当选人时，应当就票数相等的人再次投票，以得票多的当选。获得过半数选票的当选人数少于应选名额时，不足的名额另行选举。另行选举时，可以根据在第一次投票时得票多少的顺序确定候选人，也可以依照程序另行提名、确定候选人。经本级人民代表大会决定，不足的名额的另行选举可以在本次人民代表大会会议上进行，也可以在下一次人民代表大会会议上进行。

（四）村民委员会的选举

村民委员会由主任、副主任和委员共三至七人组成，由村民直接选举产生。村民委员会每届任期五年，届满应当及时举行换届选举。村民委员会成员可以连选连任。村民委员会应当自新一届村民委员会产生之日起十日内完成工作移交。工作移交由村民选举委员会主持，由乡、民族乡、镇的人民政府监督。

选举村民委员会，有登记参加选举的村民过半数投票，选举有效；候选人获得参加投票的村民过半数的选票，始得当选。当选人数不足应选名额的，不足的名额另行选举。另行选举的，第一次投票未当选的人员得票多的为候选人，候选人以得票多的当选，但是所得票数不得少于已投选票总数的三分之一。选举实行无记名投票、公开计票的方法，选举结果应当当场公布。选举时，应当设立秘密写票处。

三、人民法院和人民检察院的选举

（一）人民法院的选举

最高人民法院院长由全国人民代表大会选举，副院长、审判委员会委员、庭长、副庭长和审判员由院长提请全国人民代表大会常务委员会任免。地方各级人民法院院长由本级人民代表大会选举，副院长、审判委员会委员、庭长、副庭长和审判员由院长提请本级人民代表大会常务委员会任免。人民法院院长任期与产生它的人民代表大会每届任期相同。

（二）人民检察院的选举

最高人民检察院检察长由全国人民代表大会任免，副检察长、检察委员会委员和检察员由检察长提请全国人民代表大会常务委员会任免。地方各级人民检察院检察长由本级人民代表大会任免，副检察长、检察委员会委员和检察员由检察长提请本级人民代表大会常务委员会任免。地方各级人民检察院检察长的任免，须报上一级人民检察院检察长提请本级人民代表大会常务委员会批准。

省、自治区、直辖市人民检察院分院检察长、副检察长、检察委员会委员和检察员，由省、自治区、直辖市人民检察院检察长提请本级人民代表大会常务委员会任免。人民检察院检察长任期与产生它的人民代表大会每届任期相同。

第八章　人民代表大会和中国人民政治协商会议

全国"两会"作为中国政治年度日程中的重要标志性活动，具体指的是全国人民代表大会和政协全国委员会会议。"两会"于每年 3 月召开，会期一般持续 14 天左右。

第一节　人民代表大会

宪法规定，国家的一切权力属于人民，人民行使国家权力的机关是全国人民代表大会和地方各级人民代表大会。

全国人民代表大会是最高国家权力机关。地方各级人民代表大会是地方国家权力机关。全国人民代表大会和地方各级人民代表大会都由民主选举产生，对人民负责，受人民监督。国家行政机关、监察机关、审判机关、检察机关都由人民代表大会产生，对其负责，受其监督。全国人民代表大会与其他国家机构关系见图 8-1。

宪法规定：

第五十七条　中华人民共和国全国人民代表大会是最高国家权力机关。它的常设机关是全国人民代表大会常务委员会。

第五十八条　全国人民代表大会和全国人民代表大会常务委员会行使国家立法权。

第五十九条　全国人民代表大会由省、自治区、直辖市、特别行政区和军队选出的代表组成。各少数民族都应当有适当名额的代表。全国人民代表大会代表的选举由全国人民代表大会常务委员会主持。全国人民代表大会代表名额和代表产生办法由法律规定。

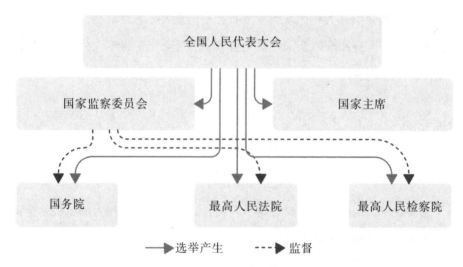

图 8-1　全国人民代表大会与其他国家机构关系

人民代表大会分为全国人民代表大会和地方各级人民代表大会，地方各级人民代表大会包括：省、自治区、直辖市人民代表大会；设区的市和自治州人民代表大会；县、不设区的市、自治县、市辖区人民代表大会；乡、民族乡、镇人民代表大会。

一、全国人民代表大会

（一）全国人民代表大会代表

全国人民代表大会代表每届任期五年，从每届全国人民代表大会举行第一次会议开始，到下届全国人民代表大会举行第一次会议为止。全国人民代表大会代表应当同原选举单位和人民保持密切联系，通过多种方式听取和反映人民的意见和要求，努力为人民服务，充分发挥在全过程人民民主中的作用。

（二）全国人民代表大会代表团

全国人民代表大会代表按照选举单位组成代表团。各代表团分别推选代表团团长和副团长。全国人民代表大会代表团的主要职责包括：

——审议全国人民代表大会常务委员会提出的主席团和秘书长名单草案、会议议程草案以及关于会议的其他准备事项，并提出意见。

——由代表团全体会议、代表小组会议审议议案和有关报告。

——以代表团名义提出的议案、质询案、罢免案，由代表团全体代表的过半数通过。

——审议工作报告，审查国家发展规划和国家预算。

——酝酿协商由主席团提名的国家机构组成人员，包括全国人民代表大会常务委员会委员长、副委员长、秘书长、委员人选，中国国家主席、副主席人选，中央军事委员会主席人选，国家监察委员会主任人选，最高人民法院院长和最高人民检察院检察长人选。

主席团、三个以上的代表团或者十分之一以上的代表，可以提出对全国人民代表大会常务委员会的组成人员，中国国家主席、副主席，国务院的组成人员，中央军事委员会的组成人员，国家监察委员会主任，最高人民法院院长和最高人民检察院检察长的罢免案，由主席团交各代表团审议后，提请大会全体会议表决；或者由主席团提议，经大会全体会议决定，组织调查委员会，由全国人民代表大会下次会议根据调查委员会的报告审议决定。

（三）全国人民代表大会职权

全国人民代表大会行使以下职权：修改宪法；监督宪法的实施；制定和修改刑事、民事、国家机构的和其他的基本法律；选举中华人民共和国主席和副主席；根据中华人民共和国主席的提名，决定国务院总理的人选，并根据总理提名，决定副总理、国务委员、各部部长、各委员会主任、审计长、秘书长的人选；选举中华人民共和国中央军事委员会主席，并根据中央军事委员会主席的提名，决定中华人民共和国中央军事委员会其他组成人员的人选；选举最高人民法院院长；选举最高人民检察院检察长；审查和批准国民经济和社会发展五年规划和规划执行情况的报告；审查和批准国家的预算和预算执行情况的报告；修改或撤销全国人民代表大会常务委员会的不适当决定；批准省、自治区和直辖市的建置；决定特别行政区的设立及其制度；决定战争和和平问题；作为国家最高权力机关应行使的其他职权。

1981 年，全国人民代表大会常务委员会授予广东、福建两省人民代表大会及其常务委员会在其管辖范围内设立的经济特区制定经济法规的权力。

1988 年，海南省成立并行使地方立法权。

1990 年，第七届全国人民代表大会第三次会议通过《香港特别行政区基本法》，授予香港特别行政区行政管理权、立法权和独立的司法和终审权。

1992 年，全国人民代表大会授予深圳经济特区地方立法权。

1993 年，第八届全国人民代表大会第一次会议通过《澳门特别行政区基本法》，授予其行政管理权、立法权和独立的司法权和终审权。

1994 年，全国人民代表大会授予厦门经济特区地方立法权。

1996 年 3 月，全国人民代表大会授权汕头市和珠海市人民代表大会及其常务委员会根据其经济特区的具体情况和实际需要，遵循宪法的规定以及法律和行政法规的基本原则，制定法规。

宪法具有最高的法律效力，一切法律、行政法规、地方性法规、自治条例和单行条例、规章都不得同宪法相抵触。法律的效力高于行政法规、地方性法规、规章。国家行政法规的效力大于地方性法规和规章。

全国人民代表大会及其常务委员会有权作出决定，授权国务院可以根据实际需要，对部分事项先制定行政法规，但是有关犯罪和刑罚、对公民政治权利的剥夺、限制人身自由的强制措施和处罚、司法制度等事项除外。

（四）全国人民代表大会专门委员会

全国人民代表大会下设十个专门委员会，分别是：民族委员会、宪法和法律委员会、监察和司法委员会、财政经济委员会、教育科学文化卫生委员会、外事委员会、华侨委员会、环境与资源保护委员会、农业与农村委员会、社会建设委员会。

在全国人民代表大会会议召开期间，专门委员会的主要工作是研究、审议和制定相关议案。在全国人民代表大会闭会期间，专门委员会在全国人民代表大会常务委员会指导下开展工作。

二、全国人民代表大会常务委员会

全国人民代表大会常务委员会是全国人民代表大会的常设机关，在全国人民代表大会闭会期间，代行全国人民代表大会部分职权。全国人民代表大会有权改变或者撤销全国人民代表大会常务委员会不适当的决定。

全国人民代表大会常务委员会由委员长、副委员长若干人、秘书长和委员若干人组成，一般情况下，全国人民代表大会常务委员会会议每两个月举行一次，必要时可以加开会议。

（一）全国人民代表大会常务委员会委员

全国人民代表大会常务委员会组成人员不得担任国家行政机关、监察机关、审判机关、检察机关的职务。如担任上述职务，必须辞去全国人民代表大会常务委员会职务。全国人民代表大会常务委员会每届任期与全国人民代表大会每届任期相同。

全国人民代表大会常务委员会委员长和副委员长连续任职不得超过两届。全国人民代表大会常务委员会委员长主持常务委员会的工作，副委员长和秘书长协助委员长工作。委员长、副委员长、秘书长组成委员长会议，处理常务委员会的重要日常工作。

（二）全国人民代表大会常务委员会职权

根据宪法和全国人民代表大会组织法，全国人民代表大会常务委员会主要行使下列职权：

立法权。宪法规定，全国人民代表大会及其常务委员会共同行使立法权，全国人民代表大会常务委员会制定和修改除应当由全国人民代表大会制定的法律以外的其他法律。在全国人民代表大会闭会期间，对全国人民代表大会制定的法律进行部分补充和修改，但是不得同该法律的基本原则相抵触。

解释宪法和法律的权力。全国人民代表大会常务委员会可对需要进一步界定和补充的条款、规定提供立法解释，以及为解决宪法执行中出现的问题进行补充规定，以保障其实施。

监督宪法实施的权力。现行宪法除了赋予全国人民代表大会监督权之外，还赋予全国人民代表大会常务委员会监督权。作为全国人民代表大会的常设机构，这确保了常务委员会能够对宪法的实施情况进行经常性监督。

监督其他国家机关的工作。全国人民代表大会常务委员会监督国务院、中央军事委员会、国家监察委员会、最高人民法院和最高人民检察院的工作。全国人民代表大会常务委员会有权撤销国务院制定的同宪法、法律相抵触的行政法规、决定和命令；撤销省、自治区、直辖市国家权力机关制定的同宪法、法律和行政法规相抵触的地方性法规和决议。

任免权。全国人民代表大会闭会期间，全国人民代表大会常务委员会根据国务院总理的提名，决定部长、委员会主任、审计长、秘书长的人选；根据中央军事委员会主席的提名，决定中央军事委员会其他组成人员的人选；根据最高人民法院院长的提请，任免最高人民法院副院长、审判委员会委员、审判员、军事法院院长；根据最高人民检察院检察长的提请，任免最高人民检察院副检察长、检察员、检察委员会委员和军事检察院检察长，并批准省、自治区、直辖市人民检察院检察长的任免。全国人民代表大会常务委员会还可以决定驻外全权代表的任免。

决定同外国缔结的条约和重要协定的批准和废除；规定军人和外交人员的衔级制度和其他专门衔级制度；规定和决定授予国家的勋章和荣誉称号；决定特赦；在全国人民代表大会闭会期间，如果遇到国家遭受武装侵犯或者必须履行国际间共同防止侵略的条约的情况，决定战争状态的宣布；决定全国总动员或者局部动员；决定全国或者个别省、自治区、直辖市进入紧急状态；在全国人民代表大会闭会期间，审查和批准国民经济和社会发展规划、国家预算在执行过程中所必须作的部分调整方案。

全国人民代表大会常务委员会还被赋予其他职权，如：经全国人民代表大会授权，决定全国人民代表大会代表的名额分配；召开全国人民代表大会会议；与全国人民代表大会代表保持联系并组织代表进行视察；在全国人民代表大会闭会期间领导全国人民代表大会专门委员会的工作。

（三）全国人民代表大会常务委员会工作机构和办事机构

全国人民代表大会常务委员会下设六个工作机构和办事机构，分别是：办公厅、法制工作委员会、预算工作委员会、香港特别行政区基本法委员会、澳门特别行政区基本法委员会、代表工作委员会。

（四）全国人民代表大会主席团

全国人民代表大会主席团主持全国人民代表大会会议。主席团决定会议日程；提名由会议选举的国家机构组成人员的人选，依照法定程序确定正式候选人名单。全国人民代表大会开幕前召开预备会议，选举大会主席团。

三、地方各级人民代表大会职权

（一）民族自治地方的人民代表大会主要职权

民族自治地方的人民代表大会有权依照当地民族的政治、经济和文化的特点，制定自治条例和单行条例，报全国人民代表大会常务委员会批准后生效。自治州、自治县的自治条例和单行条例报省或自治区的人民代表大会常务委员会批准后生效，并报全国人民代表大会常务委员会备案。

（二）县级以上地方各级人民代表大会主要职权

审查和批准本行政区域内的国民经济和社会发展规划纲要、计划和预算及其执行情况的报告，讨论、决定本行政区域内的政治、经济、教育、科学、文化、卫生、环境和资源保护、民政、民族等工作的重大事项和项目。选举省长、副省长，自治区主席、副主席，市长、副市长，州长、副州长，县长、副县长，区长、副区长。选举本级监察委员会主任、人民法院院长和人民检察院检察长；选出的人民检察院检察长，须报经上一级人民检察院检察长提请该级人民代表大会常务委员会批准。在本行政区域内，保证宪法、法律、行政法规和上级人民代表大会及其常务委员会决议的遵守和执行，保证国家计划和国家预算的执行。改变或者撤销本级人民代表大会常务委员会的不适当的决议。撤销本级人民政府的不适当的决定和命令。保护社会主义的全民所有的财产和劳动群众集体所有的财产，保护公民私人所有的合法财产，维护社会秩序，保障公民的人身权利、民主权利和其他权利。

（三）乡、民族乡、镇人民代表大会主要职权

根据国家计划，决定本行政区域内的经济、文化事业和公共事业的建设计划和项目。审查和批准本行政区域内的预算和预算执行情况的报告。决定本行政区域内的民政工作的实施计划。在职权范围内通过和发布决议。选举

乡长、副乡长，镇长、副镇长。听取和审议乡、民族乡、镇的人民政府的工作报告。撤销乡、民族乡、镇的人民政府的不适当的决定和命令。在本行政区域内，保证宪法、法律、行政法规和上级人民代表大会及其常务委员会决议的遵守和执行。保护社会主义的全民所有的财产和劳动群众集体所有的财产，保护公民私人所有的合法财产，维护社会秩序，保障公民的人身权利、民主权利和其他权利。

四、地方各级人民代表大会常务委员会

县级以上的地方各级人民代表大会常务委员会是本级人民代表大会的常设机关。在本级人民代表大会闭会期间代行人民代表大会部分职权。

（一）地方各级人民代表大会常务委员会的构成

省、自治区、直辖市、自治州、设区的市的人民代表大会常务委员会，由本级人民代表大会在代表中选举主任、副主任若干人、秘书长、委员若干人组成。县、自治县、不设区的市、市辖区的人民代表大会常务委员会由本级人民代表大会在代表中选举主任、副主任若干人、委员若干人组成。

地方各级人民代表大会常务委员会的组成人员不得担任国家行政机关、监察机关、审判机关和检察机关的职务；如果担任上述职务，必须辞去常务委员会职务。

（二）地方各级人民代表大会常务委员会的主要职权

省、自治区、直辖市的人民代表大会常务委员会在不同宪法、法律、行政法规相抵触的前提下，可以制定和颁布地方性法规，并报全国人民代表大会常务委员会和国务院备案。设区的市、自治州的人民代表大会常务委员会在不同宪法、法律、行政法规和本省、自治区的地方性法规相抵触的前提下，可以依照法律规定的权限制定地方性法规，报省或自治区的人民代表大会常务委员会批准后施行，并由省、自治区的人民代表大会常务委员会报全

国人民代表大会常务委员会和国务院备案。

讨论、决定本行政区域内的政治、经济、教育、科学、文化、卫生、环境和资源保护、民政、民族等工作的重大事项和项目。根据本级人民政府的建议，审查和批准本行政区域内的国民经济和社会发展规划纲要、计划和本级的调整方案。依法决定本级人民法院、人民检察院有关组成人员的任免。在本行政区域内，保证宪法、法律、行政法规和上级人民代表大会及其常务委员会决议的遵守和执行。领导或者主持本级人民代表大会代表的选举，召集本级人民代表大会会议。撤销下一级人民代表大会及其常务委员会的不适当的决议。撤销本级人民政府的不适当的决定和命令。

第二节　中国人民政治协商会议

一、基本情况

1949 年 9 月 21 日至 30 日，政协第一届全体会议在北京（北平）召开。包括中国共产党、各民主党派、人民团体和无党派人士等单位的代表（含候补代表）共 622 人出席会议。

政协第一届全体会议代行全国人民代表大会的职权，直到选举产生的全国人民代表大会召开。会议通过了《中国人民政治协商会议共同纲领》，制定了《中国人民政治协商会议组织法》《中华人民共和国中央人民政府组织法》。会议决定中华人民共和国定都北平，北平改名为北京；中华人民共和国国旗为五星红旗；国歌为《义勇军进行曲》；采用世界公元纪年。会议选出中央人民政府主席、副主席和中央人民政府委员。会议还选出政协第一届全国委员会，任命毛泽东为首任主席。

根据《中国人民政治协商会议章程》，政协设全国委员会和地方委员会。

政协全国委员会对地方委员会的关系和地方委员会对下级地方委员会的关系是指导关系。上级政协对下级政协的指导主要有以下几种形式：列席上级政协委员会全体会议、常务委员会会议和其他重要工作会议；上级政协定期或不定期召开经验交流会等会议；上级政协的主席、副主席或其他领导干部到下级政协视察指导工作；上级政协定期和不定期举办培训班，分期分批培训下级政协的领导人、政协委员和其他工作人员；上级政协和下级政协之间建立畅通的信息工作网络；上级政协就一些重要问题同下级政协开展联合调研。

政协提案的提出一般有四种形式：一是政协委员可以个人名义或者联名方式提出提案；二是政协全体会议期间，可以界别、小组或者联组名义提出提案；三是参加政协的各党派、人民团体可以本党派、团体名义提出提案；四是政协各专门委员会可以本专门委员会名义提出提案。

"中国人民政治协商会议是有广泛代表性的统一战线组织，过去发挥了重要的历史作用，今后在国家政治生活、社会生活和对外友好活动中，在进行社会主义现代化建设、维护国家的统一和团结的斗争中，将进一步发挥它的重要作用。中国共产党领导的多党合作和政治协商制度将长期存在和发展。"——宪法序言

政协根据中国共产党同各民主党派和无党派人士长期共存、互相监督、肝胆相照、荣辱与共的方针，促进参加政协的各党派、无党派人士的团结合作，充分体现和发挥中国新型政党制度的特点和优势。

2018年，政协全国委员会召开了1次全体会议、2次专题议政性常务委员会会议、2次专题协商会、19次双周协商座谈会、2次网络议政远程协商会议、1次网络讨论会、18次对口协商会、4次提案办理协商会。

二、政协委员

（一） 政协委员的产生

政协每届全国委员会的参加单位、委员名额和人选及界别设置，须在每届第一次会议举行一个月前，经上届全国委员会主席会议审议同意后，由常务委员会协商决定。地方委员会委员经相关程序后，须由各级地方委员会常务委员会协商决定。政协第十三届全国委员会常务委员会第二十五次会议对政协第十四届全国委员会委员人选建议名单进行了审议。

2018 年政协第十三届全国委员会常务委员会第一次会议时，党外代表人士担任政协委员的有 1299 人，占委员总数的 60.2%；担任政协常委的有 195 人，占常委总数的 65%；担任政协全国委员会副主席的有 13 人，占副主席总数的 54.2%。全国各级政协组织中，共有 41 万余名党外代表人士担任政协委员。政协各专门委员会主任、副主任及委员中也有一定比例的党外代表人士。

（二） 政协委员的基本要求和权利

政协委员应热爱祖国，拥护中国共产党的领导和社会主义事业，维护民族团结和国家统一，遵守国家的宪法和法律，保守国家秘密，廉洁自律，在本界别中有代表性，有社会影响和参政议政能力。

政协全国委员会委员和地方委员会委员在本会会议上有表决权、选举权和被选举权；有对本会工作提出意见、批评、建议的权利；有通过本会会议和组织充分发表各种意见、参加讨论国家大政方针和各该地方重大事务的权利。

（三） 政协委员的义务

政协全国委员会委员和地方委员会委员应当依照《中国人民政治协商会

议章程》，积极履行职责，认真行使权利。要坚持为国履职、为民尽责，密切联系群众，了解和反映他们的愿望和要求，参加本会组织的会议和活动。正确处理个人职业活动与履行职责的关系，不得利用委员身份牟取个人、小团体和特定关系人的利益。加强委员履职管理，建立委员履职档案，采取适当方式通报履职情况。

（四）尊重和保障民主党派、无党派人士的权利

政协尊重和保障各民主党派以本党派名义发表意见的权利。自 2012 年中共十八大以来，政协全国委员会始终致力于推进专门协商机构建设，推动协商民主广泛、多层、制度化发展，支持各民主党派和无党派人士参与协商式监督，提出意见、批评、建议。针对民主党派，政协全国委员会建立了提出提案、提交大会发言、反映社情民意信息的制度性、机制性安排，并为各民主党派、无党派人士开展政治协商、民主监督、参政议政搭建平台。

2021 年 6 月，国务院新闻办公室发布《中国新型政党制度》白皮书，其中写道：2013 年以来，八个民主党派以本党派名义提交提案近 3000 件；提交大会发言 525 篇，其中口头发言 81 次；报送社情民意信息 3 万余篇，为发挥中国新型政党制度优势、促进政党关系和谐、服务新时代中国国家事业发展作出了积极贡献。2018 年以来，围绕重点协商议题，政协全国委员会专门委员会与各民主党派中央开展联合调研 22 次，共同举办协商活动 24 场，完善了重点关切问题情况通报会等制度，为各民主党派、无党派人士知情明政、协商履职创造了条件。

三、政协全国委员会

（一） 人员构成及下设组织

政协全国委员会由中国共产党、各民主党派、无党派人士、人民团体、各少数民族和各界的代表，香港特别行政区人士、澳门特别行政区人士、台湾同胞和归国侨胞的代表，以及特别邀请的人士组成。政协全国委员会每届任期为五年。

政协全国委员会下设三个全国性社会团体组织：中国宗教界和平委员会、中国经济社会理事会、中国人民政协理论研究会。

中国宗教界和平委员会成立于 1994 年，由中国各宗教（如佛教、道教、伊斯兰教、天主教和基督教）的代表人物组成，是具有独立法人资格的非营利性、全国性社会团体。

中国经济社会理事会成立于 2001 年，是经济社会领域的社会团体、研究机构、企事业单位的联合组织，由经济学界、社会学界等方面的专家、学者及有关单位的组织者、管理者组成的非营利性的全国性组织。其宗旨是团结经济社会各界，积极参与经济社会理事会和类似组织国际协会的活动，加强与各国经济社会理事会及类似组织国际协会的活动，加强与各国经济社会研究机构之间的联系，为发展中国民间外交，推动中国民间组织与国际非政府组织的交流与合作作出贡献。

中国人民政协理论研究会成立于 2006 年，是在政协全国委员会领导下，从事中国共产党领导的多党合作和政治协商制度、人民政协理论研究和宣传的全国性学术团体。

（二） 政协全国委员会常务委员会

政协全国委员会常务委员会是政协常设机构，每届任期五年。政协全国委员会主席主持常务委员会的工作，副主席若干人和秘书长协助主席工作。主席、副主席和秘书长组成主席会议，处理常务委员会的重要日常工作。常务委员会设有专门委员会和办事机构，在秘书长的领导下工作。

（三）政协全国委员会专门委员会

政协全国委员会根据工作需要，设立若干专门委员会及其他工作机构。专门委员会在常务委员会和主席会议领导下运作，发挥基础性作用。目前，政协全国委员会设有十个专门委员会：提案委员会、经济委员会、农业和农村委员会、人口资源环境委员会、教科卫体委员会、社会和法制委员会、民族和宗教委员会、港澳台侨委员会、文化文史和学习委员会、外事委员会。

（四）政协全国委员会界别

政协全国委员会设若干界别，界别会随着中国国家发展和经济社会结构变化而有所调整。以政协第十四届全国委员会为例，其界别及席位构成见图8-2。

四、政协各级地方委员会

截至2020年4月，中国共有超过3100个政协地方委员会，超过60万名政协各级地方委员会委员。[1]

政协地方委员会包括省、自治区、直辖市委员会，自治州、设区的市委员会，县、自治县、不设区的市和市辖区委员会三级。中国各省、自治区、直辖市，自治州、设区的市，县、自治县、不设区的市和市辖区，凡有条件的地方均可设立地方委员会。

政协各级地方委员会的组成，参照全国委员会的组成决定。省、自治区、直辖市的地方委员会设立办公厅，专门委员会及其他工作机构的设置，按照当地实际情况和工作需要，由常务委员会决定。自治州、设区的市、县、自治县、不设区的市和市辖区的地方委员会的工作机构的设置，按照当地实际情况和工作需要，由常务委员会决定。

---

〔1〕《履职尽责 为国为民（人民政协新实践）》，载《人民日报》，2020年4月16日，第18版。

图8-2　政协第十四届全国委员会界别及席位构成

资料来源：《中国人民政治协商会议第十四届全国委员会委员名单》，http://www.cp-pcc.gov.cn/zxww/2023/01/18/ARTI1674005617470226.shtml。

注：相比政协第十三届全国委员会，2023年政协第十四届全国委员会界别设置有两个变化：一是增加环境资源界别，二是将"中国共产主义青年团"和"中华全国青年联合会"两个界别合并为"中国共产主义青年团和中华全国青年联合会"一个界别。

第九章　国家主席和人民政府

一、国家主席

中国国家主席是国家机构，是国家代表和象征。国家主席根据全国人民代表大会及其常务委员会的决定行使职权。

宪法规定，中华人民共和国主席代表中华人民共和国，进行国事活动，接受外国使节；根据全国人民代表大会常务委员会的决定，派遣和召回驻外全权代表，批准和废除同外国缔结的条约和重要协定；根据全国人民代表大会的决定和全国人民代表大会常务委员会的决定，公布法律，任免国务院总理、副总理、国务委员、各部部长、各委员会主任、审计长、秘书长，授予国家的勋章和荣誉称号，发布特赦令，宣布进入紧急状态，宣布战争状态，发布动员令。

中国国家主席、副主席每届任期同全国人民代表大会每届任期相同。副主席协助主席工作，受主席的委托，可以代行主席的部分职权。

二、国务院

（一）一般规定

中央及地方各级人民政府为人民服务，对人民负责，受人民监督，实行民主集中制原则。国务院是最高国家权力机关的执行机关，是最高国家行政机关。国务院实行总理负责制，由国务院总理、副总理若干人、国务委员若干人、各部部长、各委员会主任、审计长和秘书长组成，任期同全国人民代表大会每届任期相同。

国务院对全国人民代表大会负责并报告工作；在全国人民代表大会闭会期间，对全国人民代表大会常务委员会负责并报告工作。各部、各委员会实行部长、主任负责制，召集和主持部务会议或者委员会会议、委务会议，讨论决定本部门工作的重大问题。各部、各委员会根据法律和国务院的行政法规、决定、命令，在本部门的权限内，发布命令、指示和规章。

（二）主要职权

国务院主要职权包括：根据宪法和法律，制定行政措施，制定行政法规，发布决定和命令；向全国人民代表大会或者全国人民代表大会常务委员会提出议案；规定各部和各委员会的任务和职责，统一领导各部和各委员会的工作，并且领导不属于各部和各委员会的全国性的行政工作；统一领导地方各级国家行政机关的工作，规定中央和省、自治区、直辖市的国家行政机关的职权的具体划分；编制和执行国民经济和社会发展规划和国家预算；领导和管理经济工作和城乡建设、生态文明建设；领导和管理教育、科学、文化、卫生、体育和计划生育工作；领导和管理民政、公安、司法行政等工作；管理对外事务，同外国缔结条约和协定；领导和管理国防建设事业；领导和管理民族事务，保障少数民族的平等权利和民族自治地方的自治权利；保护华侨的正当的权利和利益，保护归侨和侨眷的合法的权利和利益；改变或者撤销各部、各委员会发布的不适当的命令、指示和规章；改变或者撤销地方各级国家行政机关的不适当的决定和命令；批准省、自治区、直辖市的区域划分，批准自治州、县、自治县、市的建置和区域划分；依照法律规定决定省、自治区、直辖市的范围内部分地区进入紧急状态；审定行政机构的编制，依照法律规定任免、培训、考核和奖惩行政人员；全国人民代表大会和全国人民代表大会常务委员会授予的其他职权。

（三）机构设置

组成部门：外交部、国防部、国家发展和改革委员会（以下简称"国家发改委"）、教育部、科学技术部、工业和信息化部、国家民族事务委员会、公安部、国家安全部、民政部、司法部、财政部、人力资源和社会保障部、自然资源部、生态环境部、住房和城乡建设部、交通运输部、水利部、农业农村部、商务部、文化和旅游部、国家卫生健康委员会、退役军人事务部、应急管理部、中国人民银行、审计署。

直属特设机构：国务院国有资产监督管理委员会（以下简称"国资委"）。

直属机构：中华人民共和国海关总署、国家税务总局、国家市场监督管理总局、国家广播电视总局、国家体育总局、国家统计局、国家国际发展合作署、国家医疗保障局、国家金融监督管理总局、中国证券监督管理委员会（以下简称"中国证监会"）、国务院参事室、国家机关事务管理局、国家信访局、国家知识产权局。

办事机构：国务院研究室、国务院侨务办公室（在中央统战部加挂牌子，由中央统战部承担相关职责）、国务院港澳事务办公室（在中共中央港澳工作办公室加挂牌子，由中共中央港澳工作办公室承担相关职责）、国务院台湾事务办公室（中共中央台湾工作办公室，一个机构两块牌子，列入中共中央直属机构序列）、国家互联网信息办公室（中央网络安全和信息化委员会办公室，一个机构两块牌子，列入中共中央直属机构序列），国务院新闻办公室（在中央宣传部加挂牌子，由中央宣传部承担相关职责）。

直属事业单位：新华通讯社、中国科学院、中国社会科学院、中国工程院、国务院发展研究中心、中央广播电视总台、中国气象局。

国务院部委管理的国家局：国家粮食和物资储备局、国家数据局、国家烟草专卖局、国家林业和草原局、中国民用航空局、国家文物局、国家疾病预防控制局、国家消防救援局、国家药品监督管理局、国家能源局、国家国防科技工业局、国家移民管理局、国家铁路局、国家邮政局、国家中医药管理局、国家矿山安全监察局、国家外汇管理局。

国务院设立审计机关，对国务院各部门和地方各级人民政府的财政收支，对国家的财政金融机构和企业事业组织的财务收支，进行审计监督。审计机关在国务院总理领导下，依照法律规定独立行使审计监督权，不受其他行政机关、社会团体和个人的干涉。

（四）国务院全体会议和常务会议

国务院全体会议由国务院全体成员组成。国务院全体会议的主要任务是讨论决定政府工作报告、国民经济和社会发展规划等国务院工作中的重大事项，部署国务院的重要工作。

国务院常务会议由总理、副总理、国务委员、秘书长组成。国务院常务会议的主要任务是讨论法律草案，审议行政法规草案，讨论、决定、通报国务院工作中的重要事项。

总理召集和主持国务院全体会议和国务院常务会议。国务院工作中的重大问题，必须经国务院全体会议或国务院常务会议讨论决定。国务院全体会议和国务院常务会议讨论决定的事项，除依法需要保密的外，应当及时公布。

三、地方各级人民政府

（一）派出机关和审计机关

省、自治区的人民政府在必要的时候，经国务院批准，可以设立若干派出机关。县、自治县的人民政府在必要的时候，经省、自治区、直辖市的人民政府批准，可以设立若干区公所，作为派出机关。市辖区、不设区的市的人民政府，经上一级人民政府批准，可以设立若干街道办事处，作为派出机关。

县级以上的地方各级人民政府设立审计机关。地方各级审计机关依照法律规定独立行使审计监督权，对本级人民政府和上一级审计机关负责。

（二）县级以上地方各级人民政府的职权

县级以上地方各级人民政府的职权包括：执行本级人民代表大会及其常务委员会的决议，以及上级国家行政机关的决定和命令，规定行政措施，发布决定和命令；领导所属各工作部门和下级人民政府的工作；改变或者撤销所属各工作部门的不适当的命令、指示和下级人民政府的不适当的决定、命令；依照法律的规定任免、培训、考核和奖惩国家行政机关工作人员；编制和执行国民经济和社会发展规划纲要、计划和预算，管理本行政区域内的经济、教育、科学、文化、卫生、体育、城乡建设等事业和生态环境保护、自然资源、财政、民政、社会保障、公安、民族事务、司法行政、人口与计划生育等行政工作；保护社会主义的全民所有的财产和劳动群众集体所有的财产，保护公民私人所有的合法财产，维护社会秩序，保障公民的人身权利、民主权利和其他权利；履行国有资产管理职责；保护各种经济组织的合法权益；铸牢中华民族共同体意识，促进各民族广泛交往交流交融，保障少数民族的合法权利和利益，保障少数民族保持或者改革自己的风俗习惯的自由，帮助本行政区域内的民族自治地方依照宪法和法律实行区域自治，帮助各少数民族发展政治、经济和文化的建设事业；保障宪法和法律赋予妇女的男女平等、同工同酬和婚姻自由等各项权利；办理上级国家行政机关交办的其他事项。

（三）乡、民族乡、镇人民政府职权

乡、民族乡、镇人民政府的职权包括：执行本级人民代表大会的决议和上级国家行政机关的决定和命令，发布决定和命令；执行本行政区域内的经济和社会发展计划、预算，管理本行政区域内的经济、教育、科学、文化、卫生、体育等事业和生态环境保护、财政、民政、社会保障、公安、司法行政、人口与计划生育等行政工作；保护社会主义的全民所有的财产和劳动群众集体所有的财产，保护公民私人所有的合法财产，维护社会秩序，保障公民的人身权利、民主权利和其他权利；保护各种经济组织的合法权益；铸牢中华民族共同体意识，促进各民族广泛交往交流交融，保障少数民族的合法权利和利益，保障少数民族保持或者改革自己的风俗习惯的自由；保障宪法和法律赋予妇女的男女平等、同工同酬和婚姻自由等各项权利；办理上级人民政府交办的其他事项。

对公民而言，衡量政府是否有效、高效，一个关键标准在于政府服务的可及性与响应能力。这就要求政府在治理实践中辩证看待并妥善处理中央与地方的关系。

第十章　人民法院与人民检察院

中华人民共和国的司法机关由人民法院和人民检察院组成。人民法院是国家的审判机关，人民检察院是国家的法律监督机关。

第一节　中国法律发展概述

一、历史沿革

秦始皇统一各诸侯国后，在全国设 36 个郡县，秉持法家思想，推行严刑峻法。苛政之下，秦朝短短 14 年便灭亡。汉朝时期的主要法律形式包括律、令、科、比四种。律作为基本法律规范，以条文形式固定法律准则；令是皇帝针对特定事项发布的诏令，具有最高权威性；科为具体的科条，细化法律执行细则；比则是在法律无明文规定时，比照以往案例进行裁决。唐朝编纂的《唐律疏议》是中国现存最早的、最完整的封建法典。全书分 12 篇，分别为名例律、卫禁律、职制律、户婚律、厩库律、擅兴律、贼盗律、斗讼律、诈伪律、杂律、捕亡律、断狱律，共 500 条。明朝的《大明律》涉及社会事务的各个主要方面，对朝鲜王朝、越南黎王朝及日本德川后期和明治初期产生了一定影响。清朝制定的《大清律例》涵盖了社会政治生活、家族礼仪、外交关系等各个方面。

普遍认为，中国对西方法律的翻译工作始于 1839 年，并持续至 20 世纪 30 年代中期。1911 年辛亥革命之后，中华民国采用了以德国和瑞士法律为基础的西方化法典。

二、中华人民共和国法律

新中国成立初期的社会主义法律建设受苏联影响。实行改革开放后，法制思想得到发展。1982 年宪法明确规定，任何组织或者个人都不得有超越宪法和法律的特权。20 世纪 90 年代，中国确立了依法治国的基本方略，加快建设社会主义法治国家。伴随着社会进步和民主法治建设进程，中国司法制度不断完善和发展。

2021 年，中共中央印发《法治中国建设规划（2020—2025 年）》，明确了建设法治中国的总体目标，包括：实现法律规范科学完备统一，执法司法公正高效权威，权力运行受到有效制约监督，人民合法权益得到充分尊重保障，法治信仰普遍确立，法治国家、法治政府、法治社会全面建成。到 2025 年，党领导全面依法治国体制机制更加健全，以宪法为核心的中国特色社会主义法律体系更加完备，职责明确、依法行政的政府治理体系日益健全，相互配合、相互制约的司法权运行机制更加科学有效，法治社会建设取得重大进展，党内法规体系更加完善，中国特色社会主义法治体系初步形成。到 2035 年，法治国家、法治政府、法治社会基本建成，中国特色社会主义法治体系基本形成，人民平等参与、平等发展权利得到充分保障，国家治理体系和治理能力现代化基本实现。

第二节　人民法院

一、组织结构

人民法院分为最高人民法院、地方各级人民法院和专门人民法院。地方各级人民法院分为高级人民法院、中级人民法院和基层人民法院。高级人民法院包括省、自治区、直辖市高级人民法院。中级人民法院包括省、自治区辖市的中级人民法院；在直辖市内设立的中级人民法院；自治州中级人民法院；在省、自治区内按地区设立的中级人民法院。基层人民法院包括县、自治县人民法院；不设区的市人民法院；市辖区人民法院。

二、审判组织形式

人民法院审判组织形式有以下三种：

（一）独任庭

独任庭审理的案件类型包括：基层人民法院及其派出法庭审判简单的民事案件和经济纠纷案件；第一审的刑事自诉案件和其他轻微刑事案件；适用特别程序审理的案件，除选民资格案件或其他重大疑难案件外，由审判员独任审理。

（二）合议庭

合议庭由法官组成，或者由法官和人民陪审员组成，成员为三人以上单数。合议庭由一名法官担任审判长。院长或者庭长参加审理案件时，由其担任审判长。审判长主持庭审、组织评议案件，评议案件时与合议庭其他成员权利平等。合议庭评议案件应当按照多数人的意见作出决定，少数人的意见应当记入笔录。评议案件笔录由合议庭全体组成人员签名。

第一审刑事、民事和经济纠纷案件，除一部分简易案件由法官独任审理外，其余均由合议庭审理；第一审行政案件、第二审案件、再审案件和死刑复核案件由合议庭审理。

（三）审判委员会

各级人民法院设审判委员会。审判委员会由院长、副院长和若干资深法官组成，成员应当为单数。审判委员会会议分为全体会议和专业委员会会议，由院长或者院长委托的副院长主持。审判委员会职能包括：总结审判工作经验；讨论决定重大、疑难、复杂案件的法律适用；讨论决定本院已经发生法律效力的判决、裁定、调解书是否应当再审；讨论决定其他有关审判工作的重大问题。

三、审判的基本制度

（一）公开审判制度

人民法院实行司法公开，法律另有规定的除外。所谓"公开"，就是对社会公开，对于开庭审判的全过程，除合议庭评议外，都允许公民旁听，允许新闻记者采访和报道。对依法应予公开审理的案件，法院在开庭前要公布案由、当事人的姓名、开庭时间和地点。

根据法律规定，三种案件不公开审理：涉及国家机密的案件；涉及个人隐私的案件；未成年人犯罪的案件。离婚当事人和涉及商业秘密案件的当事人申请不公开审理的，可以不公开审理。

（二）辩护制度

被告人有权获得辩护。刑事诉讼法进一步规定，人民法院有义务保证被告人获得辩护，并对实行这一原则和制度作了具体规定。犯罪嫌疑人、被告人除自己行使辩护权以外，还可以委托一至二人作为辩护人。

可以委托辩护人的人有：公诉案件自案件移送审查起诉之日起，犯罪嫌疑人有权委托辩护人；自诉案件的被告人有权随时委托辩护人；公诉人出庭的公诉案件，被告人没有委托辩护人时，人民法院可以指定承担法律援助义务的律师为其提供辩护。

可以作为辩护人的人有：律师；人民团体或者犯罪嫌疑人、被告人所在单位推荐的人；犯罪嫌疑人、被告人的监护人、亲友。

（三）两审终审制度

人民法院实行四级两审终审制，即设四级人民法院，案件经过两级法院审判就宣告终结的制度。根据案件的性质和难易划分审级管辖。如果当事人对第一审案件的判决或裁定不服，可以在法定期限内向上一级人民法院提出上诉；如果人民检察院认为一审判决或裁定确有错误，可以在法定期限内向上一级人民法院提出抗诉。上级人民法院对上诉、抗诉案件，按照第二审程序进行审理后所作的判决或裁定就是终审的判决和裁定。除判处死刑的案件需要依法进行复核外，其余立即发生法律效力。

根据法律规定，下列案件实行一审终审：基层人民法院按照民事诉讼法的特别程序审理的选民资格案件；认定公民无行为能力或限制行为能力案件；宣告失踪案件；宣告死亡案件和认定财产无主案件；最高人民法院审理的第一审案件。

（四）回避制度

审判人员与其经办的案件或者案件当事人有一定关系，可能影响案件公正处理的，应当回避。

（五）死刑复核制度

死刑复核制度是指审查核准死刑案件所遵循的程序和方式方法。死刑案件除由最高人民法院判决的以外，应当报请最高人民法院核准。杀人、强奸、抢劫、爆炸及其他严重危害公共安全和社会治安判处死刑的案件的核准权，最高人民法院在必要的时候，可授权省、自治区、直辖市的高级人民法院行使。中级人民法院判处死刑缓期两年执行的案件由高级人民法院核准。

由最高人民法院核准死刑的案件，经中级人民法院判决后，须先经高级人民法院复核同意，再报请最高人民法院核准。高级人民法院不同意判处死刑的，可以提审或者发回重新审判。

此外，审判的基本制度还包括审判监督制度、司法协助制度等。

人民陪审员制度。2015 年 4 月，第十二届全国人民代表大会常务委员会第十四次会议通过《关于授权在部分地区开展人民陪审员制度改革试点工作的决定》，最高人民法院授权在十个省、区、市的 50 个法院开展为期两年的人民陪审员制度试点改革。2016 年 6 月，最高人民法院发布改革试点情况的中期报告，报告指出，截至 2016 年 4 月底，人民陪审员共参审行政案件4711 件、刑事案件 10 002 件、民事案件 59 616 件。人民陪审员不是根据每起案件选出的，而是在陪审员库中任职五年，在不同时期参与不同案件审理。他们可以参与人民法院的一切审理活动，享有与常任法官同等的权利。公民担任人民陪审员，应当具备以下条件：维护中华人民共和国宪法；年满二十八周岁；遵纪守法、品行良好、公道正派；具有正常履行职责的身体条件；一般应当具有高中以上文化程度。下列人员不能担任人民陪审员：人民代表大会常务委员会的组成人员，监察委员会、人民法院、人民检察院、公安机关、国家安全机关、司法行政机关的工作人员；律师、公证员、仲裁员、基层法律服务工作者；其他因职务原因不适宜担任人民陪审员的人员。

四、审判人员

法官是依法行使国家审判权的审判人员，包括最高人民法院、地方各级人民法院和军事法院等专门人民法院的院长、副院长、审判委员会委员、庭长、副庭长、审判员和助理审判员。

担任法官必须具备下列条件：具有中华人民共和国国籍；具有选举权和被选举权；拥护中华人民共和国宪法；具有良好的政治、业务素质和道德品行；具备普通高等学校法学类本科学历并获得学士及以上学位；或者普通高等学校非法学类本科及以上学历并获得法律硕士、法学硕士及以上学位；或者普通高等学校非法学类本科及以上学历，获得其他相应学位，并具有法律专业知识；从事法律工作满五年。其中获得法律硕士、法学硕士学位，或者获得法学博士学位的，从事法律工作的年限可以分别放宽至四年、三年。初任法官应通过国家统一法律职业资格考试，取得法律职业资格。

五、专门人民法院

专门人民法院是人民法院体系的组成部分，与地方各级人民法院共同行使审判权。专门人民法院包括铁路运输法院、海事法院、互联网法院、知识产权法院、金融法院和军事法院等。

专门人民法院与地方法院的区别主要在于：第一，专门人民法院是按特定的组织或特定范围的案件建立的审判机关，而地方人民法院是按照行政区划建立的审判机关。第二，专门人民法院管辖的案件具有专门性，即专门人民法院所审理的案件的性质不同于地方人民法院，受理案件具有特定的约束范围。第三，专门人民法院的产生及其人员的任免不同于地方人民法院。

（一）海事法院

海事法院管辖第一审海事案件和海商案件，不受理刑事案件和其他民事案件。各海事法院判决或裁定的上诉案件，由所在地高级人民法院受理。

海事法院设院长一人，副院长、庭长、副庭长和审判员若干人。海事法院院长由所在地的市人民代表大会常务委员会主任提请本级人民代表大会常务委员会任免；副院长、庭长、副庭长、审判员和审判委员会委员，由海事法院院长提请所在地的市人民代表大会常务委员会任免。

（二）铁路运输法院

铁路运输法院分设两级，即铁路管理局中级铁路运输法院和铁路管理分局基层铁路运输法院。中级铁路运输法院的审判活动受所在地高级人民法院监督。

铁路运输法院院长由所在地人民代表大会常务委员会主任提请本级人民代表大会常务委员会任免，副院长、庭长、副庭长、审判员由院长提请所在地人民代表大会常务委员会任免。

铁路运输法院内设刑事法庭、经济法庭和民事法庭。其管辖范围为：发生在铁路运输线上的民事、刑事案件；铁路局在编职工的民事、刑事案件；与铁路运输部门有直接关系的经济纠纷案。

（三）森林法院

森林法院的任务是保护森林，审理破坏森林资源案件、严重责任事故案件及涉外案件。

基层森林法院一般设置在某些特定林区的一些林业局（包括木材水运局）的所在地；在地区（盟）林业管理局所在地或国有森林集中连片地区设立中级森林法院。

（四）军事法院

军事法院是基于军队的体制和作战任务的特殊性设立的。其具体任务是通过审判危害国家与损害国防力量的犯罪分子，保卫国家安全，维护国家法制和军队秩序，巩固部队战斗力，维护军人和其他公民的合法权利。

军事法院分设三级：中国人民解放军军事法院；各大军区、军兵种级单位的军事法院；兵团和军级单位的军事法院。军事法院设院长一人，副院长一人；两个审判庭各设庭长一人、副庭长一人，审判员和书记员若干人。大军区、军兵种级单位军事法院和兵团、军级单位的法院，均设院长一人和审判员、书记员若干人。

各级军事法院均设立审判委员会，其任务是讨论研究重大或疑难案件及其他有关审判工作的问题。审判委员会会议由院长主持，本级军事检察院检察长亦可列席会议。

军事法院的管辖范围仅限于受理特定的刑事案件，包括：现役军人的刑事案件；军队在编职工的刑事案件；最高人民法院授权审判的刑事案件。地方各级人民法院与专门人民法院关系见图10-1。

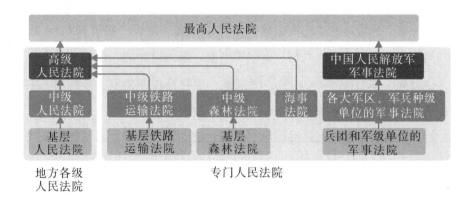

图 10-1　地方各级人民法院与专门人民法院

六、最高人民法院

（一）主要职能

最高人民法院是中国最高审判机关，监督地方各级人民法院和专门人民法院的审判工作。最高人民法院可以对属于审判工作中具体应用法律的问题进行解释，可以发布指导性案例。最高人民法院院长由全国人民代表大会选举，副院长、审判委员会委员、庭长、副庭长和审判员由院长提请全国人民代表大会常务委员会任免。最高人民法院巡回法庭庭长、副庭长，由最高人民法院院长提请全国人民代表大会常务委员会任免。

最高人民法院负责审理法律规定由它管辖的和它认为应当由自己审判的第一审案件；审理对高级人民法院、专门人民法院判决、裁定的上诉、抗诉、申请再审与申诉案件；审理最高人民检察院按照审判监督程序提出的抗诉案件；核准本院判决以外的死刑案件；依法审理国家赔偿案件，决定国家赔偿；核准法定刑以下判处刑罚的案件。

（二）机构设置

内设机构：办公厅（新闻局）、政治部、立案庭、刑事审判第一庭、刑事审判第二庭、刑事审判第三庭、刑事审判第四庭、刑事审判第五庭、民事审判第一庭、民事审判第二庭、民事审判第三庭（知识产权审判庭）、民事审判第四庭、环境资源审判庭、行政审判庭、审判监督庭、赔偿委员会办公室、执行局（执行指挥办公室）、研究室、审判管理办公室、督察局、国际合作局、司法行政装备管理局、机关党委、离退休干部局。

派出机构：第一巡回法庭、第二巡回法庭、第三巡回法庭、第四巡回法庭、第五巡回法庭、第六巡回法庭、知识产权法庭。

直属单位：国家法官学院、中国应用法学研究所、人民法院新闻传媒总社、人民法院出版社、机关服务中心、人民法院信息技术服务中心。

社会团体：中国法官协会、中国女法官协会、中华司法研究会。

（三）巡回法庭

最高人民法院共设六个巡回法庭，其设立是为了方便当事人诉讼，就地解决纠纷，分解最高人民法院办案压力。巡回法庭是最高人民法院的组成部分，巡回法庭的判决和裁定即最高人民法院的判决和裁定。

第一巡回法庭设在广东省深圳市，巡回区为广东、广西、海南、湖南四省区。负责审理或者办理巡回区内应当由最高人民法院受理的案件，依法办理巡回区内向最高人民法院提出的来信来访事项；负责第一国际商事法庭有关工作。

第二巡回法庭设在辽宁省沈阳市，巡回区为辽宁、吉林、黑龙江三省。负责审理或者办理巡回区内应当由最高人民法院受理的案件，依法办理巡回区内向最高人民法院提出的来信来访事项。

第三巡回法庭设在江苏省南京市，巡回区为江苏、上海、浙江、福建、江西五省市。负责审理或者办理巡回区内应当由最高人民法院受理的案件，依法办理巡回区内向最高人民法院提出的来信来访事项。

第四巡回法庭设在河南省郑州市，巡回区为河南、山西、湖北、安徽四省。负责审理或者办理巡回区内应当由最高人民法院受理的案件，依法办理巡回区内向最高人民法院提出的来信来访事项。

第五巡回法庭设在重庆市，巡回区为重庆、四川、贵州、云南、西藏五省区市。负责审理或者办理巡回区内应当由最高人民法院受理的案件，依法办理巡回区内向最高人民法院提出的来信来访事项。

第六巡回法庭设在陕西省西安市，巡回区为陕西、甘肃、青海、宁夏、新疆五省区。负责审理或者办理巡回区内应当由最高人民法院受理的案件，依法办理巡回区内向最高人民法院提出的来信来访事项；负责第二国际商事法庭有关工作。

七、地方各级人民法院

地方各级人民法院院长由本级人民代表大会选举，副院长、审判委员会委员、庭长、副庭长和审判员由院长提请本级人民代表大会常务委员会任免。在省、自治区内按地区设立的和在直辖市内设立的中级人民法院院长，由省、自治区、直辖市人民代表大会常务委员会根据主任会议的提名决定任免，副院长、审判委员会委员、庭长、副庭长和审判员由高级人民法院院长提请省、自治区、直辖市人民代表大会常务委员会任免。

（一）高级人民法院

高级人民法院审理下列案件：法律规定由其管辖的第一审案件；下级人民法院报请审理的第一审案件；最高人民法院指定管辖的第一审案件；对中级人民法院判决和裁定的上诉、抗诉案件；按照审判监督程序提起的再审案件；中级人民法院报请复核的死刑案件。

（二）中级人民法院

中级人民法院审理下列案件：法律规定由其管辖的第一审案件；基层人民法院报请审理的第一审案件；上级人民法院指定管辖的第一审案件；对基层人民法院判决和裁定的上诉、抗诉案件；按照审判监督程序提起的再审案件。

（三）基层人民法院

基层人民法院审理第一审案件，法律另有规定的除外。基层人民法院对人民调解委员会的调解工作进行业务指导。基层人民法院根据地区、人口和案件情况，可以设立若干人民法庭。人民法庭是基层人民法院的组成部分，人民法庭的判决和裁定即基层人民法院的判决和裁定。

第三节　人民检察院

一、组织结构

人民检察院是国家法律监督机关。人民检察院分为最高人民检察院、地方各级人民检察院和军事检察院等专门人民检察院。地方各级人民检察院分为省、自治区、直辖市人民检察院；省辖市人民检察院，自治州人民检察院，省、自治区、直辖市人民检察院分院；县、自治县、不设区的市、市辖区人民检察院。专门人民检察院是在特定的组织系统内设置的国家检察机关，以其专属的管辖权和所保护的特定社会关系而有别于其他检察机关。专门人民检察院与专门人民法院同级建立，相互协调配合，行使对其专门管辖案件的检察权。

二、检察委员会

各级人民检察院设检察委员会。检察委员会由检察长、副检察长和若干资深检察官组成，成员应当为单数。检察委员会召开会议，应当有其组成人员的过半数出席。检察委员会会议由检察长或者检察长委托的副检察长主持。检察委员会实行民主集中制。地方各级人民检察院的检察长不同意本院检察委员会多数人的意见，属于办理案件的，可以报请上一级人民检察院决定；属于重大事项的，可以报请上一级人民检察院或者本级人民代表大会常务委员会决定。

三、人员任免

最高人民检察院是国家最高检察机关，向全国人民代表大会及其常务委员会报告工作，对其负责，并受其监督。最高人民检察院检察长由全国人民代表大会选举和罢免，副检察长、检察委员会委员和检察员由检察长提请全国人民代表大会常务委员会任免。最高人民检察院检察长每届任期同全国人民代表大会每届任期相同，连续任职不得超过两届。

地方各级人民检察院对本级人民代表大会及其常务委员会负责并报告工作。地方各级人民检察院检察长由本级人民代表大会选举和罢免，但须报上一级人民检察院检察长提请该级人民代表大会常务委员会批准。副检察长、检察委员会委员和检察员由检察长提请本级人民代表大会常务委员会任免。

专门人民检察院的设置、组织、职权和检察官任免，由全国人民代表大会常务委员会规定。

四、主要职权

（一）最高人民检察院主要职权

最高人民检察院主要职权包括：

深入贯彻习近平新时代中国特色社会主义思想，深入贯彻党的路线方针政策和部署，统一检察机关思想和行动，坚持党对检察工作的绝对领导，坚决维护习近平总书记党中央的核心、全党的核心地位，坚决维护党中央权威和集中统一领导。

依法向全国人民代表大会及其常务委员会提出议案，向全国人民代表大会常务委员会提出法律解释要求，向全国人民代表大会常务委员会提出对行政法规、地方性法规、自治条例和单行条例是否符合宪法和法律进行审查的要求。

领导地方各级人民检察院和专门人民检察院的工作。对下级检察院相关业务进行指导，研究制定检察工作方针、总体规划，部署检察工作任务。

依照法律规定对由最高人民检察院直接受理的刑事案件行使侦查权，领导地方各级人民检察院和专门人民检察院开展对依照法律规定由人民检察院直接受理的刑事案件的侦查工作。

对全国性的重大刑事案件依法审查批准逮捕、决定逮捕、提起公诉，领导地方各级人民检察院和专门人民检察院开展对刑事犯罪案件的批准逮捕、决定逮捕、提起公诉工作。

负责应由最高人民检察院承办的刑事、民事、行政诉讼活动及刑事、民事、行政判决和裁定等生效法律文书执行的法律监督工作。

负责应由最高人民检察院承办的提起公益诉讼工作，领导地方各级人民检察院和专门人民检察院开展提起公益诉讼工作。

对最高人民法院的死刑复核活动实行监督。

对省级人民检察院报请核准追诉的案件进行审查、决定是否追诉。

负责应由最高人民检察院承办的对监狱、看守所等执法活动的法律监督工作，领导地方各级人民检察院和专门人民检察院开展对监狱、看守所等执法活动的法律监督工作。

受理向最高人民检察院的控告申诉，领导地方各级人民检察院和专门人民检察院的控告申诉检察工作。

对地方各级人民检察院和专门人民检察院在行使检察权中作出的决定进行审查，纠正错误决定。

对属于检察工作中具体应用法律的问题进行解释，发布指导性案例。

指导全国检察机关的理论研究工作。

负责检察机关队伍建设和思想政治工作。领导各级人民检察院和专门人民检察院依法管理检察官及其他检察人员的工作，协同中央主管部门管理人民检察院的机构设置及人员编制，制定相关人员管理办法，组织指导检察机关教育培训工作。

协同中央主管部门管理和考核省、自治区、直辖市人民检察院和专门人民检察院的检察长，协同省级党委管理和考核省、自治区、直辖市人民检察院和专门人民检察院的副检察长。

领导地方各级人民检察院和专门人民检察院的检务督察工作。

规划和指导全国检察机关的财务装备工作，指导全国检察机关的检察技术信息工作。

组织检察机关的对外交流合作，开展有关国际司法协助工作。

负责其他应当由最高人民检察院承办的事项。

（二）地方各级人民检察院主要职权

对于叛国案、分裂国家案以及严重破坏国家的政策、法律、政令统一实施的重大犯罪案件行使检察权。对于直接受理的国家工作人员利用职权实施的犯罪案件进行侦查。对于公安机关、国家安全机关等侦查机关侦查的案件进行审查，决定是否逮捕、起诉或者不起诉，并对侦查机关的立案、侦查活动是否合法实行监督。对于刑事案件提起公诉，支持公诉。对于人民法院的刑事判决、裁定是否正确和审判活动是否合法实行监督。对于监狱、看守所等执行机关执行刑罚的活动是否合法实行监督。对于人民法院的民事审判活动实行法律监督。对于行政诉讼实行法律监督。对人民法院已经发生效力的判决、裁定发现违反法律、法规规定的，依法提出抗诉。

五、最高人民检察院机构设置

内设机构：办公厅、第一检察厅（普通犯罪检察厅）、第二检察厅（重大犯罪检察厅）、第三检察厅（职务犯罪检察厅）、第四检察厅（经济犯罪检察厅）、第五检察厅（刑事执行检察厅）、第六检察厅（民事检察厅）、第七检察厅（行政检察厅）、第八检察厅（公益诉讼检察厅）、第九检察厅（未成年人检察厅）、第十检察厅（控告申诉检察厅）、法律政策研究室、案件管理办公室、国际合作局、检务督查局、计划财务装备局、政治部、机关党委、离退休干部局。

直属事业单位：检察日报社、中国检察出版社、检察技术信息研究中心、检察理论研究所、国家检察官学院、机关服务中心。

第二部分

经济模式

第十一章 全面改革

一、改革的立场、方向、原则

发展的根本目的是增进民生福祉，中国以促进社会公平正义、增进人民福祉为全面深化改革的出发点和落脚点。习近平曾表示："让老百姓过上好日子是我们一切工作的出发点和落脚点。"中国坚持以人民为中心的发展思想，坚持发展必须回应人民的期望，追求发展和扩大总体经济规模，是为了让更多人共享发展成果。如果改革不能为人民带来实实在在的好处，不能创造一个更加公平的社会环境，那么改革将失去意义，也难以持续。

为了实现这一目标，中国领导人高度重视并优先聚焦于人民群众在幼儿教育、继续教育、收入保障、医疗健康、养老助老及社区弱势群体帮扶等领域迫切且现实的需求，使人民群众有了更直接、更现实的获得感、满足感、安全感和保障感。

历史经验深刻表明，社会历经长期且剧烈的变革进程后，若要实现平稳过渡并稳定发展，需要获取人民群众的充分理解与坚定支持。深化改革所涉及的核心原因与总体方向是关乎改革成败与国家长远发展的根本性问题，必须最大程度凝聚起社会各界的广泛共识。只有这样，改革才能精准锚定目标，稳步推进，进而全方位改善人民生活，推动社会持续进步，不断提高国家治理体系和治理能力现代化水平，实现经济高质量发展与社会长治久安。

（一）推动国家治理体系和治理能力现代化

国家治理体系包括经济、政治、文化、社会、生态等各领域制度安排。健全国家治理体系这一改革目标，紧密贴合中国经济社会发展的内在需求，精准呼应人民群众的殷切期望与多元诉求，充分考量日益激烈的国际竞争环境，着眼于国家发展的战略全局。基于此，中国坚定不移地深化改革，以改革破除体制机制障碍，激发发展活力。需要着重指出的是，推进国家治理体系和治理能力现代化，绝不是走向西方化的发展道路。中国始终秉持开放包容的理念，积极从人类政治文明的优秀成果中汲取有益经验，博采众长，为我所用。但在这一过程中，中国牢牢坚持根本制度不动摇，坚持走符合本国国情的政治发展道路，确保国家治理体系和治理能力现代化建设始终沿着正确方向稳步前行。

教育作为社会进步的基石，始终在中国发展进程中占据着重要地位。中国领导人一以贯之地将教育置于优先发展的关键位置，坚定不移地深化教育领域改革，推进教育现代化，朝着建设教育强国的目标迈进。在推进教育事业发展的过程中，中国不断开拓优质教育资源，促进教育公平，为培养兼具高尚品德、卓越智慧与强健体魄的未来一代奠定坚实基础。当下，加强学习型社会建设已成为中国推进教育强国建设的重点任务。通过大力发展义务教育，确保每一个孩子都能平等地享有公平且优质的教育机会，这不仅是对教育公平的生动诠释，也是对每个孩子成长发展权利的尊重与保障。中国的教育改革目标多元且全面，包括：完善职业教育体系，使其更好地对接市场需求，培养大批适应产业发展的技术技能人才；完善人才培养体系，构建全方位、多层次的人才培育格局；加快推进一流大学和一流学科建设，提升高等教育国际竞争力，打造具有世界影响力的学术高地；着力培养高素质教师队伍，弘扬尊师重教的社会风尚，营造全社会关心支持教育事业的良好氛围；等等。

　　稳定就业是中国的优先政策之一。深化改革要求破除制约劳动力、人才及资源社会性流动的制度壁垒，进一步健全由政府、工会和企业共同参与的劳动关系协商协调机制，切实保障劳动者权益，促进就业市场的良性循环。

　　收入分配是实现发展成果由人民共享最为关键和直接的途径。中国始终坚持按劳分配为主体、多种分配方式并存的分配制度，完善生产要素按贡献参与分配的体制机制，致力于构建更加合理、规范有序的收入分配格局。通过一系列改革举措，激励民众依靠勤劳和守法经营实现致富增收，稳步扩大中等收入群体规模，持续增加低收入者收入，运用税收、社会保障等手段合理调节过高收入，坚决取缔非法收入。同时，充分发挥政府在再分配环节的调节作用，着力缩小收入差距，促进社会公平，让全体人民更加公平地享受经济发展红利。

　　社会保障体系是社会平稳运行的"稳定器"与"安全阀"。改革要求全方位推行普惠保险发展体系；进一步完善基本养老保险全国统筹制度；健全城乡职工基本医疗保险统筹制度；健全失业和工伤保险制度；持续提高社会福利水平，关注弱势群体，保障特殊困难群体的基本生活；切实维护妇女儿童合法权益；进一步推动残疾人事业发展。

　　人民健康是国家繁荣昌盛的重要标志。医疗卫生领域改革必须坚定不移落实医疗卫生事业公益性，不能片面追求全面市场化或商业化。中国始终坚持以人民健康为中心，充分发挥政府主导作用，合理配置医疗资源，努力确保全体人民享有优质、公平、可及的医疗卫生服务，推动健康中国建设不断取得新成效。

（二）稳健的改革举措

　　"全面深化改革是一项复杂的系统工程，需要加强顶层设计和整体谋划，加强各项改革关联性、系统性、可行性研究。"——习近平

中国始终确保主要改革措施兼具系统性、完整性与协同性，进而形成一套行之有效的"组合拳"。总体改革方案必须与各领域、各层面协调一致，使改革进程与政策举措深度融合、相互补充，实现改革效能最大化。在改革推进过程中，中国注重统筹协调总体布局，加强顶层设计与整体统筹，脚踏实地，求真务实。一方面，在科学合理的顶层设计引领下，稳步推进局部阶段性改革，使顶层设计与实践探索形成良性互动；另一方面，基于局部阶段性改革的宝贵经验，进一步完善和优化顶层设计，使顶层设计更具科学性与前瞻性。如此一来，既能增强顶层设计与统筹谋划的实效性，又能充分激发基层创新活力，鼓励大胆探索、大胆突破，在实践中不断开拓改革新局面。

深化改革无疑是推动国家发展的关键动力，但改革步伐务必稳健。改革之路并非坦途，充满了不确定性与风险。基于此，中国在改革前会进行全面、深入、细致的评估，在充分考量各种因素后，采取既谨慎又大胆的改革举措，稳步推进改革，确保改革行稳致远。

二、改革，一个永无止境的过程

实行改革开放是推动中国取得巨大飞跃和伟大成就的重要因素。1978 年 12 月，在党和国家发展的关键历史节点，中国的领导集体做出了将党和国家的工作重心转移到经济建设上来，实行改革开放的历史性决策。自那时起，中国的经济实力和综合国力得到全面提升，人民生活水平迈上新台阶。一系列重大改革稳步推进，一系列增进民生福祉的举措推进实施，比如：实行家庭联产承包责任制；促进乡镇企业发展；设立深圳经济特区，在沿海地区、河流沿岸和内陆中心城市设立自由贸易区；加入世界贸易组织；由传统的计划经济体制向社会主义市场经济体制转变，使市场在资源配置中起决定性作用；发展个体私营经济，深化国有企业改革；发展混合所有制经济，从单一公有制经济向以公有制为主体的多种所有制经济过渡；取消农业税，确立农村土地"三权分置"制度；推动国有大中型企业"引进来""走出去"；提出共建"一带一路"倡议；实施乡村振兴战略；深化经济体制改革；推进"五位一体"总体布局和"四个全面"战略布局；举办首届中国国际进口博览会；打赢脱贫攻坚战；等等。

中国政府深化农村地区土地制度改革，核心即"三权分置"制度。土地兼具经济功能和社会保障功能。为了实现促进农业发展和维护农村社会基本稳定的双重目标，中国将农户承包权、土地经营权和集体所有权三权分置，保障土地经营权有序流转。

改革是促进经济社会发展的动力，发展是破解经济社会各类难题的关键，稳定是改革与发展得以顺利推进的前提。改革、发展与稳定三者紧密相连、相辅相成。发展会催生新的需求与挑战，从而推动改革持续深化；改革的不断深化为持续发展清扫障碍、破除壁垒、激发活力；只有保持社会大局总体稳定，才能有条不紊地推进改革、促进发展。因此，改革的力度、发展的速度必须与社会承受能力和接受程度相匹配。既不能因改革过于激进、发展过于迅猛而超出社会的承受范围，引发不稳定因素；也不能因过于保守，错失改革发展良机。只有把握好三者之间的动态平衡，才能实现经济社会的持续健康发展。

改革的成效关键在于落实，而改革举措的落实往往会面临困难与挑战。要让改革举措真正落地见效，广泛的社会共识是基础，坚定的信心是动力，攻坚克难的能力是关键，在此过程中，领导干部肩负着重大使命，需要确保改革方向不偏离、改革任务不跑偏，因此，必须将改革视为重要的政治责任，勇于担当、善于作为，努力成为改革的坚定推动者和积极践行者；在推进改革的过程中，一旦发现任何问题，都应及时反馈并妥善处理，构建全面、高质量的实施与问责机制。改革对中国亿万民众的生活具有影响深远，政府积极鼓励创新、表彰先进，给予各地开展本土化试点的空间，最大程度减少试错成本，充分释放广大民众的首创精神。

改革开放以来，中国坚持对外开放的基本国策，坚信全球化是不可阻挡的历史潮流。当今世界，任何经济体要实现发展，都必须勇于探索广泛的世界市场。然而，部分国家借由贸易保护主义、挑起贸易战及施行"长臂管辖"等手段，对他国主权施加影响，此类做法与时代发展趋势相悖，愈发显得不合时宜。反观中国所发起的共建"一带一路"倡议，积极倡导公平、开放、包容的理念，始终坚守共商共建共享原则，鼓励包容共生的国际合作模式。该倡议并非谋取势力范围，而是致力于支持所有共建国家共同发展。

三、40余年改革开放历程

过去40余年，中国经济的高速增长是全球经济领域最受瞩目的事件之一。在这段时期，中国从一个近乎封闭的贫困农业国，发展成为世界第二大经济体，人均国内生产总值超过世界平均水平，接近高收入国家水平。

改革开放40多年来，中国在外部挑战与日俱增的复杂环境下，取得了中国特色社会主义建设的伟大成就。这一伟大成就意味着中国实现了人口结构深刻转变、政治经济体制适应性调整与转型、农业领域持续发展与深化改革、改革与发展战略优化调整、价格自由化与市场机制全面构建、市场化进程稳步推进、国有企业改革深化、现代化金融体系构建、财政与外汇体制改革深化创新、对外贸易规模持续扩大、经济再平衡稳步推进、外国直接投资政策改革创新、对外直接投资扩大、深度且持续地融入全球一体化进程、多种所有制经济共同发展、收入分配制度完善、土地制度改革深化、区域协调发展统筹推进、农业现代化水平稳步提升、新型城镇化进程有序推进、大规模造林计划有序实施、可再生能源高效利用及应对气候变化政策的深入实施等等。这些政策创新与发展成果为世界上其他希望实现经济转型与发展的国家提供了经验范本与实践参考。

（一）1978—1988 年：开端

中国领导人秉持审慎、渐进的策略，稳步推进改革进程。社会各界围绕采取何种改革举措、改革的深远意义，以及改革能否引领中国沿着正确方向前行，展开了广泛而深入的探讨。

（二）1988—1998 年：民营企业发展

改革开放第二个十年，上海证券交易所和深圳证券交易所相继成立。这一时期，民营经济迅速发展，民营企业数量呈现爆发式增长，一批有影响力的企业出现。在随后的十年中，部分民营企业凭借卓越的市场表现和综合实力，跻身《财富》世界 500 强榜单，展现了中国企业在全球经济舞台上日益增强的竞争力。

（三）1998—2008 年：成为世界工厂

改革开放第三个十年，中国正式加入世界贸易组织，凭借制造业基础和劳动力优势，迅速成为"世界工厂"，进一步融入全球产业链与供应链体系。同期，电子商务行业崭露头角，一部分电子商务平台在随后十年发展成为行业翘楚。到 2008 年，中国经济总量跃居世界第三位，在全球经济格局中的地位明显提升。

（四）2008—2018 年：应对全球金融危机

改革开放第四个十年以 2008 年全球金融危机为起点，这场危机是自1929—1933 年经济大萧条以来最为严重的全球性金融动荡，深刻冲击了西方传统的个人理性和市场效率理念。在此背景下，中国凭借自身制度优势有效应对危机，通过实施一系列积极的财政政策和稳健的货币政策，稳定经济增长，增强了对自身制度合理性的信心。到 2018 年，中国国内生产总值突破90 万亿元，经济发展韧性和活力得以彰显。

（五）2018 年以来：创新发展

创新日益成为中国经济高质量发展的核心驱动力。在人工智能领域，中国取得了一系列关键技术突破和应用成果，不断推动产业结构升级和经济结构调整。同时，中国积极践行绿色发展理念，努力推动实现"碳达峰""碳中和"目标，探索绿色发展新模式，为经济增长创造新机遇。展望未来，中国有望成为全球创新发展的典范，为其他国家提供借鉴与参考。

第十二章　早期制度创新

一系列经过审慎考量、精准施策的制度创新举措，为中国发展注入强劲动力。

一、家庭联产承包责任制

1978 年，农民自发实行包产到户，1982 年，家庭联产承包责任制获中央认可，并迅速推广到全国。需明确的是，这一制度与新自由主义有着本质区别，包产到户并不意味着农民对土地享有私有财产权，而是在坚持土地公有制的基础上，赋予农民对土地的承包经营权，以提升农民生产积极性，促进农业发展。

国家确保土地资源得到妥善管理与有效保护。不推行土地私有化能够从根源上避免财富分配相关争议，使国家能够将精力集中于制定切实有效的激励机制与监管措施，推动土地资源合理利用，促进农业发展。

中国的发展道路与苏联有着明显不同。苏联在短时间内实现土地私有化，不仅未能推动农业发展，反而致使农业产量急剧下滑，贫困现象加剧，社会不平等问题愈发突出。中国坚持实行符合本国国情的土地政策，不断探索优化土地资源管理利用模式，实现了农业经济稳步发展。

在集体所有制中，土地和生产资料均归集体所有。生产队的运作严格遵循上级政府下达的生产计划，力求实现自给自足，在完成计划生产后，将产出的全部产品按既定的固定价格售予政府。生产队实行按日在田间劳作获取固定积分的制度，并以此为依据，将部分产量作为奖励返还给个体农民。

实行家庭联产承包责任制后，农民从集体手中承包土地及其他大规模生产资料，依据合同自主开展生产经营活动。在收入分配上，农民仅需将一小部分经营收入上交国家与集体，剩余部分皆归自身所有。这一制度赋予农民更多自主经营权，让农民得以直接从生产成果中获益，极大地释放了农业生产活力，提高了农业生产效率。

家庭联产承包责任制改革主要有以下几个方面的特点：第一，家庭联产承包责任制是一场自下而上的制度变革，其动力源自农民，而非政府规划。中国领导人敏锐捕捉到这一成功实践，对其予以认可，并大力支持其在全国范围内推广。第二，家庭联产承包责任制使农民收入显著增加，进而对中国工业发展和乡镇企业创办产生积极的溢出效应。农民手头可支配资金增多，更倾向于购置农业生产资料和各类消费品。同时，收入提升带动储蓄增长，促使金融机构不断涌现，为经济发展注入活力。第三，家庭联产承包责任制这一成功尝试为后续改革尤其是工业改革树立了典范。这一制度促进了生产效率的提高，一部分劳动力得到释放，这些劳动力进入工厂成为工人，有力推动了工业生产的发展。

二、乡镇企业

乡镇企业实行集体所有制，企业的资产归一个村庄或乡镇的全体农民集体所有。在这种所有制形式下，全体农民作为一个集体共同拥有企业的生产资料、资产等，共同参与企业经营管理决策，共享企业发展收益，共担企业经营风险。集体所有制的乡镇企业在发展过程中，往往能够充分利用当地的资源和劳动力优势，推动农村地区的经济发展，增加农民收入，促进农村工业化和城镇化进程，在农村经济社会发展中发挥了重要作用。

（一）乡镇企业的兴起（20世纪80年代—90年代初）

1978年中国共产党十一届三中全会之后，中国乡镇企业迅猛发展，成为农村经济的主体力量和国民经济的重要组成部分。1998年，乡镇企业实现增加值22 186亿元，占国内生产总值的比重达27.9%；上交国家税金达1583亿元，占全国税收总额的20.4%。1978年，乡镇企业产值占农村社会总产值的比重不到四分之一，经过近十年的发展，于1987年首次超过农业总产值，占比达52.4%。

在乡镇企业发展过程中，产业政策作为整体经济政策体系的关键构成与调控工具，发挥着重要作用。中国政府充分挖掘、整合现有制度资源，为乡镇企业的起步与发展提供支撑，同时，积极探索创新，构建适应经济发展需求的新型制度基础设施，注重发挥地方政府的监管与引导效能，规范乡镇企业经营行为，助力乡镇企业发展。

（二）乡镇企业的衰落（20世纪90年代末）

20世纪八九十年代，乡镇企业实现了蓬勃发展，一度成为推动中国经济增长、促进农村工业化和城镇化进程的重要力量。然而，90年代末期，乡镇企业却呈现衰落态势。乡镇企业的式微在很大程度上源于效率驱动下的制度变革。一方面，乡镇企业快速发展，成为国有企业的重要竞争来源之一，这股竞争压力促使国有企业加快改革步伐。国有企业重新整合资源、优化管理模式、提升技术水平，在市场竞争中逐步恢复优势地位。另一方面，乡镇企业存在内在的规模限制。从发展历程来看，在大约15年的黄金发展期内，乡镇企业借助政策东风与市场机遇，快速成长并达到发展顶峰。但由于其在规模效益与核心竞争力方面存在短板，因此市场地位不断下滑。这一过程也充分表明，经济体系是一个有机整体，某一领域的改革会产生联动效应，推动其他领域的改革。乡镇企业的发展与衰落，以及国有企业在竞争压力下的改革发展，就是经济体系内各领域相互影响、相互促进的例证。

三、价格双轨制

价格双轨制，就是在原有的计划内价格基础上新增一轨，即计划外自主定价，使一种商品存在计划价与市场价两种价格形式。其中，计划价由国家依据宏观经济规划与调控目标确定，市场价由市场供求关系、竞争状况等因素自主决定。此后，随着经济体制改革的推进，两种价格逐步并轨，形成单一的市场价格机制。

在市场经济体制改革中，价格体系改革是最为棘手且核心的问题之一，因其广泛影响经济领域各个层面。在传统计划经济模式下，产品价格由特定的价格计划系统确定，与一个固定价格挂钩。这种价格形成机制与市场实际需求和资源稀缺程度脱节，既未能反映市场价格的动态变化，也无法体现资源的边际价值。

价格双轨制成为价格改革的主导思路，计划内价格占比逐渐缩小，计划外价格占比逐步扩大。价格双轨制不仅在一定程度上修正了不合理的价格体系，而且打破了以往僵化的价格管理制度，为市场机制的引入与发挥作用创造了条件。值得一提的是，价格双轨制这一做法在当时引发了西方国家的诸多疑虑，他们基于自身的经济理论与实践经验，认为这种制度安排难以取得成功。然而，中国价格改革的实践成果表明，价格双轨制有效推动了从计划经济向市场经济的过渡，有力地反驳了西方的质疑。

家庭联产承包责任制的实施、乡镇企业的兴起及价格双轨制的推行，成为推动中国经济发展与农村变革的重要举措。这三项措施协同发力，不仅增加了农民收入，还开拓出农民以市场价销售剩余粮食的市场空间。随着市场机制在粮食销售领域的作用日益凸显，政府避免了对粮食市场的过度干预。到 1993 年，粮食采购和销售环节基本实现按市场价进行，标志着粮食市场在价格形成机制上逐渐与市场经济接轨，为农业的市场化、现代化发展奠定了基础。

四、国有企业改革

中国国有企业在全球经济中的表现越来越突出。2000 年，《财富》世界 500 强企业榜单上，中国国有企业仅占 2% 左右；到 2020 年，这一比例已经上升至约 27%。2021 年，《财富》世界 500 强企业榜单上的中国大陆 143 家企业中，49 家是中央企业，33 家是地方国有企业。

（一）国有企业改革概况

在 1978 年改革开放前夕，国有企业的生产经营呈现出以下典型特征：国家集国有企业的所有权与经营权于一体，从生产规划、财务调配、人事任免到产品销售策略，各个关键环节的决策均由政府部门统一制定，国有企业仅作为执行主体，依照预先拟定的计划开展生产活动，在此模式下，国有企业的利润额上缴国家财政，而一旦出现亏损，也由国家财政兜底弥补，企业自身缺乏独立的经济利益诉求与风险责任意识。

自 1978 年改革开放以来，国有企业改革围绕以下五个维度稳步推进：

第一，扩大国有企业自主权。改革第一阶段始于 1978 年，四川省首先在六家国有企业中进行扩大自主权的探索性改革试点，拉开了全国国有企业改革的序幕。1983 年，国务院颁布了《国营工业企业暂行条例》，将企业定义为自主进行生产经营活动的法人。这一规定以法规形式确立了企业在市场经济中的独立地位，为国有企业进一步拓展经营自主权、参与市场竞争提供了制度保障。

第二，所有权和经营权分离的承包经营责任制。承包经营责任制是一种创新的企业经营模式。在这一模式下，政府通过签订承包合同，将企业的经营责任精准落实到企业法定代表人身上，实现了国有企业所有权与经营权的有效分离。到1988年年底，承包经营责任制在全国范围内推行，约93%的企业采用了这一模式。

第三，构建现代企业制度。国有企业改革是一项旨在建立和完善现代企业制度的系统性工程，历经多个重要阶段，逐步推进且不断深化。1993年，全国人民代表大会通过《公司法》，为国有企业法人治理结构的构建与完善奠定了法律基础。中共十五大和十五届一中全会明确提出：自1998年起，用三年左右时间，通过改革、改组、改造和加强管理，使大多数国有大中型亏损企业走出困境，并推动大多数国有大中型骨干企业初步建立现代企业制度。到2000年年底，国有及国有控股工业利润大幅度增长，达到2300亿。最初确定要三年脱困的6000多家国有企业中，有超过三分之二达到了最初确定的目标。

第四，国有资产管理体制改革。2003年3月，国资委会作为国务院直属特设机构，代表国家履行出资人职责，纳入监管的中央企业达196家。2004年6月，国资委发布《关于中央企业建立和完善国有独资公司董事会试点工作的通知》，进一步推动国有企业治理结构优化，促进企业决策科学化与规范化，标志着国有企业改革向前迈出了关键的一步。

第五，继续深化国有企业改革。2015年，《关于深化国有企业改革的指导意见》及配套文件发布，构建起国有企业改革"1+N"政策体系。2020年，中国开始实施"国企改革三年行动"，作为对"1+N"政策体系的具体落实，涵盖多方面关键任务：完善中国特色现代企业制度，形成科学有效的公司治理机制；推进国有资本布局优化和结构调整，提升国有资本配置效率；积极稳妥推进混合所有制改革，促进各类所有制企业取长补短、共同发展；激发国有企业活力，健全市场化经营机制；形成以管资本为主的国有资产监管体制，进一步提高国有资产监管的系统性、针对性、有效性；推动国有企业公平参与市场竞争，营造公开、公平、公正的市场环境；推动一系列国有企业改革专项行动落实落地；加强国有企业党的领导和党的建设，推动党建工作与企业生产经营深度融合。

（二）国有企业的优势

国有企业能够化解市场机制存在的局限性，解决市场难以解决的问题。在国民经济的关键领域，如能源、交通、通信等战略性行业，通常面临着前期投入大、回报周期长、风险高等特点，仅依靠分散的市场力量，难以在短期内汇聚足够的资源完成投资建设。国有企业具有更强的资源整合能力，能够依托国家信用和政策支持，在全国范围内广泛调动各类资源，推动这些对国民经济至关重要的行业发展。

在宏观经济体系中，国有企业发挥着难以替代的"稳定器"作用。当经济面临下行压力、有效需求不足、市场信心受挫时，国有企业能够加大投资力度，创造需求，拉动经济增长；在经济繁荣时期，国有企业能够抑制过度投资与产能过剩，保障经济运行始终处于合理区间。

在社会民生与国家安全层面，国有企业同样发挥着重要作用。在关键公共产品领域，国有企业能够确保产品和服务稳定、高效供应；在资源安全保障方面，国有企业能够确保重要战略性资源得到科学开发、合理利用，守住国家资源安全底线；在实现高质量充分就业方面，国有企业亦能够发挥有效推动作用。

第十三章　国民经济和社会发展五年规划

自 1953 年发布第一个国民经济和社会发展五年计划以来，截至 2024年，中国已经制定了 14 个五年规划。自"十三五"规划开始，名称从"五年计划"变为"五年规划"，更加突出地反映了市场导向的经济。

五年规划是中国针对经济社会发展情况制定的一系列发展目标和举措，通常会以数字形式明确国内生产总值等经济增长目标。

一、五年规划的重点及特点

中国历次五年规划都从宏观视角出发，为中国在特定时期的发展描绘清晰的蓝图，确定科学合理的发展方向。同时，针对特定行业制定翔实且具有前瞻性的发展目标，不仅为行业发展提供明确指引，也为各类市场主体和社会各界参与经济建设提供了清晰的行动指南，因此备受国内外各界关注，成为洞察中国经济社会发展趋势的关键窗口。

（一）五年规划中的农业和工业

中国历次五年规划均将农业发展置于重要位置，对粮食安全予以重点关注。在工业领域，五年规划着重强调工业发展的关键地位，致力于构建独立、完整且具备强大韧性与竞争力的工业体系，通过优化产业布局、推动技术创新等举措，提升工业整体实力，为国家经济的稳健发展筑牢根基。农业、工业增加值变化趋势和城乡居民人均可支配收入差距变化趋势分别见图13-1 和图 13-2。

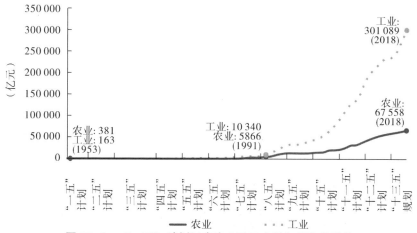

图 13-1　"一五"计划以来农业及工业增加值变化趋势

资料来源：作者自制。

注："二五"计划和"三五"计划期间有三年过渡期（1963—1965 年）。

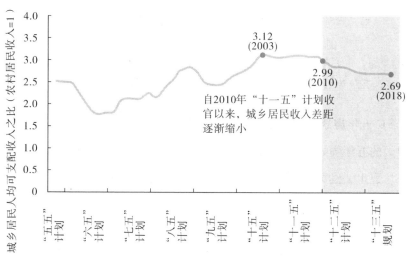

图 13-2　"五五"计划以来城乡居民人均可支配收入对比

资料来源：作者自制。

（二）五年规划和产业发展

从"六五"计划开始，中国逐渐由计划经济向市场经济转变。随着中国的发展，工业已成为中国经济增长的主要动力，就对国内生产总值增长的贡献率而言，第二产业继续保持主体地位，第三产业不断上升，第一产业则呈下降趋势，见图13-3。

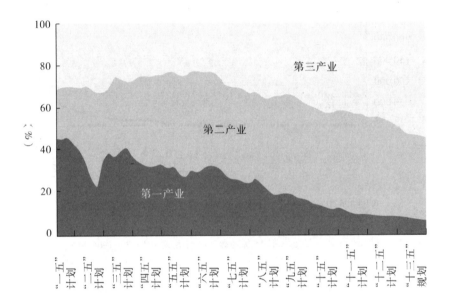

图13-3 三大产业对国内生产总值增长的贡献率

资料来源：作者自制。

注："二五"计划和"三五"计划期间有三年过渡期（1963—1965年）。

（三）五年规划和国内生产总值增长率

中国的五年规划制定了包括国内生产总值增长率在内的具体经济目标，以及医疗卫生、健康、生态环境等领域的社会发展目标。"一五"计划以来历年国内生产总值增长率见图13-4。

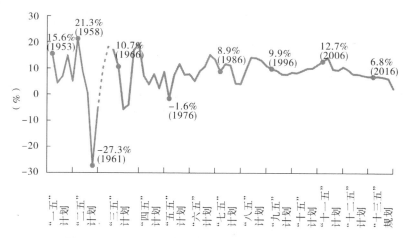

图13-4 "一五"计划以来历年国内生产总值增长率

资料来源：作者自制。

注："二五"计划和"三五"计划期间有三年过渡期（1963—1965年）。

（四）五年规划和社会保障覆盖面

随着经济不断发展，中国更加注重经济发展质量，注重经济社会协调发展，提高人民生活水平。中国已建成世界上规模最大的社会保障体系，社会保障覆盖面不断扩大，见图13-5。

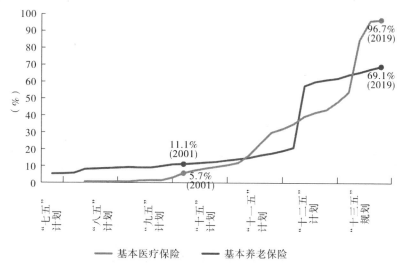

图13-5 社会保障覆盖面持续扩大

资料来源：作者自制。

（五）五年规划和教育、研发

"十一五"计划提出产业结构优化升级、提高资源配置效率。"十二五"计划提出加大政府对基础研究投入，健全以政府投入为主、多渠道筹集教育经费的体制。教育和研发投入占国内生产总值的比重分别见图 13-6 和图 13-7。

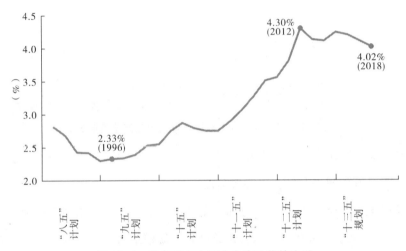

图 13-6　教育投入占国内生产总值的比重

资料来源：作者自制。

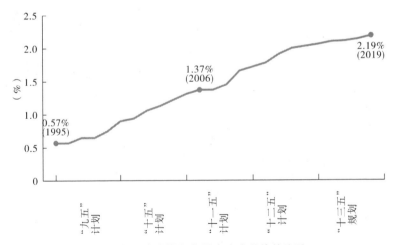

图 13-7　研发投入占国内生产总值的比重

资料来源：作者自制。

（六）五年规划和可持续发展

"十三五"规划提出，创新、协调、绿色、开放、共享的新发展理念是"十三五"乃至更长时期中国发展思路、发展方向、发展着力点的集中体现，必须贯穿于经济社会发展的各领域各环节。

在"十四五"规划稳步推进、落地实施的进程中，中国逐步展现出产业结构持续优化升级、新兴业态蓬勃兴起、经济发展韧性与潜力凸显、全社会创新氛围愈发浓厚、科技创新成果不断涌现、经济发展与生态保护协调共进、人与自然和谐共生的发展图景。

二、14 个五年规划的目标任务

（一）"一五"计划（1953—1957 年）

集中主要力量进行以苏联帮助设计的 156 个建设项目为中心、由 694 个大中型建设项目组成的工业建设，建立中国的社会主义工业化的初步基础，发展部分集体所有制的农业生产合作社，以建立对农业和手工业社会主义改造的基础，基本上把资本主义工商业分别纳入各种形式的国家资本主义的轨道，以建立对私营工商业社会主义改造的基础。

（二）"二五"计划（1958—1962 年）

"二五"计划的基本任务包括：继续进行以重工业为中心的工业建设，推进国民经济的技术改造，建立中国社会主义工业化的巩固基础；继续完成社会主义改造，巩固和扩大集体所有制和全民所有制；在发展基本建设和继续完成社会主义改造的基础上，进一步地发展工业、农业和手工业的生产，相应地发展运输业和商业；努力培养建设人才，加强科学研究工作，以适应社会主义经济文化发展的需要；在工业农业生产发展的基础上，增强国防力量，提高人民的物质生活和文化生活水平。

（三）"三五"计划（1966—1970 年）

由于"二五"计划时期出现的国民经济失衡，中国将 1963—1965 年作为过渡时期，"三五"计划于 1966 年开始实施。

"三五"计划提出，大力发展农业，按不同的标准基本上解决人民的吃穿用问题；适当加强国防建设，努力突破尖端技术；与支援农业和加强国防相适应，加强基础工业，继续提高产品质量，增加产品品种，增加产量；使中国国民经济建设进一步建立在自力更生的基础上；相应发展交通运输业、商业、文化、教育、科学研究事业，使国民经济有重点、按比例地发展。

"三五"计划期间，各主要经济指标基本完成。农业总产值超额 2.2%，工业总产值超额 21.1%，新增主要产品能力：煤炭开采 6806 万吨，发电机组存量 860.4 万千瓦，石油开采 2777 万吨，炼钢 652.7 万吨，铁矿开采 3590.1 万吨，合成氨 244.4 万吨，化肥 204.16 万吨，水泥 1533 万吨，塑料 18.7 万吨，棉纺锭 322 万吨，化学纤维 1.23 万吨，新建铁路交付营业里程 3894 千米，新建公路 31 223 千米，沿海港口吞吐能力 1191 万吨。

（四）"四五"计划（1971—1975 年）

"四五"计划强调的关键任务包括：工农业总产值年均增长率达到 12.5%；五年合计国家预算内基本建设投资 1300 亿元；1975 年粮食产量达到 6000—6500 亿斤；棉花产量达到 6500—7000 万担；钢产量达到 3000 万吨；原煤产量达到 4—4.3 亿吨；发电量达到 2000—2200 亿千瓦时；铁路货运量达到 9—10 亿吨。到 1972 年，国民经济形势有所好转。到 1973 年，各项主要经济指标均完成或突破了计划。

（五）"五五"计划（1976—1980 年）

1975 年，中共中央制定了《1976—1980 年发展国民经济十年规划纲要（草案）》，其中对"五五"计划作出安排。"五五"计划强调的关键任务包括：粮食由 1975 年的 5690 亿斤增加到 1980 年的 6700 亿斤；棉花由 1975 年的 4760 万担增加到 1980 年的 6000 万担；钢由 1975 年的 2390 万吨增加到

1980 年的 3600 万吨；原煤由 1975 年的 4.8 亿吨增加到 1980 年的 6.5 亿吨；原油由 1975 年的 7700 吨增加到 1980 年的 1.3—1.5 亿吨；发电量由 1975 年的 1958 亿千瓦时增加到 1980 年的 3000 亿千瓦时；纱由 1975 年的 1160 万件增加到 1980 年的 1400—1450 万件；铁路货运量由 1975 年的 8.67 亿吨增加到 1980 年的 11.5—12 亿吨。

"五五"计划期间，国家预算内直接安排的基本建设投资为 1780 亿元。此后 8 年，在燃料、动力、钢铁、有色、化工、铁路、港口等方面，共新建和续建 120 个左右大型项目，包括 20 个大型水电站、8 个大型坑口火电基地、10 个大型钢铁基地、9 个技术先进的大型有色金属基地等。

（六）"六五"计划（1981—1985 年）

"六五"计划是"一五"计划后一个比较完备的、在调整中使国民经济走上稳步发展的健康轨道的五年计划。

"六五"计划确定的基本任务是：继续贯彻执行调整、改革、整顿、提高的方针，进一步解决过去遗留下来的阻碍经济发展的各种问题，取得实现财政经济情况根本好转的决定性胜利，并且为"七五"计划时期国民经济和社会发展奠定更好的基础、创造更好的条件。具体目标包括：工农业生产，在提高经济效益的前提下，计划平均每年递增 4%，在执行中争取达到 5%。大力增加适合社会现实需要的农产品、轻纺产品和其他日用工业品的生产，争取消费品供应的数量和质量同社会购买力的增长和消费结构的变化大体相适应，保持市场物价的基本稳定。努力调整重工业的服务方向和产品结构，大力降低物质消耗特别是能源消耗，使生产资料生产同消费资料生产的发展保持大体协调。有计划有重点地对现有企业进行技术改造，广泛地开展以节能为主要目标的技术革新活动，同时集中必要的资金，加强能源、交通等的重点建设，做好与"七五"计划期间的发展相衔接的工作。统一组织全国的科技力量，进行科技攻关和科技成果的推广应用。努力发展教育、科学和文化事业，促进社会主义物质文明和精神文明的建设。加强国防建设和国防工业建设，研制发展新型常规武器和战略武器，提高军队装备的现代化水平。通过发展生产，提高经济效益和适当集中资金，使国家财政收入由下降转为上升，使经济建设和文化建设的开支逐步有所增加，保证财政收支和信贷收支基本平衡。大力扩展对外贸易，有效利用国外资金，积极引进适合国内需要的先进技术，促进国内经济技术的发展。严格控制人口的增长，妥善安排城镇劳动力的就业，在生产发展和劳动生产率提高的基础上，使城乡人民的物质和文化生活继续得到改善。加强环境保护，制止环境污染的进一步发展，并使一些重点地区的环境状况有所改善。

（七）"七五"计划（1986—1990年）

"七五"计划首次将国内生产总值年增长率作为重要指标。该计划强调的主要原则和方针包括：坚持把改革放在首位，使改革和建设相互适应、相互促进。坚持社会总需求和总供给的基本平衡，保持国家财政、信贷、物资和外汇的各自平衡和相互间的综合平衡。坚持把提高经济效益特别是提高产品质量放到十分突出的位置上来，正确处理好效益和速度、质量和数量的关系。坚持适应社会需求结构的变化和国民经济现代化的要求，进一步合理调整产业结构。坚持恰当地确定固定资产投资规模，合理调整投资结构，加快能源、交通、通信和原材料工业的建设。坚持把建设重点转移到现有企业的技术改造和改建扩建上来，走内涵型扩大再生产的路子。坚持把发展科学、教育事业放到重要的战略位置上，促进科学技术进步，加快智力开发。坚持进一步对外开放，更好地把国内经济建设同扩大对外经济技术交流结合起来。坚持在发展生产和提高经济效益的基础上，进一步改善城乡人民的物质文化生活。坚持在推进物质文明建设的同时，大力加强社会主义精神文明的建设。坚持在各项事业中发扬艰苦奋斗、勤俭建国的精神。

"七五"计划期间的经济发展目标主要包括：在不断提高经济效益的前提下，五年内全国工农业总产值增长38%，平均每年增长6.7%，其中，农业总产值平均每年增长4%，工业总产值平均每年增长7.5%。五年内国民生产总值增长 44%，平均每年增长 7.5%。到 1990 年，粮食产量 42 500—45 000 万吨，棉花 425 万吨。到 1990 年，全国发电量达到 5500 亿千瓦时，全国煤炭总产量达到 10 亿吨，全国原油产量达到 1.5 亿吨，钢 5500—5800 万吨，全社会货运总量达到 94 亿吨。五年内，全社会的固定资产投资计划为 12 960 亿元，全民所有制单位的固定资产新增 6000 亿元以上。到 1990 年，进出口贸易总额比 1985 年增长 40%，在努力增加出口收汇的同时，增加非贸易外汇收入，节约使用各种外汇。到 1990 年，全国居民人均实际消费水平平均每年增长 5%。逐步实行九年制义务教育。大力发展职业技术教育，五年内各类全日制中等职业技术学校毕业生比"六五"计划期间增长 1.1 倍。

（八）"八五"计划（1991—1995 年）

"八五"计划时期，中国改革开放和现代化建设进入新的阶段。"八五"计划期间，全社会固定资产投资累计完成 3.89 万亿元，年均增长 17.9%。主要发展成果如下："八五"计划期间全部建成投产的基本建设大中型项目约为 845 个，建成投产的限额以上的重点技术改造项目约为 374 个。"八五"计划期间，公路新增 10.5 万千米，其中，高速公路 1600 多千米，新建机场 12 个，新建铁路干线 5800 千米，复线 3400 千米，电气化 2600 千米，铺设长途光缆干线 10 万千米，电话交换机总容量新增 5895 万门。发电装机总容量新增 7500 万千瓦，发电量年均增长 9%。"八五"计划期间，第一产业产值年均增长 4.1%，第二产业产值年均增长 17.3%，第三产业产值年均增长 9.5%，经济年均增长速度 11%左右。经济体制改革取得突破性进展，以分税制为核心的新财政体制、以增值税为主体的新税制已经基本建立并正常运行。政策性金融和商业性金融初步分开，汇率顺利并轨，新的宏观经济调控框架初步建立，市场在资源配置中的作用明显增强，以公有制为主体、多种经济成分共同发展的所有制结构已经形成。中国对外开放的县市超过 1100 个，兴办了一大批经济开发区和 13 个保税区。对外贸易总额累计达 10 145

亿美元，年均增长 19.5%，高于"六五"计划时期的 12.8% 和"七五"计划时期的 10.6%。年出口额已突破 1000 亿元，占世界商品贸易比重从"七五"计划时期的 1.6% 增加到 3%。1995 年，中国进出口贸易总额居世界第 11 位。国家外汇储备达到 736 亿美元，比"七五"计划末期的 111 亿美元增加 5.6 倍。社会商品零售总额累计达 67 275 亿元，扣除物价因素，年均增长 10.6%。1995 年年底，城乡居民储蓄余额接近 3 万亿元。城乡新建住房面积 43 亿平方米，广播和电视人口覆盖率分别达到 78.7% 和 84.8%。贫困人口由 20 世纪 80 年代末的 8500 万人减少到 6500 万人。人口自然增长率由 1990 年的 14.39‰降到 1995 年的 10.55‰。

国民经济持续快速增长。1995 年，中国的国民生产总值达到 57 600 亿元，扣除物价因素，是 1980 年的 4.3 倍。"八五"计划时期，中国一些主要产品的产量稳步增长。总量居世界第一位的有煤炭、水泥、棉布、电视机、粮食、棉花、肉类；居世界第二位的是钢和化学纤维；发电量居世界第三位。

(九)"九五"计划（1996—2000 年）

这是中国社会主义市场经济条件下的第一个中长期计划，是一个跨世纪的发展规划。主要目标包括：全面完成现代化建设的第二步战略部署。到 2000 年，将中国人口总量控制在 13 亿以内。实现人均国民生产总值比 1980 年翻两番。基本消除贫困现象，人民生活达到小康水平。加快现代企业制度建设，初步建立社会主义市场经济体制。为 21 世纪初开始实施第三步战略部署奠定更好的物质技术基础和经济体制基础。

(十)"十五"计划（2001—2005 年）

"十五"计划期间，经济社会发展的主要目标包括：经济增长速度为年均 7% 左右，到 2005 年，按 2000 年价格计算的国内生产总值达到 12.5 万亿元左右，人均国内生产总值达到 9400 元。五年城镇新增就业和转移农业劳动力各达到 4000 万人，城镇登记失业率控制在 5% 左右。价格总水平基本稳定，国际收支基本平衡。产业结构优化升级，国际竞争力增强。2005 年，实现第一、二、三产业增加值占国内生产总值的比重分别为 13%、51% 和 36%，从业人员占全社会从业人员的比重分别为 44%、23% 和 33%。国民经济和社会信息化水平显著提高。基础设施进一步完善。地区间发展差距扩大的趋势得到有效控制，城镇化水平有所提高。2005 年，全社会研究与开发经费占国内生产总值的比例提高到 1.5% 以上，科技创新能力增强，技术进步加快。2005 年，初中毛入学率达到 90% 以上，高中阶段教育和高等教育毛入学率力争分别达到 60% 左右和 15% 左右。人口自然增长率控制在 9‰ 以内，2005 年全国总人口控制在 13.3 亿人以内。资源节约和保护取得明显成效。森林覆盖率提高到 18.2%，城市建成区绿化覆盖率提高到 35%。城乡环境质量改善，主要污染物排放总量比 2000 年减少 10%。城镇居民人均可支配收入和农村居民人均纯收入年均增长 5% 左右。2005 年，城镇居民人均住宅建筑面积增加到 22 平方米，全国有线电视入户率达到 40%。城市医疗卫生服务水平和农村医疗服务设施继续改善。

（十一）"十一五"计划（2006—2010 年）

"十一五"计划期间，经济社会发展的主要目标包括：经济增长方面，国内生产总值年均增长 7.5%，从 2005 年的 18.2 万亿元增长到 2010 年的 26.1 万亿元。人均国内生产总值从 2005 年的 13 985 元增长到 2010 年的 19 270 元，年均增长 6.6%。

经济结构方面，服务业增加值比重从 2005 年的 40.3% 增加到 2010 年的 43.3%。服务业就业比重从 2005 年的 31.3% 增加到 2010 年的 35.3%。研究与试验发展经费支出占国内生产总值的比重从 2005 年的 1.3% 增加到 2010 年的 2%。城镇化率从 2005 年的 43% 增加到 2010 年的 47%。

人口、资源、环境方面，全国总人口控制在 13.6 亿。单位国内生产总值能源消耗降低 20% 左右。单位工业增加值用水量降低 30%。农业灌溉用水有效利用系数从 2005 年的 0.45 增加到 2010 年的 0.5。工业固体废物综合利用率从 2005 年的 55.8% 增加到 2010 年的 60%。耕地保有量保持 1.2 亿公顷。主要污染物排放总量减少 10%。森林覆盖率从 2005 年的 18.2% 增加到 2010 年的 20%。

公共服务、人民生活方面，国民平均受教育年限增加到 9 年。城镇基本养老保险覆盖人数从 2005 年的 1.74 亿人增加到 2010 年的 2.23 亿人。新型农村合作医疗覆盖率提高到 80% 以上。五年城镇新增就业 4500 万人。五年转移农业劳动力 4500 万人。城镇登记失业率控制在 5%。城镇居民人均可支配收入在五年内年均增长 5%，从 2005 年的 10 493 元增加到 2010 年的 13 390 元。农村居民人均纯收入在五年内年均增长 5%，从 2005 年的 3255 元增加到 2010 年的 4150 元。

（十二）"十二五"计划（2011—2015 年）

"十二五"计划提出的主要目标包括：国内生产总值年均增长 7%；城镇居民人均可支配收入和农村居民人均纯收入分别年均增长 7% 以上；研究与试验发展经费支出占国内生产总值比重达到 2.2%；全国总人口控制在 13.9 亿人以内；加大收入分配调节力度；扭转城乡、区域、行业和社会成员之间收入差距扩大趋势；加强反腐倡廉建设，加快经济结构调整，应对复杂发展形势；加强环境保护工作；城镇化率达到 51.5%；战略性新兴产业增加值占国内生产总值比重达到 8% 左右；引导外资更多投向现代农业、高新技术、节能环保等领域；加快沿海地区从全球加工装配基地向研发、先进制造和服务基地转变；在确保安全的基础上高效发展核电；重点推进西南地区大型水电站建设；快速铁路网营业里程达 4.5 万千米；高速公路网通车里程达 8.3 万千米；建设北京新机场；为低收入群体建造城镇保障性住房 3600 万套。

（十三）"十三五"规划（2016—2020 年）

"十三五"规划提出的主要目标包括：经济保持中高速增长，在提高发展平衡性、包容性、可持续性基础上，到 2020 年国内生产总值和城乡居民人均收入比 2010 年翻一番，主要经济指标平衡协调，发展质量和效益明显提高。产业迈向中高端水平，农业现代化进展明显，工业化和信息化融合发展水平进一步提高，先进制造业和战略性新兴产业加快发展，新产业新业态不断成长，服务业比重进一步提高。创新驱动发展成效显著，创新驱动发展战略深入实施，创业创新蓬勃发展，全要素生产率明显提高。科技与经济深度融合，创新要素配置更加高效，重点领域和关键环节核心技术取得重大突破，自主创新能力全面增强，迈进创新型国家和人才强国行列。发展协调性明显增强，消费对经济增长贡献继续加大，投资效率和企业效率明显上升。城镇化质量明显改善，户籍人口城镇化率加快提高。区域协调发展新格局基本形成，发展空间布局得到优化。对外开放深度广度不断提高，全球配置资源能力进一步增强，进出口结构不断优化，国际收支基本平衡。人民生活水平和质量普遍提高，就业、教育、文化体育、社会保障、医疗、住房等公共服务体系更加健全，基本公共服务均等化水平稳步提高。教育现代化取得重要进展，劳动年龄人口受教育年限明显增加。就业比较充分，收入差距缩小，中等收入人口比重上升。中国现行标准下农村贫困人口实现脱贫，贫困县全部摘帽，解决区域性整体贫困。国民素质和社会文明程度显著提高，"中国梦"和社会主义核心价值观更加深入人心，爱国主义、集体主义、社会主义思想广泛弘扬，向上向善、诚信互助的社会风尚更加浓厚，国民思想道德素质、科学文化素质、健康素质明显提高，全社会法治意识不断增强。公共文化服务体系基本建成，文化产业成为国民经济支柱性产业。中华文化影响持续扩大。生态环境质量总体改善，生产方式和生活方式绿色、低碳水平上升。能源资源开发利用效率大幅提高，能源和水资源消耗、建设用地、碳排放总量得到有效控制，主要污染物排放总量大幅减少。主体功能区布局和生态安全屏障基本形成。各方面制度更加成熟更加定型，国家治理体系和治理能力现代化取得重大进展，各领域基础性制度体系基本形成。人民民主更加健全，法治政府基本建成，司法公信力明显提高。人权得到切实保障，产权得到有效保护。开放型经济新体制基本形成。中国特色现代军事体系更加完善。党的建设制度化水平显著提高。

中国国家发改委2016年12月印发《可再生能源发展"十三五"规划》。主要内容包括：

截至2015年年底，全国水电装机容量为3.2亿千瓦，风电、光伏并网装机容量分别为1.29亿千瓦、4318万千瓦，太阳能热利用面积超过4.0亿平方米，应用规模均位居全球首位。全部可再生能源发电量1.38万亿千瓦时，约占全社会用电量的25%，其中非水可再生能源发电量占5%。

到2020年，基本查清全国地热能资源情况和分布特点，重点在华北地区、长江中下游地区主要城市群及中心城镇开展浅层地热能资源勘探评价，在松辽盆地、河淮盆地、江汉盆地、环鄂尔多斯盆地等未来具有开发前景且勘察程度不高的典型传导型地热区开展中深层地热资源勘察工作，在青藏高原及邻区、东南沿海、河北等典型高温地热系统开展深层地热资源勘察。建立国家地热能资源数据和信息服务体系，完善地热能基础信息数据库，对地热能勘察和开发利用进行系统监测。

到2020年，全部可再生能源发电装机容量6.8亿千瓦，发电量1.9万亿千瓦时，占全部发电量的27%。

（十四）"十四五"规划（2021—2025年）

《中华人民共和国国民经济和社会发展第十四个五年规划和2035年远景目标纲要》包括19篇65章，其中，"十四五"时期经济社会发展主要目标包括：经济发展取得新成效、改革开放迈出新步伐、社会文明程度得到新提高、生态文明建设实现新进步、民生福祉达到新水平、国家治理效能得到新提升等六个主要方面。

　　具体目标包括：加快构建以国内大循环为主体、国内国际双循环相互促进的新发展格局。基础研究经费投入占研发经费投入比重提高到 8% 以上。推动共建"一带一路"高质量发展。非化石能源占能源消费总量比重提高到 20% 左右。聚焦新一代信息技术、生物技术、新能源、新材料、高端装备、新能源汽车、绿色环保以及航空航天、海洋装备等战略性新兴产业，加快关键核心技术创新应用，增强要素保障能力，培育壮大产业发展新动能。构建快速网，基本贯通"八纵八横"高速铁路，完善综合运输大通道，加强出疆入藏、中西部地区、沿江沿海沿边战略骨干通道建设。新增民用运输机场 30 个以上。完善技术创新市场导向机制，强化企业创新主体地位，促进各类创新要素向企业集聚，形成以企业为主体、市场为导向、产学研用深度融合的技术创新体系。完善激励科技型中小企业创新的税收优惠政策。瞄准人工智能、量子信息、集成电路、生命健康、脑科学、生物育种、空天科技、深地深海等前沿领域，实施一批具有前瞻性、战略性的国家重大科技项目。全面取消城区常住人口 300 万以下的城市落户限制，全面放宽城区常住人口 300 万至 500 万的 I 型大城市落户条件；加快农业转移人口市民化，健全农业转移人口市民化配套政策体系；以城市群、都市圈为依托促进大中小城市和小城镇协调联动。

第十四章 经济模式

在政治领域，设计一个能够切实增进民生福祉的政治经济体系，或许是政治家需要解决的核心议题之一。中国取得显著成就与以下三个因素密切相关：第一，借鉴国际先进经验；第二，构建高效的行政体系，确保政策执行有力；第三，培育并汇聚一大批具有高度积极性与竞争力的优秀人才。在全球化背景下，全球经济竞争已不再局限于国家治理层面，人力资源质量与文化软实力同样是关键因素。任何致力于推动经济持续增长的国家，都必须对这些要素予以重视，全面统筹规划，方能在激烈的国际竞争中占据优势。

一、中国经济概况

中国在全球经济中日益发挥着典范作用。过去，自由市场和金融资本主义常被视为推动经济增长的唯一路径，如今，这一观点受到了冲击。中国的发展实践为世界提供了具有说服力与挑战性的全新选项。

（一）人口与就业

2021 年，中国第七次人口普查结果显示，中国人口总量约为 14.4 亿人。

中国领导人高度关注就业市场，努力为近 9 亿劳动年龄人口以及每年进入就业市场的高校毕业生创造就业机会。同时，积极为日益增多的退休人员提供相应的就业支持，推动人力资源的充分利用与社会的和谐发展。

中国失业率数据取自劳动力调查。2005 年，国家统计局着手构建全国劳动力调查制度，执行一年两次的调查频率。2016 年，国家统计局进一步开展全国月度劳动力调查，调查范围覆盖全国所有地级市（州、盟）。

依据相关标准，失业人员被界定为处于劳动年龄区间内，具备劳动能力，当前处于无工作状态，且通过各类途径积极寻找工作的人员。这一群体涵盖就业转失业人员，以及新生劳动力中尚未实现就业的人员。

（二）中国的经济发展成就

20 世纪 80 年代，中国人均国内生产总值低于印度。如今，中国稳居世界第二大经济体。

在中国经济不断发展的同时，中国领导人始终将确保经济增长切实惠及人民、实现发展成果由人民共享作为奋斗的目标。改革开放以来，中国 7.7 亿农村贫困人口摆脱绝对贫困。根据 2015 年联合国开发计划署的统计，中国对世界减贫贡献率超过 70%，在人类减贫史上留下了浓墨重彩的一笔。短短 40 余年，中国在经济社会多个领域成功实现转型发展，中国特色社会主义市场经济体制不断完善。

2023 年，中国国内生产总值超过 126 万亿元，人均国内生产总值从 1978 年的 381 元增长到 2023 年的 89 358 元。[1] 中国居民储蓄率全球最高，1978 年占国内生产总值的 39.3%，2023 年占国内生产总值的 44.4%。[2] 中国是世界第一制造业大国（2022 年全球制造业占比排名依次为：中国

---

〔1〕《2023 年国内生产总值超 126 万亿元！》，https://news. cnr. cn/native/gd/20240229/t20240229_526612536. shtml。

〔2〕《国内总储蓄（占 GDP 的百分比）-China》，https://data. worldbank. org. cn/indicator/NY. GDS. TOTL. ZS? locations＝CN。

30.7%，美国 16.1%，日本 6%，德国 4.8%，韩国 3.1%）。[1] 中国将创新置于现代化建设全局中的核心地位，充分发挥科技创新对高质量发展的支撑作用，促进服务型经济发展。目前，中国稳居世界第二大研发投入国，超过欧盟国家平均水平。[2]

二、中国的经济体系与西方的假设

尽管部分西方分析人士、政界人士及经济学领域的专家学者在如何将中国精准纳入现有经济体系类别这一问题上仍存争议，但毋庸置疑的是，中国所取得的巨大发展成就不仅极大地造福了本国人民，也为世界发展作出了积极贡献，这一点已获得广泛的共识。

冷战结束后，一些西方国家曾断言，西方自由主义的"胜利"乃是历史演进的终点，象征着人类政治与经济模式的终极形态，意味着人类社会文明演变的终结。然而，部分西方经济学家虽目睹了经济增长的表象，却对多数西方国家公民未能充分共享这一增长成果的现实选择忽视。与之形成鲜明对比的是，中国迅速洞察到，苏联解体及冷战结束，并非代表西方自由主义的胜利，实则是苏联模式的失败。这促使中国在坚持自身发展道路的基础上，不断探索适合本国国情的发展模式，走出了一条独具特色的中国特色社会主义道路，在经济、社会、民生等各个领域取得了举世瞩目的成就，为全球发展提供了全新的思路与借鉴。

〔1〕《联合国工业发展组织〈2023 国际工业统计年鉴〉摘要》，https://www.unido-itpo-shanghai.cn/newsinfo/891524.html。

〔2〕《国家创新调查显示：我国稳居世界第二大研发投入国》，https://www.gov.cn/xinwen/2023-02/22/content_5742661.htm。

"作为一个美国人，我强烈感到我们的市场经济模式是失败的。"——约瑟夫·斯蒂格利茨（Joseph E. Stiglitz）

经济自由主义秉持自由化与私有化理念，对政府介入经济与市场监管的必要性持怀疑态度。但实际上，政府机构在经济运行中扮演着不可或缺的角色。政府通过制定市场规则并实施必要监管，有力地维护和强化了自由与公平竞争的原则。这种监管机制能够有效防止垄断，避免市场陷入无序竞争的混乱局面，从而保障市场的健康有序发展。关于市场机制这只"看不见的手"，诸多论述已充分阐释了它如何精妙地协调数百万生产者与消费者的决策，进而实现资源的高效配置。然而，我们必须清醒地认识到，经济运行并非仅仅依靠这只"看不见的手"就能顺利完成。法律、制度以及政府机构同样发挥着关键作用。法律为市场主体的行为划定边界，提供基本的行为准则；制度则构建起稳定的经济秩序框架，确保市场活动有章可循；政府机构通过宏观调控与微观监管，弥补市场机制的固有缺陷，促进经济的平稳运行与可持续发展。它们共同构成了经济健康发展的保障体系，与市场机制相互配合、协同发力，推动经济社会发展。

三、激进主义与渐进主义

（一）"休克疗法"

"休克疗法"倡导者的核心观点是推行迅速且激进的新自由主义经济改革，他们认为，改革成功的一个关键在于能够快速采取一系列措施来实现宏观经济的稳定，更重要的是，在微观经济领域要能迅速形成真正的市场力量，达到竞争的临界点。这意味着要快速推进私有化、自由化等改革措施，打破原有的经济格局，让市场机制在资源配置中迅速发挥基础性作用，促使企业等微观经济主体在激烈的市场竞争中自我调整和优化，提高经济效率。一旦市场力量被引入，相关机构就需要进行改革以适应新的经济条件。

"休克疗法"一词源于米尔顿·弗里德曼（Milton Friedman）的"休克政策"。"休克疗法"在20世纪八九十年代被多个国家采用，1985年在玻利维亚，1990年在波兰，1991年在保加利亚，1992年在俄罗斯、阿尔巴尼亚和爱沙尼亚，1993年在拉脱维亚等国均有实施。2014年，乌克兰也曾被建议采用"休克疗法"。

在苏联解体后的一些东欧国家实施"休克疗法"五年后，西方国家普遍认为，俄罗斯、波兰、斯洛文尼亚和爱沙尼亚等采用"休克疗法"的国家，似乎证明了激进改革、"迅速过渡到西欧模式的'正常'资本主义"是经济转型的正确途径。这些国家可能在经济自由化、市场化等方面取得了在一定程度上来说较为快速的进展，符合西方对于快速建立资本主义经济模式的预期。

相比之下，匈牙利、保加利亚、罗马尼亚、乌兹别克斯坦和白俄罗斯等采取渐进式改革举措的国家，则被认为进展较为滞后。从西方的视角来看，这些国家在经济转型的速度上可能没有达到他们的预期，在市场机制建立、经济结构调整等方面可能显得较为缓慢。

（二）渐进主义

渐进主义的倡导者认识到，政府在解决经济发展诸多问题的进程中，始终扮演着不可或缺的关键角色。他们强调，有条不紊地推进改革，并同步构建与之适配的体制机制，应当成为改革进程中的优先考量。在这一理念下，为市场经济奠定坚实的制度基础被视为首要任务，而实现私有化则被置于相对次要的位置。

中国正是深度践行了渐进主义的方法，以逐步、稳妥、递进的方式进行经济改革，这种审慎的改革方式使政府能够依据经济形势的实时反馈，灵活且及时地调整政策，同时在实践过程中不断积累宝贵经验。在改革过程中，中国尤为注重充分且有效地发挥中央政府的关键作用。中央政府凭借其强大的统筹协调能力，从宏观层面规划改革蓝图，把控改革节奏，确保各项改革举措相互衔接、协同推进。通过这种方式，中国既维持了经济社会的稳定发展，又稳步推动了市场经济体制的逐步完善，在经济改革领域取得了举世瞩目的成就。

（三）持续的适应性

"凡益之道，与时偕行。"相较于 100 年前、70 年前、50 年前、20 年前乃至 10 年前，如今的中国，社会的方方面面都已焕然一新，中国经济更是循序渐进地实现了转型发展。

多数国家在特定历史时期凭借特定策略取得一定发展成果后，往往会形成路径依赖，将该模式固化延续，一以贯之地应用在后续发展进程中，认为过往成功范式在未来仍能屡试不爽。但中国在发展过程中清醒地认识到，彼时适用的方法，因时移世易、发展环境变化，未必能在未来继续发挥其效能。鉴于此，每个发展阶段都需要作出相应的制度安排与政策规划。在推进改革与发展的进程中，中国一方面注重政策连续性，确保发展的稳定性与可持续性；另一方面，紧扣不同阶段的发展脉搏，精准识别并把握各时期的发展特征，灵活调整发展政策，展现出卓越的政策适应性。这种与时俱进的特质赋予中国持续自我革新、自我完善的能力。从这个角度来看，中国始终在改革之路上步履不停，持续释放着蓬勃的发展活力与创新潜能。

四、中国的经济建设

（一）新发展理念

正确的发展理念和发展模式是解决经济问题的基础和关键。发展理念正确与否，关乎发展的效果，乃至发展的成败。

创新、协调、绿色、开放、共享的新发展理念是在把握发展规律、深刻分析国内外发展大势基础上形成的，是针对中国发展中面临的突出问题和挑战提出的战略指引。新发展理念的主要内涵包括：创新是引领发展的第一动力，创新发展是推动高质量发展、实现人民高品质生活、构建新发展格局、全面建设社会主义现代化国家的需要，坚持创新发展，必须把创新摆在国家发展全局的核心位置。协调是持续健康发展的内在要求，协调发展强调正确处理发展中的重大关系，不断增强发展的整体性协调性。绿色是永续发展的必要条件和人民对美好生活追求的重要体现，绿色发展注重解决人与自然和谐共生问题，走生态优先、绿色低碳的高质量发展道路，形成节约资源和保护环境的空间格局、产业结构、生产方式、生活方式。开放是国家繁荣发展的必由之路，开放发展的核心是解决发展内外联动问题，目标是提高对外开放质量、发展更高层次的开放型经济。共享是中国特色社会主义的本质要求，共享发展注重的是解决社会公平正义问题。新发展理念要求推动经济发展质量变革、效率变革、动力变革，不断增强经济创新能力和竞争力。

（二）从高速发展转向高质量发展

"十三五"规划时期，中国经济发展的显著特征是进入新常态。新常态是中国经济向形态更高级、分工更优化、结构更合理的阶段演进的必经过程，是经济发展达到一定阶段时的客观状态。推动国家经济发展的逻辑是适应、把握和引领这个新常态。新常态下，经济发展的环境、条件、任务和要求都发生新的变化，如：经济增长速度从高速转向中高速，经济增长方式从规模速度型转向质量效率型，经济结构从增量扩能为主转向调整存量、做优增量并举，发展动力从主要依靠资源和劳动力等要素投入转向创新驱动等。

高质量发展是能够满足人民日益增长的美好生活需要的发展，是体现新发展理念的发展，是创新成为第一动力、协调成为内生特点、绿色成为普遍形态、开放成为必由之路、共享成为根本目的的发展。推动高质量发展是当前和今后一个时期，中国确定发展思路、制定经济政策、实施宏观调控的要求，因此，中国正加快形成推动高质量发展的指标体系、政策体系、标准体系、评价考核体系，推动中国经济在实现高质量发展上不断取得新进展。

对于中国这样一个人口众多、经济体量如此庞大的国家来说，要改变经济发展模式，实现由高速发展向高质量发展的转型，是极具挑战性的，不仅要保持经济稳定增长，还要全面优化经济结构，提升人力资本水平，持续增强国家治理能力。

（三）政府与市场

社会主义市场经济体制改革的核心问题是处理好政府与市场的关系。

1992 年，中国提出"使市场在社会主义国家宏观调控下对资源配置起基础性作用"。2002 年，中国提出"在更大程度上发挥市场在资源配置中的基础性作用"。2013 年，中国提出"使市场在资源配置中起决定性作用和更好发挥政府作用"。

市场在资源配置中起决定性作用，这是市场经济运行的基本规律。中国为健全社会主义市场经济体制，始终遵循此规律，充分释放市场活力，借助市场这只"看不见的手"，精准引导资源流向，实现效益最大化，赋予企业和个人更为广阔的财富创造空间与活力源泉。与此同时，中国着力解决市场体系不健全、政府干预过度及监管缺位等问题，持续优化市场环境。需要明确的是，市场在资源配置中起决定性作用，并不意味着包揽一切。中国的社会主义市场经济体制，在充分发挥市场作用的同时，还充分发挥政府在维持宏观经济稳定、优化公共服务供给、营造公平竞争的市场环境、加强市场监管力度、维护市场秩序、推动经济社会可持续发展、促进共同富裕等方面的职能，弥补市场机制固有缺陷。在社会主义市场经济体制下，市场与政府并非相互对立、相互否定，而是有机统一、相辅相成，共同在资源配置中发挥

作用。

（四）公有制经济和非公有制经济

公有制经济和非公有制经济都是社会主义市场经济的重要组成部分，是中国经济社会发展的重要基础。

在公有制经济领域，中国充分发挥国有经济战略支撑作用，不断深化国有企业改革，积极推进混合所有制经济发展，着力培育一批在全球市场中具备较强竞争力的世界一流企业，不断推动国有资本做强做优做大，巩固和发展公有制经济，同时，毫不动摇地鼓励、支持、引导非公有制经济发展，激发各类市场主体活力和创造力。

（五）供给侧结构性改革

推进供给侧结构性改革，是在全面分析中国经济阶段性特征的基础上调整经济结构、转变经济发展方式的治本良方，是培育增长新动力、形成先发新优势、实现创新引领发展的必然要求。

供给和需求是市场内部辩证关系的两个基本方面，既对立又统一。没有需求，供给无法实现，新的需求可以催生新的供给；没有供给，需求无法满足，新的供给可以创造新的需求。供给侧结构性改革和需求侧管理是中国调控宏观经济的两个基本手段。需求侧管理重在解决总量性问题，注重短期调控；供给侧结构性改革重在解决结构性问题，注重激发经济增长动力。

当前和今后一个时期，中国经济发展的制约因素，供给和需求两侧都有，但矛盾的主要方面在供给侧。中国正在持续深入推进供给侧结构性改革，努力实现从低水平供需平衡到高水平供需平衡的跃升，其根本目的是提高供给质量，使供给能力更好满足人民日益增长的物质文化需要。

为此，中国践行的关键举措包括：推动产能过剩行业加快出清，降低全社会各类营商成本，填补发展短板。增强微观主体发展活力，充分调动企业与企业家干事创业的积极性、主动性和创造性。保障企业和企业家的合法权益，加快构建公平、开放、透明的市场规则，打造市场化、法治化、国际化的营商环境。发挥技术创新的核心引领作用，结合人口与市场规模优势，推动产业转型升级。大力培育和发展新兴产业集群，促进产业整体迈向全球价值链中高端水平，提升中国产业在国际市场的竞争力与话语权。畅通国民经济循环，加快建设统一开放、竞争有序的现代市场体系，促进商品和要素自由流动、高效配置。深化金融体制改革，强化金融服务实体经济能力，形成金融与实体经济相互促进、良性循环的发展格局。

（六）中国中西部地区

中国西部地区涵盖陕西省、甘肃省、青海省、四川省、云南省、贵州省、内蒙古自治区、宁夏回族自治区、新疆维吾尔自治区、西藏自治区、广西壮族自治区、重庆市。相较于东部地区，西部地区有着得天独厚的发展优势。这里自然资源丰富，劳动力资源充沛，投资成本相对较低，市场潜力巨大。基于这些优势，西部地区堪称中国经济发展的"储备力量"，在中国经济社会发展全局中具有十分重要的战略地位。

20世纪80年代，邓小平提出了具有深远意义的"两个大局"战略构想。其中一个大局聚焦于沿海地区，强调要加快对外开放步伐，使其能够较快地先发展起来，中西部地区要顾全这个大局。另一个大局是当沿海地区发展到一定阶段，就要拿出更多力量帮助中西部地区加快发展，东部沿海地区也要服从这个大局。

1999年，中共十五届四中全会正式提出实施西部大开发战略。此前，沿海地区凭借政策优势与地理区位条件实现了快速发展，成为拉动中国经济持续高速增长的引擎。同样，西部地区的大规模开发将为沿海地区提供广阔的市场和发展空间，为国家经济增添更大繁荣。为助力西部大开发，中国政府在资源分配上作出调整，将基础设施投资重心逐步向中西部地区转移，加大对西部地区交通、能源、水利等基础设施建设的投入，改善当地的生产生活条件。同时，中国政府出台一系列政策举措，改善西部地区投资环境，吸引国内外资金、技术、人才加速涌入，为西部地区发展注入强劲动力。中国制定并公布中西部地区外商投资优势产业目录，进一步推动区域协调发展。截至 2022 年年末，东部地区国家级经济技术开发区与中西部地区国家级经济技术开发区开展合作共建、国家级经济技术开发区对口援疆援藏援助边（跨）境合作区数量比上年增加 126 个。中国还缩减外资准入负面清单，修订鼓励外商投资产业目录，使更多符合中国国民经济社会高质量发展方向的外商投资能够享受税收等优惠政策。

中国政府认识到，即便在同一国家内部，区域发展也不能一概而论。由于区域特性存在差异，东部地区的发展方式难以在西部地区简单复制。东部与西部地区在发展条件、环境因素上存在显著不同，这些差异决定了发展路径必须因地制宜。西部地区作为长江、黄河、珠江等大江大河发源地，在维护国家生态平衡、保障中下游重要水域经济安全方面发挥着重要作用。基于此，中国高度重视西部地区的生态保护与建设，强调以高水平保护支撑高质量发展，进而以高质量发展创造高品质生活，推动西部地区实现经济发展与生态保护的良性互动。

（七）建设现代化经济体系

现代化经济体系是由社会经济活动各个环节、各个层面、各个领域的相互关系和内在联系构成的一个有机整体。中国的现代化经济体系借鉴了发达国家有益做法，同时更加符合中国国情、具有中国特色。

建设现代化经济体系，要建设创新引领、协同发展的产业体系，建设统一开放、竞争有序的市场体系，建设体现效率、促进公平的收入分配体系，建设彰显优势、协调联动的城乡区域发展体系，建设资源节约、环境友好的绿色发展体系，建设多元平衡、安全高效的全面开放体系，建设充分发挥市场作用、更好发挥政府作用的经济体制。为此，中国主要采取以下措施：

第一，推动数字经济与实体经济深度融合，引导资源要素向实体经济汇聚，促进政策举措向实体经济精准发力、靶向施策，全方位筑牢实体经济根基，系统性提升金融服务实体经济的效能与质量。

第二，加快实施创新驱动发展战略，加强创新对现代化经济体系的战略支撑，使中国的科技实力从量的积累迈向质的飞跃、从点的突破迈向系统能力提升；构建国家创新体系，实现高水平科技自立自强；加快关键核心技术自主创新，牢牢把握创新和发展主动权，培育经济发展新动能。

第三，优化现代化经济体系空间布局，促进城乡融合和区域协调，培育区域优势，加强区域互补，补齐发展短板，形成彰显优势、协调联动的区域发展格局；实施新型城镇化战略和乡村振兴战略，建立健全城乡一体化发展格局。

第四，推动完善社会主义市场经济体制，为建设现代化经济体系提供制度保障，着力破解体制机制障碍，有效激发创新创业活力，真正实现要素自由流动、价格反应灵活、竞争公平有序、企业优胜劣汰。

第五，推动全球经济治理体系改革和完善，推动国际经济秩序朝着平等公正、合作共赢的方向发展。

邓小平将经济改革形象地阐述为"摸着石头过河"。这一比喻蕴含着深刻的方法论意义，当面临经济改革这一复杂艰巨的任务时，就如同一个人准备渡河，却缺少有关河中石头分布的精确地图，亦不清楚哪些石头能用于过河、应如何借助这些石头过河。在这一过程中，需要密切关注脚下每一块石头的情况，以此为基础，谨慎探寻下一块可供立足的石头。这意味着，在改革进程中，即便明确了总体方向，但由于改革面临的复杂环境与未知因素，实际推进路线会因不断涌现的新情况、新问题而进行动态调整。但是，只要始终秉持着坚定的改革决心，灵活调整策略，不断探索前行，最终必定能够达成改革的既定目标。

相较于"休克疗法"这种较为激进的转型路径，中国采取的分阶段转型策略，催生出一个计划与市场并存的特殊发展阶段。在此期间，计划机制与市场机制相互补充、相互调适，有效规避了因体制急剧切换引发的经济动荡与社会失序风险，使转型进程在平稳有序的轨道上稳步推进。

中国在改革初期提出的要素条件具备高度的准确性与正确性：第一，中国作出开放市场的承诺，在起始阶段，着重聚焦于完善对企业管理者的激励机制，以激发企业内生动力与创新活力。第二，中国并未急于以市场全盘取代计划，而是采取稳健、渐进的方式，推动二者逐步融合。在这一模式下，初期多数企业需要同时应对计划与市场两种机制。这种维持计划体制运行的同时允许市场机制发展的模式，塑造了一种双赢格局，兼顾了经济平稳过渡与市场活力激发。

回头来看，中国秉持循序渐进、"摸着石头过河"的策略，精准把握了改革节奏与力度，成功探索出一条逻辑连贯、特色鲜明的经济改革道路，为国家经济社会发展奠定了坚实基础。

五、公有制和非公有制

第四次工业革命带来的新技术、新趋势，如物联网、机器人、虚拟现实和人工智能等，正在改变人们的生产生活方式，重塑着全球格局。

（一）公有制

在西方经济学的理论框架下，政府深度介入经济活动常被视作具有负面效应，甚至会对经济发展产生不利影响。与之形成对比的是，中国积极探索并构建起全新的经济发展模式。在此模式下，通过科学的顶层设计、政策引导与资源调配，成功实现资本、劳动力等各类生产要素的高效配置，使其与国家长远发展规划紧密契合，形成有机协同的合力，推动经济稳健、高质量发展。市场不再仅仅遵循自发调节的逻辑、充当隐匿于经济活动背后的"看不见的手"，也并非仅仅服务于市场主体孤立的自我实现诉求，而是被塑造成促进经济合理布局与整体发展的有力工具。

在这一进程中，公有制企业凭借自身资源、规模与组织优势，积极配合政府各项改革举措的落地实施，其作用得到进一步强化。与此同时，新崛起的以消费为导向的经济形态，对市场的灵活性与响应速度提出了更高要求。非公有制企业凭借其产权清晰、机制灵活、决策高效等特点，能够敏锐捕捉消费市场的细微变化，迅速调整生产与经营策略，因此也在改革的浪潮中获得了广阔的发展空间，实现了自身的蓬勃成长与壮大。

中国主要有三种类型的经济活动：一是在涉及国家重要物资调配和大型建设项目等的关键领域，实施指令性计划经济活动；二是指导性计划经济活动；三是市场调节的经济活动。

中国政府推动公有制企业在规模拓展、实力增强及效能提升等方面实现突破，尤其是国防、能源、石化、电信、航空、铁路等战略性行业的公有制企业，因其关乎国家经济安全、民生福祉与综合国力。

（二）非公有制

在过去 40 余年里，中国卓有成效地推进了市场化改革，包括实行家庭联产承包责任制、发展乡镇企业、推进价格改革、国有企业战略性重组、发展非公有制经济等。20 世纪 80 年代初以来，市场在中国经济体系中的作用增强，非公有制经济在市场中的活力与潜力也得到释放，部分商品、服务和生产要素的定价权逐渐从由政府主导过渡至由市场供求关系自主调节。

在日益市场化的环境下，非公有制经济已成为促进经济增长、带动就业和扩大出口的主要动力。其对中国经济社会发展的贡献常用"五六七八九"来形容，即占税收比重超过 50%，占国内生产总值比重超过 60%，占技术创新成果比重超过 70%，占城镇就业比重超过 80%，占企业数量比重超过 90%。[1] 非公有制经济得以蓬勃发展，主要有三个方面的因素：国家政策的适时调整，企业自身高度灵活的特性，金融业的日益发展。

国家政策的适时调整。1988 年，《私营企业暂行条例》发布，允许成立私营企业。1993 年，第八届全国人民代表大会一次会议通过《中华人民共和国宪法修正案》，第一次从根本上确立了家庭联产承包责任制的法律地位。同年，《公司法》颁布。2006 年，《公司法》中新增关于一人有限责任公司的规定。中国对非公有制经济的开放程度逐步扩大。

企业自身高度灵活的特性。企业通过提高生产效率和优化资源要素配置效率来提高资产回报率。20 世纪 80 年代的乡镇企业改革使其能够保留越来越多的利润份额，这一变化使得乡镇企业在发展过程中有了更多可自主支配的资金，从而对国家预算内资金的依赖程度降低，直接表现为国家预算内资金对乡镇企业的投资份额下降。在当时的时代背景下，民营企业凭借自身灵活的经营机制与高效的管理模式，创造出了更为可观的资产回报率。这些企业将大部分利润用于再投资，为企业的扩大与升级提供了支撑。如此一来，民营企业在资产规模与产出水平上的增长速率，相较于国有企业更为迅猛。

金融业的日益发展。回溯至 20 世纪 90 年代中期，中国金融体系的架构主要以四家大型国有银行为核心，当时，这些国有银行的信贷投放策略主要聚焦于国有企业，为国有企业的发展提供了重要的资金支持。然而，随着时代的发展与金融市场的不断变革，股份制银行与城市商业银行在金融服务格局中愈发活跃，对民营企业的贷款支持力度持续加大，向民营企业提供贷款的比例逐步上升。

---

〔1〕《"56789"：民营经济成为推动中国式现代化生力军》，https：//caijing. chinadaily. com. cn/a/202307/21/WS64ba3e82a3109d7585e45ecf. html。

六、经济特区

经济特区一直是中国改革开放的"排头兵",其功能和范围各不相同。经济特区既指实施特殊政策和措施的地理空间,也指针对特定重点行业和领域(如有的针对城乡协调发展问题,有的针对资源与环境问题)进行试验和创新的封闭区域。

20世纪80年代初,第五届全国人民代表大会常务委员会第十五次会议批准广东、福建两省在深圳、珠海、汕头和厦门设立经济特区。1984年,设立14个沿海开放城市。1985年,长江三角洲、珠江三角洲和闽南三角地区被确定为沿海经济开放区。1988年,国务院决定扩大沿海经济开放区,并设立海南经济特区。

经济特区对促进中国发展起到了重要的推动作用,是中国渐进式改革的一种体现。经济特区充分发挥自身独特优势,吸引外资、技术和管理经验。在这片试验田上,中国大力开展市场化改革试验,探索适合中国国情的经济发展模式。通过一系列创新性举措,促进了国内资源与国际资源的高效整合与优化配置,进一步加强了国内外经济的互联互通。中国政府针对经济特区制定并实施特殊政策,赋予其更大的改革自主权和先行先试空间。在这些政策的有力推动下,经济特区能够迅速接轨国际市场,以更加灵活高效的姿态参与国际经济竞争与合作。同时,持续激发区内各类市场主体的创新活力,不断催生新产业、新业态、新模式,为中国经济的高质量发展提供了源源不断的动力与示范引领。

经济特区:深圳、珠海、厦门、汕头、海南、喀什、霍尔果斯。

国家级新区:上海浦东新区、天津滨海新区、重庆两江新区、浙江舟山群岛新区、甘肃兰州新区、广州南沙新区、陕西西咸新区、贵州贵安新区、青岛西海岸新区、大连金普新区、四川天府新区、湖南湘江新区、南京江北新区、福州新区、云南滇中新区、哈尔滨新区、长春新区、江西赣江新区、河北雄安新区。

沿海开放城市：大连、秦皇岛、天津、烟台、青岛、连云港、南通、上海、宁波、温州、福州、广州、湛江、北海、营口、威海。

高新区：截至 2023 年 11 月，中国共有 178 家高新技术产业开发区。[1]

七、案例研究

（一）苏州工业园区

苏州工业园区于 1994 年 2 月经国务院批准设立，是中国与新加坡两国政府间的首个旗舰型合作项目，也是中国与其他国家合作建设的第一个工业园区。新加坡政府曾承诺，全力助推苏州工业园区的本土创新进程，并大力推动高科技企业在园区内的蓬勃发展。如今，该园区在中国 200 多个同类工业园区中保持领先地位。

截至 2024 年 11 月，该园区累计引进外资项目超 5000 个，实际利用外资超 400 亿美元，累计实现税收收入 1.09 万亿元、全社会固定资产投资 1.1 万亿元、进出口总额 1.54 万亿美元，104 家世界 500 强企业在此投资 174 个项目。[2]

（二）雄安新区："明天的梦想之城"

雄安新区将发展为绿色、创新城市，其核心功能是促进京津冀一体化。这个新区位于中国北方的河北省，距离北京西南约 130 千米。雄安新区规划

---

〔1〕《国家高新技术产业开发区总数达 178 家》，https://www.news.cn/fortune/2023-12/12/c_1130022030.htm。

〔2〕《参考消息特稿｜三十而立，苏州工业园区与世界深度接轨》，http://js.xinhuanet.com/20241121/de113afa89534d6ab552655200f8eb13/c.html。

范围主要涵盖河北省雄县、容城县和安新县三个县区。雄安新区规划建设以特定区域为起步区先行开发，起步区面积约 100 平方千米，中期发展区面积约 200 平方千米，远期控制区面积约 2000 平方千米。乘坐高铁从雄安到北京、天津，只需 30 分钟，到河北省省会石家庄只需一个小时。北京的非首都功能将被疏解至雄安新区，包括在京高等学校及其分校、分院、研究生院，事业单位；国家级科研院所，国家实验室、国家重点实验室、工程研究中心等创新平台、创新中心。

雄安新区还将建设一个科技园区，科技产业将成为雄安新区的经济增长引擎，预计 80% 的经济增长将来源于此。雄安新区还会成为科技、电信企业前沿技术的试炼场，在此开展 5G 及面向未来的下一代 6G 无线网络测试。这些先进的通信技术将深度融入雄安的智能基础设施建设，为智慧城市管理模式的高效运行及数据资产管理系统的安全有序运作提供有力支撑。在产业布局上，信息技术、人工智能、生物技术、新材料等高科技产业被列为重点发展方向，享受投资与税收政策倾斜。到 2035 年，雄安新区将实现生态环保、智慧智能与宜居宜业的融合。电能占终端能源消费的比例将超过 52%，配电网将实现全清洁化、全电缆化、高互动化、交直流混联等特征，风电、光伏、储能等清洁源荷广泛介入。高碳排放的工厂已被要求整改或关停，举报机制得以建立并完善，公众可以轻松且迅速地举报生态环境违法行为。

（三）粤港澳大湾区：创新

粤港澳大湾区包括香港和澳门两个特别行政区，以及广东省的广州、深圳、珠海、佛山、惠州、东莞、中山、江门和肇庆九个市，总面积约为 56 000 平方千米。2023 年，粤港澳大湾区总人口超过 8600 万人，地区经济总量超过 14 万亿元。[1]

粤港澳大湾区以进一步深化三地合作，充分发挥三地综合优势，促进区

---

[1]　《概要》，https://www.bayarea.gov.hk/sc/about/overview.html。

域深度融合，推动区域经济协调发展，打造宜居、宜业、宜游的国际一流湾区为目标。粤港澳大湾区建设主要涵盖以下几个方面：

6 个基本原则：创新驱动，改革引领；协调发展，统筹兼顾；绿色发展，保护生态；开放合作，互利共赢；共享发展，改善民生；"一国两制"，依法办事。

7 个发展领域：建设国际科技创新中心；加快基础设施互联互通；构建具有国际竞争力的现代产业体系；推进生态文明建设；打造宜居、宜业、宜游的优质生活圈；紧密合作，共同参与共建"一带一路"；共建粤港澳合作发展平台。

12 个政策领域：创新科技；金融服务；交通物流；内地与香港建立更紧密经贸关系的安排；国际法律和争议解决服务；清关便利化；医疗服务；教育；艺术与文化、创意产业和知识产权；旅游；环境保护与可持续发展；青年发展。

八、数字经济

在全球数字化浪潮蓬勃发展的进程中，世界目睹了中国数字巨头的崛起，它们凭借卓越的创新能力与强大的市场竞争力，成功跻身全球数字创新领导者行列。中国在多个关键经济领域展现出卓越优势，如，在全球电子商务领域处于领军地位，长期保持世界制造业第一大国地位，信息通信技术领域产品出口总额位居世界前列，等等。

截至 2024 年 6 月，中国的移动互联网月活跃用户规模达到 12.35 亿。[1] 中国是全球在线购物人口数量最多，移动支付交易金额最大、占比最高的

---

[1]《2024 年中国移动互联网半年报告》，https://www.thepaper.cn/newsDetail_forward_282455 16。

国家。

（一）数字经济规模

中国数字经济规模由 2012 年的 11.2 万亿元增长至 2023 年的 53.9 万亿元，11 年间规模扩张了 3.8 倍。[1] 2023 年，中国数字经济占国内生产总值比重达到 42.8%，较上年提升 1.3 个百分点，数字经济同比名义增长 7.39%，高于同期国内生产总值名义增速 2.76 个百分点，数字经济增长对国内生产总值增长的贡献率达 66.45%。[2]

（二）数字经济赋能

数字经济能够呈现出蓬勃发展的态势，一方面得益于稳固且完备的数字生态系统，另一方面，消费者互联网的发展也为其注入了强劲动力。中国数字经济的发展得益于数字经济与实体经济的共生。当前，商家和品牌纷纷转向一种综合性零售模式。在这种模式下，传统零售渠道之间的界限被打破，线上电商平台便捷的购物体验与线下实体店铺真实的产品感知、即时的服务享受有机融合，实现线上线下的优势互补。消费者无论是在线上下单，享受送货上门服务，还是在线下门店体验后线上下单，都能获得流畅、连贯的购物体验，这不仅提升了消费者的满意度，也为数字经济与实体经济协同发展开辟了新路径，促进双方在融合中实现创新与升级。数字经济与实体经济共生性见表 14-1。

---

〔1〕《从 11.2 万亿元到 53.9 万亿元——数字经济发展动能强劲》，https://www.gov.cn/yaowen/liebiao/202409/content_6976033.htm。

〔2〕 中国信息通信研究院：《中国数字经济发展研究报告（2024 年）》，2024 年 8 月。

表 14-1　数字经济与实体经济的共生

数字经济	实体经济
强大的数字生态系统（成熟的电子商务平台、社交媒体和移动支付平台）	高效的物流
数字赋能	大量有消费能力的千禧一代和"Z世代"
关键流程（研发与技术创新、广泛动员消费者参与营销和服务、线上线下消费者互动）	关键参与者促进产品创新（数字工厂、制造商、独角兽企业、数字初创企业）

中国的数字市场聚焦消费者，在从产品概念到售后体验的全流程中，整合消费者需求与反馈，并以此为基点打造畅销产品，培养消费者忠诚度。这种强劲的新兴消费需求逆向激发了技术领域和商业模式的创新变革，进一步为工业互联网的发展注入动力。蓬勃发展的电子商务和实力雄厚的制造业巨头深度融合，成为推动数字经济快速增长的强大引擎。

数字初创企业凭借敏锐的市场嗅觉与创新活力，成功借助消费者互联网的广泛覆盖与多元生态系统的丰富资源，直接与消费者进行互动，并高效收集、整合大数据，快速挖掘市场潜在需求，精准定位产品方向，从而极大缩短了产品从创意构思到市场识别的时间周期，提升了企业的市场响应速度与竞争力。

数字生态系统的稳健运行与持续进化，由创新需求这一核心要素驱动。因此，这一生态系统对于图形设计、自然语言处理工具开发、分析平台搭建（涵盖用户生成内容分析、消费者行为数据分析等），以及计算机基础设施建设与硬件研发等领域的专业人才存在大量且迫切的需求。中国数字生态系统主要构成见图 14-1。

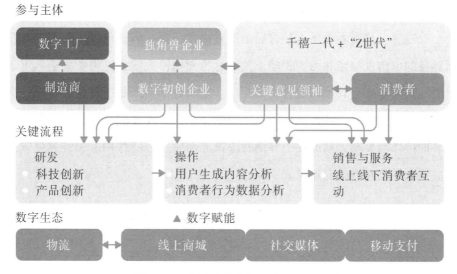

图 14-1　中国数字生态系统主要构成

在西方国家，电子商务最初是作为一种比去实体店更便捷、更经济、更快速的购物方式出现的。而在中国，电子商务的目标是为了给人们提供比传统购物更为丰富的选择，在这一目标驱动下，关键意见领袖和关键意见消费者的产品评价受到重视。

用户生成内容凭借其独特优势，在新闻资讯、娱乐消遣、广告营销、学术研究、问题解决及客户互动等多个领域实现了广泛应用。对于企业而言，用户生成内容堪称一种兼具成本效益与真实性的有力工具，在提升品牌形象与促进产品销量方面发挥着关键作用。

关键意见领袖通常是在社会各界备受信赖、享有一定知名度的人士，比如电影明星、歌手、时尚偶像、电视主持人、社交媒体达人及模特等。凭借自身在特定领域积累的知名度与影响力，他们在特定行业或是在面对广大受众群体时，拥有较强的号召力。其观点在一定范围内被普遍认为具有较高价值，能够对消费者的购买决策、消费观念等产生影响。

关键意见消费者本质上是普通消费者中的一员，但其价值主要源于自身所具备的可信度与亲和力。相较于关键意见领袖，关键意见消费者更侧重于以朋友般的姿态与其他消费者交流互动。他们分享的产品评价更多是源自真实的日常消费体验，这种贴近大众生活的分享方式使他们更容易获得其他消费者的信任与共鸣，从而在引导消费决策方面发挥独特作用。关键意见领袖和关键意见消费者的对比见表 14-2。

表 14-2　关键意见领袖与关键意见消费者的对比

	方式	动机	受众规模	真实性
关键意见领袖	付费	品牌主动接触，采用一定激励方式使其推广他们的产品和服务	与其所拥有关注人数及受众群体有关	受众知道他们与品牌之间的付费合作关系，但仍在一定程度上愿意效仿
关键意见消费者	自由选择	作为消费者，主动尝试并评价其所选择的产品	信任度比关注人数更关键	具有相对更强的可信度，因为产品测试和评论是其专长

（三）全球电子商务领军者

中国已成为全球电子商务领军者。截至 2022 年年底，中国的国家互联网基础设施支持着 16.83 亿移动电话用户和 14.53 亿移动互联网用户。[1]

中国的数字生态系统为新一代创新型企业赋能，金融服务、旅行预订、游戏娱乐、送货服务、出租车和高端移动出行服务等领域的创新与互动，重塑了人们的日常生活和社交生活形态。

---

[1] 《中国移动互联网发展报告(2023)正式发布》，人民网北京 2023 年 6 月 28 日电。

九、新经济部门

2021 年，中国国内生产总值占全球经济总量的比重达到 18.5%。中国经济正在从要素驱动、投资驱动向消费驱动和服务驱动转型。为此，中国推进结构性改革，采取一系列措施，促进经济实现更加可持续的增长。

（一）新的增长引擎

战略性新兴产业代表了新一轮科技革命和产业变革的方向。21 世纪头十年，中国国务院多次公开表示，经济转型要实现从劳动密集型的低端制造业转向高新技术导向的高端制造业。为了实现这一目标，中国提出发展战略性新兴产业。《国务院关于加快培育和发展战略性新兴产业的决定》出台并确定了七个潜在市场规模超过 10 万亿元的战略性新兴产业。2018 年到 2022 年，中央企业在战略性新兴产业领域的投资规模从 7000 亿元增长到 1.5 万亿元。[1]

《国务院关于加快培育和发展战略性新兴产业的决定》中强调的七个战略性新兴产业：节能环保产业、新一代信息技术产业、生物产业、高端装备制造产业、新能源产业、新材料产业、新能源汽车产业。

战略性新兴产业政策的制定和实施遵循一套与中国其他政策规划类似的模式：中央政府拟定具有宏观引领性的指导方针和基本原则；地方政府负责具体实施。地方政府将中央政府传达的指导方针与本地的实际情况、资源禀赋、产业基础等条件相结合，这种分工便于中央和地方领导干部围绕政策落地过程中的关键问题、潜在挑战与应对策略展开深入讨论。对于地方政府而

---

〔1〕《加快布局战略性新兴产业 坚定推动中央企业高质量发展》，http://www.sasac.gov.cn/n4470048/n26915116/n29653709/n29653750/c29681914/content.html。

言，结合地方特色后的政策更具针对性与可操作性，能够精准匹配本地发展需求，推动政策高效落地。对企业来说，清晰且贴合实际的政策指引使其参与战略性新兴产业发展的方向更加明确，减少了政策理解与执行的障碍，助力地方政府和企业更为顺畅地推进战略性新兴产业发展。

《"十二五"国家战略性新兴产业发展规划》要求每个省份建立战略性新兴产业发展专项资金。地方政府根据自身情况决定资金分配办法。在政策支持下，战略性新兴产业取得较快发展，2022 年，战略性新兴产业增加值占中国国内生产总值比重超过 13%。[1]

（二）受益于政策转变

政策调整在多个行业领域释放出积极效应，非必需消费品、必需消费品、通信服务、医疗保健、保险、电力与可再生电力生产等行业均从中受益。

2015 年以来，得益于家庭收入增长以及互联网和移动服务等技术进步的推动，消费已经成为经济增长的主引擎。2021 年，最终消费支出对经济增长贡献率为 65.4%，拉动国内生产总值增长 5.3 个百分点。[2] 消费增长还反映在旅游、酒店和餐饮等行业销售额的稳定增长趋势上。

医疗保健和保险服务需求不断增加。2023 年，全国卫生总费用突破 9 万亿元；总保费收入突破 5 万亿元，保费增速达 9.14%。[3]

新能源和节能环保产业作为战略性新兴产业实现较大发展。中国新能源汽车产销量大幅增长，连续十年位居世界第一。[4]

---

〔1〕《战略性新兴产业增加值占国内生产总值比重超 13%》，https://www.news.cn/fortune/2023-07/06/c_1129734392.htm。

〔2〕《2021 年最终消费支出对经济贡献率为 65.4% 结构持续改善》，https://economy.gmw.cn/2022-01/19/content_35457448.htm。

〔3〕国家卫生健康委员会：《2023 年我国卫生健康事业发展统计公报》，2024 年 8 月 29 日；《2023 年全年保费出炉！保险业全年增长 9.14%》，https://www.thepaper.cn/newsDetail_forward_26182438。

〔4〕《我国新能源汽车产销量连续 10 年位居全球第一》，http://finance.people.com.cn/n1/2025/0122/c1004-40406861.html。

　　中国生态环境质量持续改善。2024 年，全国 339 个地级及以上城市平均空气质量优良天数比例达到 87.2%，同比上升 1.7 个百分点；单位国内生产总值二氧化碳排放降低 3.9% 左右。[1]

　　中国节能环保集团有限公司成立于 2010 年，是中国节能环保领域最大的科技型服务型产业集团，也是经国务院批准成立的国有企业。该企业拥有 419 个子公司和 6 家上市公司，分布在国内近 30 个省市及境外近 40 个国家和地区。该企业专注节能环保、资源循环利用及清洁能源开发利用，致力于打造一个全方位的绿色产业链。

---

　　[1]　《生态环境部：2024 年全国优良天数比例达 87.2%，同比上升 1.7 个百分点》，https://news.cctv.com/2025/01/24/ARTIuMNkIGO2hCb7NfpvlEO6250124.shtml；《节能降碳"路线图"出炉 2024 年碳排放降低 3.9%》，https://m.gmw.cn/2024-05/30/content_37352715.htm。

第十五章　金融

一个高效的金融体系在推动经济社会发展方面发挥重要作用。随着中国经济的快速发展，中国的金融体系既与中国发展水平相适应，也与国际其他地区金融体系实现良好对接与协同发展，使得中国拥有强大的资金调配能力，为储户和投资者创造稳健且丰厚的回报，分散和化解各类金融风险，维护金融市场稳定。

作为中国的中央银行，中国人民银行承担监管职责，如：牵头国家金融安全工作协调机制，维护国家金融安全；制定和执行货币政策、信贷政策，完善货币政策调控体系，负责宏观审慎管理；牵头负责系统性金融风险防范和应急处置，牵头组织制定实施系统重要性金融机构恢复和处置计划；承担最后贷款人责任，负责对因化解金融风险而使用中央银行资金机构的行为进行检查监督；监督管理银行间债券市场、货币市场、外汇市场、票据市场、黄金市场及上述市场有关场外衍生产品；负责制定和实施人民币汇率政策，推动人民币跨境使用和国际使用，维护国际收支平衡，实施外汇管理等。

中央汇金投资有限责任公司（以下简称"中央汇金公司"）成立于2003年，是由国家出资设立的国有独资公司，代表国家依法行使对国有商业银行等重点金融企业出资人的权利和义务。中央汇金公司的重要股东职责由国务院行使。中央汇金公司董事会、监事会成员由国务院任命，对国务院负责。截至 2022 年 12 月 31 日，中央汇金公司控股参股机构包括国家开发银行、中国工商银行股份有限公司、中国农业银行股份有限公司、中国银行股份有限公司、中国建设银行股份有限公司、中国光大集团股份公司、中国出口信用保险公司、中国再保险（集团）股份有限公司、中国建银投资有限责任公司、中国银河金融控股有限责任公司、申万宏源集团股份有限公司、新华人寿保险股份有限公司、中国国际金融股份有限公司、恒丰银行股份有限公司、湖南银行股份有限公司、中信建投证券股份有限公司、中国银河资产管理有限责任公司、国泰君安投资管理股份有限公司。

全国社会保障基金由全国社会保障基金理事会负责管理和运营，该理事会于 2000 年 8 月设立，由财政部管理。全国社会保障基金是国家社会保障储备基金，用于人口老龄化高峰时期的养老保险等社会保障支出的补充、调剂。经批准的境内投资范围包括银行存款、债券、信托贷款、资产证券化产品、股票、证券投资基金、股权、股权投资基金等；经批准的境外投资范围包括银行存款、银行票据、大额可转让存单等货币市场产品、债券、股票、证券投资基金，以及用于风险管理的掉期、远期等衍生金融工具等。[1]

一、债券

债券通有限公司（以下简称"债券通"）是中国外汇交易中心与香港证券交易所成立的合资公司，承担支持债券通交易相关服务职能。债券通是内地与香港债券市场互联互通的创新合作机制，境内外投资者可通过香港与内地债券市场基础设施机构连接，买卖香港与内地债券市场交易流通债券。

---

〔1〕《全国社会保障基金理事会社保基金年度报告（2022 年度）》，https://www.ssf.gov.cn/portal/xxgk/fdzdgknr/cwbg/sbjjndbg/webinfo/2023/09/1697471208931405.htm。

"北向通"于 2017 年 7 月 3 日上线，便利国际投资者参与中国银行间债券市场。"南向通"于 2021 年 9 月 24 日上线，旨在为内地机构投资者提供便捷和高效的渠道，通过香港债券市场投资境外债券。2023 年 5 月 15 日，在债券通基础上，内地与香港利率互换市场互联互通合作（简称"互换通"）正式上线运行，高效支持境内外投资者参与两地金融衍生品市场，更好满足投资者对利率风险的管理需求。截至 2023 年 2 月末，境外机构持有银行间市场债券 3.2 万亿元，约占银行间债券市场总托管量的 2.5%。

中国债券已被纳入全球三大主流债券指数。2020 年 2 月，中国国债正式纳入摩根大通全球新兴市场政府债券指数；2020 年 11 月初，中国国债和政策性银行债完全纳入彭博巴克莱全球综合指数；2021 年 10 月，富时罗素公司正式将中国国债纳入富时世界国债指数。

二、证券

（一）中国的主要证券交易所

中国主要有四个证券交易所：上海证券交易所、深圳证券交易所、北京证券交易所和香港证券交易所。

1. 上海证券交易所

上海证券交易所于 1990 年 12 月成立，在中国证监会的监管下运营。除了股票外，该交易所还交易债券、基金和衍生品。目前，上海证券交易所已成为全球第三大证券交易所。截至 2025 年 1 月，股票总市值接近 51 万亿元。[1]

上证综合指数：跟踪上海证券交易所交易的所有股票的表现。

上证 50 指数：跟踪上海证券交易所最具代表性的 50 只股票的表现。

---

〔1〕《股票数据总貌》,https://www.sse.com.cn/market/stockdata/statistic/。

上海证券交易所科创板是上海证券交易所下设的一个独立板块，通常被称为"中国版纳斯达克"，专注于新一代信息技术、新材料、新能源、节能环保、高端装备、生物医药等行业的成长型科技公司的上市。科创板于2019年7月正式开市，截至2024年11月，科创板上市的577家公司均属于战略性新兴产业。[1]

科创板指数：即上海证券交易所科创板50指数，跟踪上海证券交易所科创板市值最高的50只股票的表现。

2. 深圳证券交易所

深圳证券交易所于1990年12月成立，在中国证监会的监管下运营。除了股票外，该交易所还交易基金、债券、期权和资产支持证券。深圳证券交易所是中国第二大股票交易所，据其官网发布的信息，2022年，股票总市值超过32万亿元，有超过2700家上市公司。

深证综合指数：跟踪深圳证券交易所交易的所有股票的表现。

深证成分指数：跟踪深圳证券交易所具有市场代表性的40家上市公司股票的表现。

沪深300指数：跟踪上海和深圳两个证券交易所中市值最高、流动性最好的300只股票的表现（被视为中国版标普500指数）。

与上海证券交易所科创板类似，深圳证券交易所创业板是深圳证券交易所的一个独立板块，支持创新型、成长型企业发展。创业板于2009年推出，截至2022年有超过1200家上市公司。

创业板指数：跟踪创业板市值最高的100只股票的表现。

3. 北京证券交易所

北京证券交易所于2021年成立，专注于服务创新型中小企业，坚持与

---

〔1〕《科创板宣布设立六周年：直接融资超万亿，35家企业排名全球第一》，https://www.thepaper.cn/newsDetail_forward_29240253。

上海证券交易所、深圳证券交易所、区域性股权市场错位发展、互联互通，发挥好转板上市功能。截至 2023 年 11 月，北京证券交易所的总市值超过 2800 亿元，上市公司 229 家。[1]

北证 50 成分指数：跟踪北京证券交易所市值最高的 50 只股票的表现。

全国中小企业股份转让系统（新三板）是经国务院批准，依据证券法设立的全国性证券交易场所。全国中小企业股份转让系统有限责任公司（简称"全国股转公司"）为其运营机构，为新三板市场提供场所和设施，组织新三板市场的具体运营，监督和管理新三板市场，于 2013 年 1 月正式揭牌运营，隶属于中国证监会，由中国证监会直接管理。截至 2020 年年末，新三板存量挂牌公司 8187 家，中小企业占比 94%，总市值 2.65 万亿元。

---

4. 香港证券交易所

香港的证券交易最早见于 19 世纪中叶，香港第一个证券交易所于 1891 年正式成立，名为香港股票经纪协会，1914 年，该协会更名为香港证券交易所。截至 2024 年 12 月底，香港证券交易所股票总市值为 35.3 万亿港元，上市公司超过 2600 家。[2]

恒生指数：跟踪香港证券交易所市值最高的 50 只股票的表现。

（二）A 股、B 股、H 股

A 股，即人民币普通股票，由中国境内公司发行，供境内机构、组织或个人（不含港、澳、台投资者）以人民币认购和交易的普通股股票。B 股，即人民币特种股票，以人民币标明面值，以外币认购和买卖，在中国境内的

---

〔1〕《开市两年集聚 229 家上市公司 北交所加速赋能中小企业创新》，https：//www. beijing. gov. cn/ywdt/yaowen/202311/t20231115_3301490. html。

〔2〕《香港交易所每月市场概况》，https：//www. hkex. com. hk/Market－Data/Statistics/Consolidated－Reports/HKEX－Monthly－Market－Highlights？ sc_lang＝zh－HK。

证券交易所（上海证券交易所、深圳证券交易所）上市交易。H 股，也称国企股，是指注册地在内地、上市地在香港的中资企业股票，以港币计价和交易，面向全球投资者。

三、资产管理

中国各类资产管理机构合计管理资产规模由 2012 年年末的约 27 万亿元，增长至 2021 年年末的 130 万亿元，十年间增长逾四倍。[1] 据安永会计师事务所统计，中国目前是世界第四大资产管理市场，仅次于美国、卢森堡和爱尔兰，同时是全球第二大在岸市场，仅次于美国。

中国证券投资基金业协会成立于 2012 年，受中国证监会和民政部的业务指导和监督管理。该协会主要职责包括：教育和组织会员遵守有关证券投资的法律、行政法规，维护投资人合法权益；依法维护会员的合法权益，反映会员的建议和要求；制定和实施行业自律规则，监督、检查会员及其从业人员的执业行为，对违反自律规则和协会章程的，按照规定给予纪律处分；制定行业执业标准和业务规范，组织基金从业人员的从业考试、资质管理和业务培训；提供会员服务，组织行业交流，推动行业创新，开展行业宣传和投资人教育活动；对会员之间、会员与客户之间发生的基金业务纠纷进行调解；依法办理非公开募集基金的登记、备案；等等。

该协会会员分为普通会员、联席会员、观察会员、特别会员。公募基金管理人、基金托管人、符合协会规定条件的私募基金管理人可成为普通会员。基金服务机构可成为联席会员。不符合普通会员条件的其他私募基金管理人可成为观察会员。证券期货交易所、登记结算机构、指数公司、经副省

---

〔1〕《资产管理十年进阶路：从破局到重塑 涅槃再出发》，https://qiye. chinadaily. com. cn/a/202210/12/WS634621a6a310817f312f1aed. html。

级及以上人民政府民政部门登记的各类基金行业协会、境内外其他特定机构投资者等可成为特别会员。

（一）保险资产管理业

中国保险资产管理业保持较好、较快发展，是资产管理行业的重要组成部分。保险资产管理公司的前身大多是保险公司内部的投资部门，在逐步构建投资管理能力的过程中，积累了大量实战经验，尤其是在受托管理规模相对较小的保险公司资产，以及运作养老金计划基金方面，展现出了较高的专业水准与管理效能。

（二）信托业

信托业是现代金融体系的重要组成部分。中国信托业协会发布的信息显示，截至 2023 年第四季度末，中国信托资产规模余额为 23.92 万亿元。

中国信托业协会成立于 2005 年 5 月，是全国性信托业自律组织。协会会员分为单位会员和个人会员。经批准设立，具有独立法人资格的信托公司和依法设立从事信托相关业务并获得监管机构业务许可的相关机构，承认协会章程，可以申请加入协会，成为单位会员。从事信托相关业务，在信托业研究领域具有重要影响的个人，承认协会章程，可以申请加入协会，成为个人会员。

第十六章　银行业

改革开放以来，中国银行业快速发展，历经多轮深刻变革，从最初的体系重建，到逐步探索多元化业务，再到全面接轨国际金融规则，持续紧跟并深度契合中国经济发展的多元需求，成为支撑中国经济稳健前行的关键金融力量。

截至 2023 年年末，中国金融业机构总资产为 461.09 万亿元，同比增长 9.9%。其中，银行业机构总资产为 417.29 万亿元，同比增长 10%；证券业机构总资产为 13.84 万亿元，同比增长 5.6%；保险业机构总资产为 29.96 万亿元，同比增长 10.4%。[1]

一、历史沿革

宋朝已存在存款、信贷、发行票据、货币和货币兑换、远程汇款等金融业务。

明末清初，汇票已有流行。清朝经营汇兑业务的票号产生。

---

〔1〕《2023 年末金融业机构总资产 461.09 万亿元》，http://www.pbc.gov.cn/goutongjiaoliu/113456/113469/5281362/index.html。

1897 年，中国自办的第一家银行——中国通商银行在上海成立。

1905 年，中国第一家国家银行——户部银行成立。1908 年，该行更名为大清银行。辛亥革命爆发后，该行更名为中国银行。

1948 年 12 月，在合并华北银行、北海银行、西北农民银行的基础上，中国人民银行成立，成为新中国成立后的中央银行。在国民经济恢复时期，中国人民银行在中央人民政府的统一领导下，着手建立统一的国家银行体系。

1995 年，《中华人民共和国中国人民银行法》首次以国家立法形式确立了中国人民银行作为中央银行的地位，是中央银行制度建设的重要里程碑。随着社会主义市场经济体制的不断完善，中国人民银行作为中央银行在宏观调控体系中的作用愈发突出。

二、主要银行类别

（一）国有大型商业银行

根据国家金融监督管理总局发布的《银行业金融机构法人名单》，截至2024 年 6 月，中国共有六家国有大型商业银行，包括中国工商银行股份有限公司、中国农业银行股份有限公司、中国银行股份有限公司、中国建设银行股份有限公司、交通银行股份有限公司、中国邮政储蓄银行股份有限公司。[1]

中国工商银行股份有限公司成立于 1984 年 1 月 1 日，2005 年整体改制为股份有限公司，2006 年在上海证券交易所和香港联合交易所挂牌上市。截至 2023 年 12 月 31 日，该行总资产约为 44.69 万亿元。[2]

---

〔1〕《银行业金融机构法人名单（截至 2024 年 6 月末）》，https://www.nfra.gov.cn/cn/view/pages/governmentDetail.html？docId=1177824&itemId=863&generaltype=1。

〔2〕《中国工商银行股份有限公司 截至 2023 年 12 月 31 日止 年度财务报表及审计报告（按中国会计准则编制）》，https://www.sse.com.cn/disclosure/listedinfo/announcement/c/new/2024-03-28/601398_20240328_QNKG.pdf。

中国农业银行股份有限公司前身最早可追溯至 1951 年成立的农业合作银行，2009 年 1 月整体改制为股份有限公司，2010 年 7 月分别在上海证券交易所和香港联合交易所挂牌上市。截至 2023 年 12 月 31 日，该行总资产约为 39.87 万亿元。[1]

中国银行股份有限公司是中国持续经营时间最久的银行，成立于 1912 年 2 月，先后行使中央银行、国际汇兑银行和国际贸易专业银行职能，2006 年在上海证券交易所和香港联合交易所挂牌上市。截至 2023 年 12 月 31 日，该行总资产约为 32.43 万亿元。[2]

中国建设银行股份有限公司前身是中国人民建设银行，成立于 1954 年 10 月，2005 年在香港联合交易所挂牌上市，2007 年在上海证券交易所挂牌上市。截至 2023 年 12 月 31 日，该行总资产约为 38.32 万亿元。[3]

交通银行股份有限公司始建于 1908 年，是中国历史最悠久的银行之一。1987 年重新组建后正式对外营业，成为中国第一家全国性国有股份制商业银行。2005 年在香港联合交易所挂牌上市，2007 年在上海证券交易所挂牌上市，2023 年入选全球系统重要性银行名单。截至 2023 年 12 月 31 日，该行总资产约为 14.06 万亿元。[4]

中国邮政储蓄银行股份有限公司可追溯至 1919 年开办的邮政储金业务，至今已有百年历史。2007 年 3 月，在改革原邮政储蓄管理体制基础上，中国邮政储蓄银行有限责任公司挂牌成立，2012 年 1 月整体改制为股份有限公司，2016 年 9 月在香港联合交易所挂牌上市，2019 年 12 月在上海证券交易

---

〔1〕《中国农业银行股份有限公司 2023 年度报告摘要》，https://file.finance.sina.com.cn/211.154.219.97:9494/MRGG/CNSESH_STOCK/2024/2024-3/2024-03-29/9914068.PDF。

〔2〕《中国银行股份有限公司 2023 年年度报告》，https://pic.bankofchina.com/bocappd/report/202403/P020240328746205158238.pdf。

〔3〕《中国建设银行 2023 年度报告》，http://www2.ccb.com/chn/attachDir/2024/04/2024042215062412790.pdf。

〔4〕《交通银行股份有限公司 2023 年度报告》，https://static.cninfo.com.cn/finalpage/2024-03-28/1219427333.PDF。

所挂牌上市。截至 2023 年 12 月 31 日，该行总资产约为 15.73 万亿元。[1]

（二）政策性银行

根据国家金融监督管理总局发布的《银行业金融机构法人名单》，截至 2024 年 6 月，中国共有两家政策性银行，分别是中国进出口银行和中国农业发展银行。

中国进出口银行成立于 1994 年，是由国家出资设立、直属国务院领导、支持中国对外经济贸易投资发展与国际经济合作、具有独立法人地位的国有政策性银行。截至 2023 年年末，该行总资产为 6.39 万亿元。[2]

中国农业发展银行成立于 1994 年，是由国家出资设立、直属国务院领导、支持农业农村持续健康发展、具有独立法人地位的国有政策性银行。其主要任务是依托国家信用支持，在农村金融体系中发挥主体和骨干作用，加大对农业农村重点领域和薄弱环节的支持力度，促进经济社会持续健康发展。截至 2023 年年末，该行总资产约为 9.96 万亿元。[3]

（三）股份制商业银行

根据国家金融监督管理总局发布的《银行业金融机构法人名单》，截至 2024 年 6 月，中国共有 12 家股份制商业银行，分别是：中信银行股份有限公司、中国光大银行股份有限公司、招商银行股份有限公司、上海浦东发展银行股份有限公司、中国民生银行股份有限公司、华夏银行股份有限公司、平安银行股份有限公司、兴业银行股份有限公司、广发银行股份有限公司、渤海银行股份有限公司、浙商银行股份有限公司、恒丰银行股份有限公司。

截至 2024 年 6 月，中国的银行业金融机构共 4425 家，除上述类型外，

---

〔1〕《中国邮政储蓄银行股份有限公司 2023 年年度报告摘要》，https://www.psbc.com/cn/gyyc/tzzgx/cwxx/cwbg/cwxxagbg/202403/P020240328720338998542.pdf。

〔2〕《中国进出口银行年度报告 2023》，http://www.eximbank.gov.cn/aboutExim/annals/2023/202404/P020240429537409675431.pdf。

〔3〕《中国农业发展银行 2023 年度报告》，https://www.adbc.com.cn/n4/n13/c600956/attr/600957.pdf。

还包括城市商业银行、民营银行、外资法人银行、农村商业银行、农村合作银行、农村信用社等。

外汇储备是一国对外经济交往中货币支付结算的结果。中国的外汇储备是由中国人民银行通过投放基础货币在外汇市场购汇形成的。因此，一方面，外汇储备是货币当局资产负债表内的资产，对应着其等额的负债；另一方面，外汇储备的主要资产形式是可兑换的外币、外币存款及证券，具有一定的流动性或其他可使用性。

通常有以下三种常见方法来控制外汇对本国货币供应产生的影响：第一种是公开市场操作，即中央银行通过出售其持有的政府债券或其他本国货币资产，从市场中回笼资金，以此调节货币量；第二种是运用逆回购策略，即中央银行先行向中国银行等金融机构购买证券资产，随后再以较高利率将这些证券出售，借助买卖价差和时间差，影响市场资金的流动性和货币供给规模；第三种则是鼓励银行留存储备金，通常要求银行持有的储备金规模大致维持在客户存款总额的五分之一，以此约束银行的信贷投放能力，间接调控货币供应总量。

三、银行业监管

（一）中国人民银行和国家金融监督管理总局

中国人民银行具有监督管理银行间债券市场、货币市场、外汇市场、票据市场、黄金市场及上述市场有关场外衍生产品，统筹国家支付体系建设并实施监督管理等宏观调控职责，通过加强和优化金融管理职能促进经济社会持续平稳健康发展。

2023 年，中共中央、国务院印发的《党和国家机构改革方案》提出，组建国家金融监督管理总局，作为国务院直属机构，统一负责除证券业之外的金融业监管，强化机构监管、行为监管、功能监管、穿透式监管、持续监管，统筹负责金融消费者权益保护，加强风险管理和防范处置，依法查处违法违规行为。国家金融监督管理总局在中国银行保险监督管理委员会基础上组建，将中国人民银行对金融控股公司等金融集团的日常监管职责、有关金融消费者保护职责，中国证监会的投资者保护职责划入国家金融监督管理总局。

（二）存款保险

《存款保险条例》于 2015 年 5 月起施行。存款保险旨在建立和规范存款保险制度，依法保护存款人的合法权益，及时防范和化解金融风险，维护金融稳定。截至 2024 年 9 月末，全国参加存款保险的金融机构共 3862 家。[1] 截至 2023 年年末，存款保险基金存款余额 810.123 亿元。[2]

---

〔1〕《参加存款保险的金融机构名单（截至 2024 年 9 月末）》，http://www.pbc.gov.cn/jinrongwendingju/146766/2165207/5494385/20241101152407946.pdf。

〔2〕《2023 年存款保险基金收支情况》，http://www.pbc.gov.cn/jinrongwendingju/146766/2165207/5318126/index.html。

第十七章　人民币

一、概况

1948 年 12 月，人民币首次发行。1949 年新中国成立后，百废待兴，摆在面前的重要任务之一就是结束在国共内战末期困扰中国的恶性通货膨胀局面。1955 年，中国实施货币改革，发行新的人民币，并设定了 1∶10 000 的新旧币兑换比率。

人民币的国际标准化组织代码是 CNY，即"中国元"的缩写。CNH 代表离岸人民币，指在中国境外经营人民币存放款业务。在岸和离岸人民币的主要区别在于，离岸人民币与国际金融市场的联系更为紧密，也因此更易受到国际市场波动的影响。

中国实行以市场供求为基础、参考一篮子货币进行调节、有管理的浮动汇率制度。为更加全面地反映一国货币的价值变化，中国外汇交易中心（CFETS）发布 CFETS 人民币汇率指数，将参考一篮子货币计算的有效汇率作为人民币汇率水平的主要参照系。目前，货币篮子中共有 24 个币种。指数基期为 2014 年 12 月 31 日，基期指数为 100 点。2024 年 6 月，在基于金额统计的全球支付货币排名中，人民币保持全球第四大最活跃货币的位置，占比 4.61%。[1]

二、人民币与特别提款权篮子

国际货币基金组织在 2016 年 10 月将人民币纳入特别提款权货币篮子，人民币成为首个被纳入国际货币基金组织特别提款权货币篮子的新兴市场货币。这是中国货币融入全球金融体系的重要里程碑，反映了中国在全球贸易中的新角色，体现了人民币国际化水平的提高，以及中国金融市场在自由化、一体化和金融基础设施完善方面取得的进展。国际货币基金组织特别提款权篮子的变化发展见图 17-1。

1974年
16种货币组成特别提款权篮子

1980年
特别提款权篮子组成货币减至 5 种

2000年
欧元取代德国马克及法郎，特别提款权篮子组成货币调整为 4 种

2016年
人民币纳入特别提款权篮子，权重为10.92%

2022年
人民币权重上调至12.28%

图 17-1　国际货币基金组织特别提款权篮子的变化发展

---

〔1〕《人民币最新排名公布》，https://m.gmw.cn/2024-07/19/content_1303796491.htm。

三、数字人民币（e-CNY）

2020 年，中国宣布推出数字人民币，这是世界上首个主权数字货币。截至 2022 年 12 月 31 日，流通中数字人民币存量达到 136.1 亿元，广义货币余额为 266.43 万亿元。截至 2021 年 12 月 31 日，数字人民币试点场景已超过 800 万个。[1]

（一）运营

数字人民币采用的是双层运营模式。中国人民银行负责数字人民币发行、注销、跨机构互联互通和钱包生态管理，同时审慎选择在资本和技术等方面具备一定条件的商业银行作为指定运营机构，牵头提供数字人民币兑换服务。这些指定运营机构需要向人民银行缴纳 100% 的准备金。

为切实保障支付过程中的匿名性与安全性，数字人民币体系收集的交易信息少于传统电子支付模式，除法律法规有明确规定外，不提供给第三方或其他政府部门。这意味着，在数字人民币支付体系下，第三方支付机构对数据的获取与使用将受到严格限制。仅在特定且有限的时间内，第三方支付机构才能够获取那些对顺利完成交易必不可少的数据信息。

数字人民币利用区块链技术防范洗钱、伪造、非法融资、逃税等各类非法经济活动。区块链技术能够在数字人民币运行过程中实时收集与货币创造、簿记紧密相关的数据。通过对这些数据的实时监测与分析，能够精确掌握货币的流向、流量及使用场景等关键信息，为货币政策的制定与实施提供参考依据。

（二）扶贫工具

使用数字人民币无须依赖互联网，也不要求用户必须拥有银行账户。这

---

〔1〕《2021 年末我国数字人民币试点场景超 800 万个》，https://www.gov.cn/xinwen/2022-01/19/content_5669217.htm。

一特点使其在助力中国欠发达地区发展方面具有一定价值。一些农村地区、偏远山区的群众即使受限于网络基础设施或没有银行账户，也可以享受数字人民币支付等金融服务，这有利于提升贫困地区居民的金融可得性，推动当地经济发展，助力扶贫工作迈向新的台阶。

（三）跨境结算

数字人民币在整个运行过程中无须借助任何外币，也不依赖于现有的任何结算系统。这种特性使数字人民币在跨境支付中展现出独特优势，为全球跨境支付系统提供了一个全新的、独立的替代方案。无论是对于个人还是跨国公司来说，都是一大利好。尤为重要的是，数字人民币的这一优势对于促进"一带一路"合作伙伴之间的贸易具有重要意义。以往，跨境贸易往往需要借助第三方货币来完成交易，而数字人民币的出现将促进这些国家与中国之间的支付便捷化和无障碍化，为深化共建"一带一路"国家和地区的经济合作与交流注入了新动力。

第三部分

国家政策

第十八章　中国共产党的历史使命与行动价值[*]

中国共产党成立于 1921 年，已经走过了百余年奋斗历程。

100 多年来，中国共产党从成立之初的 50 余名党员，发展成为拥有 9900 多万名党员、领导着 14 亿多人口大国、具有重大全球影响力的世界第一大执政党，以毛泽东、邓小平、江泽民、胡锦涛、习近平为主要代表的中国共产党人，把马克思主义基本原理同中国具体实际相结合、同中华优秀传统文化相结合，在实现中华民族伟大复兴的道路上不断取得胜利。

为了实现中华民族伟大复兴，中国共产党团结带领中国人民，浴血奋战、百折不挠，创造了新民主主义革命的伟大成就。党团结带领人民，经过北伐战争、土地革命战争、抗日战争、解放战争，以武装的革命反对武装的反革命，推翻帝国主义、封建主义、官僚资本主义三座大山，建立了人民当家作主的中华人民共和国，实现了民族独立、人民解放。新民主主义革命的胜利，彻底结束了旧中国半殖民地半封建社会的历史，彻底结束了旧中国一盘散沙的局面，彻底废除了列强强加给中国的不平等条约和帝国主义在中国的一切特权，为实现中华民族伟大复兴创造了根本社会条件。中国共产党和

---

*　本章主要内容参见中共中央宣传部：《中国共产党的历史使命与行动价值》白皮书，2021 年 8 月 26 日。

189

中国人民以英勇顽强的奋斗向世界庄严宣告，中国人民站起来了，中华民族任人宰割、饱受欺凌的时代一去不复返了。

为了实现中华民族伟大复兴，中国共产党团结带领中国人民，自力更生、发愤图强，创造了社会主义革命和建设的伟大成就。中国共产党团结带领人民，进行社会主义革命，消灭在中国延续几千年的封建剥削压迫制度，确立社会主义基本制度，推进社会主义建设，战胜帝国主义、霸权主义的颠覆破坏和武装挑衅，实现了中华民族有史以来最为广泛而深刻的社会变革，实现了一穷二白、人口众多的东方大国大步迈进社会主义社会的伟大飞跃，为实现中华民族伟大复兴奠定了根本政治前提和制度基础。中国共产党和中国人民以英勇顽强的奋斗向世界庄严宣告，中国人民不但善于破坏一个旧世界、也善于建设一个新世界，只有社会主义才能救中国，只有社会主义才能发展中国。

为了实现中华民族伟大复兴，中国共产党团结带领中国人民，解放思想、锐意进取，创造了改革开放和社会主义现代化建设的伟大成就。党团结带领人民，实现新中国成立以来党的历史上具有深远意义的伟大转折，确立党在社会主义初级阶段的基本路线，坚定不移推进改革开放，战胜来自各方面的风险挑战，开创、坚持、捍卫、发展中国特色社会主义，实现了从高度集中的计划经济体制到充满活力的社会主义市场经济体制、从封闭半封闭到全方位开放的历史性转变，实现了从生产力相对落后的状况到经济总量跃居世界第二的历史性突破，实现了人民生活从温饱不足到总体小康、奔向全面小康的历史性跨越，为实现中华民族伟大复兴提供了充满新的活力的体制保证和快速发展的物质条件。中国共产党和中国人民以英勇顽强的奋斗向世界庄严宣告，改革开放是决定当代中国前途命运的关键一招，中国大踏步赶上了时代。

为了实现中华民族伟大复兴，中国共产党团结带领中国人民，自信自强、守正创新，统揽伟大斗争、伟大工程、伟大事业、伟大梦想，创造了新时代中国特色社会主义的伟大成就。党的十八大以来，中国特色社会主义进入新时代，中国共产党团结带领人民，坚持和加强党的全面领导，统筹推进"五位一体"总体布局、协调推进"四个全面"战略布局，坚持和完善中国特色社会主义制度、推进国家治理体系和治理能力现代化，坚持依规治党、形成比较完善的党内法规体系，战胜一系列重大风险挑战，实现第一个百年奋斗目标，明确实现第二个百年奋斗目标的战略安排，党和国家事业取得历史性成就、发生历史性变革，为实现中华民族伟大复兴提供了更为完善的制度保证、更为坚实的物质基础、更为主动的精神力量。中国共产党和中国人民以英勇顽强的奋斗向世界庄严宣告，中华民族迎来了从站起来、富起来到强起来的伟大飞跃，实现中华民族伟大复兴进入了不可逆转的历史进程。

今天的中国，已经成为世界第二大经济体，综合实力和国际影响力显著提升。今天的中国，城市繁华时尚，乡村和谐美丽，基础设施先进，交通安全便利，市场充满活力，社会安定有序。今天的中国，人民过上了几千年来梦寐以求的好日子，向着共同富裕的目标不断迈进。

中国人民的生活得到显著改善。中国人民已经摆脱了绝对贫困，从总体小康到全面小康，过上了日益富足的生活，获得感幸福感安全感不断增强，生存权发展权得到有效保障。人均国民总收入超过1万美元，处于中等偏上收入经济体行列，正在向高收入国家迈进。城乡居民生活水平差距大幅缩小，形成了超过四亿人的世界上规模最大的中等收入群体。

就业局势保持总体稳定。截至2020年年底，中国就业人数为75 064万人。中国建成全球规模最大的社会保障体系，截至2021年6月底，全国基本医疗保险覆盖超过13亿人，基本养老保险参保人数达10.14亿人，失业保险参保人数达2.22亿人，工伤保险参保人数达2.74亿人。幼有所育、学有所教、劳有所得、病有所依、老有所养、住有所居、弱有所扶更好实现。

生态文明建设取得丰硕成果。人民生活的家园天更蓝、山更绿、水更清。中国长期保持社会和谐稳定、人民安居乐业，是世界上公认的最有安全感的国家之一。文化事业和文化产业蓬勃发展，人民的精神生活更加富足、更加活跃。

经过长期努力，中国取得了巨大发展成就，但中国仍处于并将长期处于社会主义初级阶段的基本国情没有变，中国是世界上最大发展中国家的国际地位没有变。解决好人民日益增长的美好生活需要和不平衡不充分的发展之间的矛盾，让 14 亿多人民都过上富裕的日子，仍然有很长的路要走，仍然需要付出长期艰苦的努力。

一、为实现理想不懈奋斗

中国的革命、建设、改革是在复杂的内外环境中进行的，道路之险、挑战之多世所罕见。

（一）坚持理想信念

中国共产党在逆境中拼搏奋斗，在顺境中继续奋斗。面对胜利顺利，中国共产党力戒骄傲自满，保持奋斗精神。取得执政地位后，在进入繁华城市、执掌全国政权、从事和平建设的历史条件下，中国共产党继续保持了谦虚、谨慎、不骄、不躁的作风和艰苦奋斗本色。

改革开放后，中国共产党抵制住了资本主义和封建主义腐朽思想的影响和侵蚀。进入新时代，中国党和国家各项事业蒸蒸日上，中国共产党保持清醒认识，反复警醒全党绝不能有半点骄傲自满、故步自封，绝不能有丝毫犹豫不决、徘徊彷徨，居安思危，继续奋斗。

中国共产党既锚定远大目标，又脚踏实地，一代人负起一代人的使命，不断向着奋斗目标前进。中国共产党人弘扬伟大建党精神，顽强拼搏、不懈奋斗，形成了系列伟大精神，构建起中国共产党人的精神谱系。这些宝贵精神财富，深深融入中华民族的血脉之中，使中国人民的精神面貌发生巨大变化，为民族复兴提供了更持久、更深沉、更有力量的强大支撑。

（二）在不断探索中前进

中国的革命、建设、改革，走的是前人没有走过的道路，没有现成经验可以照搬。面对前进道路上层出不穷的新情况新问题，中国共产党领导人民勇于探索、敢闯敢试，不断把社会主义事业推向前进。

中国共产党把握世界大势，抓住和用好历史机遇。100 年来，党在历史前进的逻辑中前进，在时代发展的潮流中发展，因势而谋、应势而动、顺势而为，掌握了历史主动。中国共产党的诞生、社会主义中国的成立、改革开放的实行，都是顺应世界发展大势的结果。改革开放后，中国共产党把握和平与发展时代主题，加快推进改革开放和现代化建设；紧紧抓住世界科技迅猛发展机遇，提出"科学技术是第一生产力"的重要论断，集全国之力实施一系列科技计划，极大推动了原始创新能力提升和高技术及其产业发展；顺应经济全球化趋势，实施一系列对外开放重大举措，创办经济特区，开发开放上海浦东，实施"引进来""走出去"战略，加入世界贸易组织，推动中国经济融入世界。进入 21 世纪，中国共产党抓住头 20 年的重要战略机遇期，集中精力，加快发展。进入新时代，中国共产党统筹中华民族伟大复兴战略全局和世界百年未有之大变局，顺应和平、发展、合作、共赢的时代潮流，顺应世界多极化和国际关系民主化大势，顺应经济全球化大势，对内推进高质量发展，把握新发展阶段、贯彻新发展理念、构建新发展格局；对外实行高水平开放，实施更大范围、更宽领域、更深层次的全面开放，促进合作共赢，在更好发展自己的同时更好贡献世界。

坚持独立自主，坚定不移走自己的路。在中国这样一个人口众多和经济文化落后的东方大国进行革命、建设、改革，道路问题是最根本的问题。新中国成立后，中国共产党一开始注重学习苏联，但后来发现苏联模式也存在问题，开始探索中国自己的社会主义建设道路。改革开放以来，中国共产党领导中国人民找到了、坚持了、拓展了符合中国国情的中国特色社会主义道路，沿着这条道路坚定不移地走了下来。

在经济建设中，中国共产党始终坚持自力更生为主的方针，把发展的主动权牢牢掌握在自己手中。近年来，面对国际形势不确定不稳定因素增多，中国共产党作出加快构建以国内大循环为主体、国内国际双循环相互促进的新发展格局的重大战略部署，立足自身把国内大循环畅通起来，任由国际风云变幻，始终充满朝气地生存和发展下去。

在科技领域，中国共产党领导人民自立自强，坚持独立自主、自力更生，依靠中国人自己的力量，建立了独立完整的学科体系和科研布局，走出一条具有中国特色的自主创新道路，实现了科技实力和创新能力的跨越式提升。从新中国成立初期连火柴、铁钉都要依靠进口，到量子通信、人工智能、5G 等世界领先，再到"神舟"邀游太空、"祝融"探测火星、"天宫"空间站建造、"蛟龙"入海等，中国正在走向高水平科技自立自强。

在社会主义现代化建设进程中，中国共产党领导人民推动物质文明、政治文明、精神文明、社会文明、生态文明协调发展，创造了中国式现代化新道路，创造了人类文明新形态，打破了只有遵循资本主义现代化模式才能实现现代化的神话。解放思想，实事求是，敢闯敢试。不论是革命、建设还是改革，中国共产党都坚持一切从实际出发，敢于突破条条框框和现成模式，不断探索新路。

在领导经济建设的长期实践中，中国共产党既坚持马克思主义政治经济学的基本原理和方法论，又结合中国实际大胆创新，从单一公有制到公有制为主体、多种所有制经济共同发展和坚持"两个毫不动摇"；从传统的计划经济体制到社会主义市场经济体制，从市场在资源配置中起基础性作用到市场在资源配置中起决定性作用、更好发挥政府作用，一系列新探索新实践，既确保了国民经济命脉牢牢掌握在党和人民手中，确保了经济发展服务人民利益、公共利益和国家利益，也提升了市场主体的自主性创造性，极大解放和发展了社会生产力。

研究规律，把握规律，遵循规律。善于把握规律，按照客观规律办事，是马克思主义政党之所以先进的重要因素。中国共产党不断探索共产党执政规律、社会主义建设规律、人类社会发展规律，并把这些规律运用到实践当中，指导和校正自己的行动。

在社会主义建设实践中，中国共产党对"什么是社会主义、怎样建设社会主义""建设什么样的党、怎样建设党""实现什么样的发展、怎样发展""新时代坚持和发展什么样的中国特色社会主义、怎样坚持和发展中国特色社会主义"等重大问题的认识不断深化，提出一系列新观点新论断，进行一系列新探索新实践，丰富和发展了科学社会主义。从"贫穷不是社会主义，发展太慢也不是社会主义"，到"社会主义的本质是解放生产力，发展生产力，消灭剥削，消除两极分化，最终达到共同富裕"，再到"实现共同富裕是社会主义的本质要求"，中国共产党对社会主义本质的认识不断深化。

从"又快又好"到"又好又快"，从"经济增长方式"到"经济发展方式"，从高速增长到高质量发展，从加快发展到统筹好发展和安全两件大事，从全面、协调、可持续的发展观到创新、协调、绿色、开放、共享的新发展理念，中国共产党对经济社会发展规律的认识不断深化。

（三）勇于战胜风险挑战

中国的革命、建设、改革，面临着党内和党外的、国内和国际的、传统和非传统的、人类社会和自然界的多种复杂严峻的风险挑战。中国共产党领导人民迎接挑战、从容应对，敢于斗争、敢于胜利，在应对挑战、化解风险中推动事业发展，取得并巩固了执政地位，保证了国家安全，保持了发展的连续性和稳定性。

中国共产党保持忧患意识，始终居安思危。改革开放新时期，面对社会矛盾易发多发频发，面对世界社会主义出现严重挫折，中国共产党把增强抵御风险能力作为党的建设重大历史性课题，成功应对各种风险挑战。中共十八大以来，中国共产党清醒认识内外环境新的重大变化和面临的风险挑战，把增强忧患意识、做到居安思危作为治国理政必须坚持的重大原则，把保证国家安全作为巩固执政地位、坚持和发展中国特色社会主义的头等大事，从最坏处着眼，做最充分的准备，朝好的方向努力，争取最好的结果，掌握了应对风险挑战的战略主动。

二、具有强大领导力执政力

中国体量巨大、人口众多、国情复杂，因此必须有坚强有力的领导力量。

（一）制定正确路线和战略策略

坚强的领导来源于正确的领导；正确的领导来源于正确的决策。对中国共产党这样一个大党来讲，政策和策略是党的生命。百余年来，中国共产党在历史重大转折到来时，能够比较好地、有预见地、全面客观地分析研究形势，并在此基础上制定切合实际的目标、任务、政策、路径，使全党在正确路线指引下有条不紊地开展工作。

制定正确的路线方针政策。在不同历史时期，中国共产党科学分析面临形势，准确把握内外条件，在此基础上制定路线方针政策。中共十八大以来，中国共产党提出统筹推进"五位一体"总体布局、协调推进"四个全面"战略布局，确立了新时代坚持和发展中国特色社会主义的战略规划和部署。

制定阶段性发展目标和战略。为了实现长远目标，中国共产党采取渐进策略，提出一个时期内的目标任务和实现路径，一步一步推进，积小胜为大胜。集中统一领导的政治优势，使得党可以根据长远战略制定阶段性目标，有效协调整体利益和局部利益、长远利益和眼前利益，团结各方为了实现共同目标一起努力，国家的法律、政策也得以稳定连贯实施。

通过规划引领发展、化解挑战。制定和实施五年规划是中国共产党推动发展、实现发展的成功经验。以五年为一个发展阶段，时间长度合适，可以保持政策的稳定和延续，既谋好大事，又办成大事。从 1953 年实行第一个五年计划，到现在第十四个五年规划即将收官。

自 20 世纪 90 年代，中国共产党把制定五年规划和十年规划结合起来，根据十年或者更长时间经济发展的总趋势和奋斗目标来确定五年规划，使其更具长远性。为实现国家规划的落实，建立以国家发展规划为统领的规划体系，把全国总目标按照不同层级、不同类别分解成为若干子目标，使全国形成一盘棋。通过制定规划引领发展，已经从经济社会领域扩展到国家治理的其他领域。具有前瞻性的发展规划和可行性的具体举措相结合，既避免了"只讲长远目标"而"缺乏具体行动"的空谈，也避免了"只顾低头拉车"而"忘了抬头看路"的短视，对于中国共产党的事业长期稳定发展发挥了重要作用。

试点先行，稳步推进。对关系国计民生的重大问题，中国共产党既反对保守，也反对冒进，既大胆试、大胆闯，又实事求是、稳扎稳打，在综合平衡中稳中求进。把制定长期政策目标和广泛的政策试验结合起来，中央设定大的政策目标，在地方设立试点或试验区摸索具体的实施方法，然后总结试点经验，以点带面、以点串线地推广到其他地方，实现探索、试错、纠错、前进的螺旋式发展。

中国共产党提出并实行改革决策与立法决策相衔接，确保重大改革于法有据、顺利实施。注重发挥法治固根本、稳预期、利长远的保障作用，及时将实践证明行之有效的改革成果上升为法律制度和国家政策。对试点先行中的风险和挑战，中国共产党及时作出分析并进行相应的政策和制度调整，避免了在全国推行时出现大范围政策失误甚至引发社会震荡。从建立经济特区到设立中国（上海）自由贸易试验区，从建设雄安新区到支持深圳建设中国特色社会主义先行示范区、支持浦东新区高水平改革开放打造社会主义现代化建设引领区、支持浙江高质量发展建设共同富裕示范区等，中国共产党通过试点办法，积极而又稳妥地成功推进一系列重大改革。试点先行、由点到面的工作方法，既实现了改革的"蹄疾步稳"，也将地方的创新精神融入中央的政策制定过程中，促进了中央和地方的良性互动，提高了政策的创新力和适应力。经过长期探索实践，中国实现了以试点促改革、以改革促发展、以发展促稳定，人民在共享发展和稳定"红利"后进一步支持改革的良性循环。

（二）团结和凝聚各方力量

中国共产党之所以有力量，在于党在不同历史时期，始终把统一战线摆在重要位置，坚持大团结大联合，坚持一致性和多样性统一，加强思想政治引领，广泛凝聚共识，广聚天下英才，努力寻求最大公约数、画出最大同心圆，不断巩固和发展最广泛的统一战线，团结一切可以团结的力量、调动一切可以调动的积极因素，最大限度凝聚起共同奋斗的力量。爱国统一战线是党团结海内外全体中华儿女实现中华民族伟大复兴的重要法宝。

探索形成新型政党制度。在长期的革命、建设、改革进程中，中国共产党与各民主党派、无党派人士，长期共存、互相监督、肝胆相照、荣辱与共，形成了中国共产党领导的多党合作和政治协商制度。这一新型政党制度能够真实、广泛、持久地代表并实现最广大人民和全国各族各界的根本利益，有效避免了旧式政党制度只代表少数人、少数利益集团的弊端，有效克服了政党之间互相倾轧造成政权更迭频繁的弊端。中国共产党作为执政党，处于领导地位和执政地位，善于听取意见，乐于接受监督，勇于接受批评。各民主党派作为中国特色社会主义参政党，是中国共产党的好参谋、好帮手、好同事，积极参与国家政权建设和国家大政方针制定，在促进国家政策、法律法规的制定实施等方面发挥了重要作用。

（三）建设高素质干部队伍

政治路线确定以后，干部就是决定因素。中国共产党之所以能够实现对党和国家事业的全面领导，能够实现对各个领域各个行业的领导，关键是有一支规模宏大的高素质干部队伍，关键是能够聚天下英才而用之。

今天的中国繁荣发展，为各路英才实现人生理想搭建了更加广阔的舞台。中国共产党在不同历史时期，都能吸引汇聚中国最优秀的群体，为民族独立、人民解放和国家富强、人民幸福共同奋斗。

重视选贤任能。中国共产党始终把选人用人作为关系党和人民事业的关键性根本性问题来抓。中共十八大以来，中国共产党进一步明确以什么标准选人、选什么样的人、怎样选人，为优秀人才脱颖而出创造了更好条件。

把好干部选出来，用起来。中国共产党传承中国历史上选贤任能的优良传统，借鉴其他国家的有益做法，形成了选拔、任用、培训、管理、考核、激励等比较完备的选人用人体系，使优秀人才发现得了、培养得好、用得起来。中国共产党强调党管干部原则，坚持德才兼备、以德为先，坚持五湖四海、任人唯贤，坚持事业为上、公道正派，坚持注重实绩、群众公认。提出"信念坚定、为民服务、勤政务实、敢于担当、清正廉洁"的好干部标准，体现了对干部综合素质的要求。

干部录用主要是通过严格公平的考试，从全社会优秀人才中选拔。干部提拔晋升，按照好干部标准，围绕德、能、勤、绩、廉，经过组织推荐、民主评议、个别谈话、会议决定等多个程序深入进行考察。同时，严格实行"凡提四必"（干部档案"凡提必审"，个人有关事项报告"凡提必核"，纪检监察机关意见"凡提必听"，反映违规违纪问题线索具体、有可查性的信访举报"凡提必查"）等制度，防止"带病提拔"。中国共产党的各级干部，都是一步步成长起来的，都是通过层层考核选拔出来的优秀者。中国共产党高度重视干部的使用培训，通过在职培训、挂职锻炼、交叉任职、多岗轮换等多种形式，提升履职尽责的素质能力，着力建设忠诚干净担当的高素质专业化干部队伍。

三、始终保持旺盛生机和活力

中国共产党历经百年风雨仍然走在时代前列、保持青春活力，在于其不但能够领导人民进行伟大的社会革命，也能够进行伟大的自我革命，始终坚持党要管党、全面从严治党，与时俱进推进自我净化、自我完善、自我革新、自我提高，始终保持肌体健康和生机活力。

（一）坚持党内民主

中国共产党不断探索党内民主的实现形式，激发全党的活力和创造力，努力营造又有集中又有民主、又有纪律又有自由、又有统一意志又有个人心情舒畅生动活泼的政治局面。

不断发展党内民主。中国共产党在成立之初就对党员条件、党的各级组织和党的纪律作出具体规定，体现了民主集中制原则。新中国成立后，中国共产党在健全民主集中制、实行党务公开、建立党代会常任制、保护和扩大党员民主权利等党内民主建设方面作出重要决定，促进了党内民主的健康发展。改革开放后，中国共产党提出"党内民主是党的生命"的重要论断。中共十八大以来，中国共产党大力推进党内民主建设，从党中央做起，以上率下、层层推动，党内民主的好作风好传统得到传承和发展，党内民主空气越来越浓厚；民主决策进一步发展，中央委员会、中央政治局、中央政治局常务委员会作出重大决策部署之前，深入开展调查研究，广泛听取下级党组织和广大党员意见和建议；党的代表大会报告、党的全会文件、党的重要文件和重大决策、重大改革发展举措等，都在党内一定范围内征求意见，有的多次征求意见；严肃党内政治生活，中央政治局带头落实民主生活会制度，认真开展批评与自我批评；党的领导层在政策上和工作上的一些不同意见，能够通过党内正常的讨论，取得意见的协调或认识的一致。在党中央带动下，各级党组织党内民主不断推进，党内生活更加积极健康，领导干部的民主作风不断增强。

尊重党员主体地位，保障党员民主权利。党员是党内民主的主体。所有党员，不论从事何种社会职业，担任何种职务，入党时间长短和年龄大小，在党内政治生活中都处于平等地位，享有平等权利。党员有参加党的有关会议、阅读党的有关文件、接受党的教育和培训的权利；有在党的会议上和党报党刊上，参加关于党的政策问题的讨论的权利；有对党的工作提出建议和倡议的权利；有行使表决权、选举权的权利，有被选举权；等等。

在党内，民主渠道是畅通的，党员在党的会议上能够畅所欲言，能够讲真话、讲实话、讲心里话，不同意见的平等争论是受到鼓励的，基层的许多真实情况是通过畅通的民主渠道充分反映的。真实的、广泛的党内民主，增强了党员参加党内事务的积极性、主动性、创造性，使广大党员的聪明才智得到充分发挥。

把党内民主贯彻到民主选举、民主决策、民主管理、民主监督之中。中国共产党的重大决策部署会在党内广泛征求意见。中国共产党坚持集体领导制度，各级委员会实行集体领导和个人分工负责相结合的制度形式，对于党内的重大问题，按照集体领导、民主集中、个别酝酿、会议决定的原则，由集体讨论、按少数服从多数作出决定。

建立并不断完善党内选举制度，党的各级代表大会的代表和委员会，全部由选举产生，体现选举人的意志。以党的各级领导机关和领导干部，特别是各级领导班子的主要负责人为重点，不断加强党内监督。干部选拔任用中，民主推荐、民主测评已经成为必经程序和基础环节。基层党内民主形式丰富多彩，基层党组织大多实行了直接选举。

作为执政党，中国共产党党内民主的发展，对于国家政治、经济和社会领域产生重要的积极影响。党的各级领导干部和广大党员，把在党内树立的民主观念、养成的民主习惯、培养的民主作风、形成的民主传统带到各自工作岗位，模范遵守人民民主的法律和制度，影响和带动自己工作领域中的民主风气，增强身边群众的民主意识，有力带动和促进了人民民主的发展。

（二）勇于修正错误

中国共产党在领导人民取得革命、建设、改革伟大成就的同时，也经历过失误和曲折。但是，中国共产党能够正视自身的问题，勇于坚持真理、修正错误，不断战胜自我、超越自我，领导人民继续前进。

对待问题和错误坚持正确态度，不遮掩，不回避。中国共产党是全心全意为人民服务的政党，有缺点、有错误不怕别人批评指出，敢于为人民利益坚持正确的、改正错误的。实事求是地总结教训，在修正错误中继续前进。人民至上的深厚情怀、对党的事业的高度责任感、民主集中制的根本组织原则、批评与自我批评的有力武器，使中国共产党既有敢于面对错误的勇气，也有认识错误、修正错误的能力。中国共产党对本党包括领袖人物的失误和错误，历来采取郑重的态度，一是敢于承认，二是正确分析，三是坚决纠正，从而使失误和错误连同党的成功经验一起成为宝贵的历史教材。

（三）保持肌体健康

在革命、建设、改革中，中国共产党面临着形形色色的考验。外部世界的各种诱惑、管党治党的松懈松弛、党员思想行为的不良变化，都会对党的肌体造成侵害。中国共产党坚决同影响党的先进性、弱化党的纯洁性的各种现象作斗争，不断医治病症，坚决铲除毒瘤，保持肌体健康。

保持党员队伍活力。党员是党的活动的主体。中国共产党高度重视党员队伍建设，在增加数量的同时提升质量，把党员锻造成为一个个坚强个体，党的队伍越来越团结、越来越强大。在不同历史时期，中国共产党都注重结合时代特点，最广泛地吸收社会各方面的先进分子，补充新鲜血液，使党始终代表最广大人民的根本利益。虽然不同时期入党条件和程序有一些变化，但对党员的要求都很高，入党程序都很严格。成为共产党员，没有身份、学历、财富等要求，但有着十分严格的政治和道德要求。申请入党要履行严格手续、经过认真教育和严格考察后才能成为正式党员。中国共产党的主体由健全的坚强的分子组成，但也不可避免地掺杂不坚定分子、变节分子、异己分子和腐败分子。对不合格党员，党及时提出警告、促其改正，严重者坚决清理出党。

加强对权力的制约和监督。中国共产党的权力是人民赋予的，只能用来为人民谋利益，党对此始终保持清醒认识。中国共产党创立伊始就指出，地方委员会的财政、活动和政策应受中央执行委员会的监督。

坚决反对腐败。腐败问题是关系党的生死存亡的重大问题。中国共产党深知腐败之害，与腐败水火不容。中国共产党成立之初就提出对腐化分子混入党内的现象必须高度警惕，要求坚决清洗不良分子，和不良倾向斗争。

坚决防止在党内形成特权阶层。中国共产党深刻汲取古今中外治党不严、治国不力的深刻教训，刀刃向内，从严治党，从党中央严起、从党的高级干部严起，严下先严上、严人先严己。

1983—1987 年整党运动期间，经过党员登记和组织处理，有近 3.39 万人被开除党籍，不予登记的有 9 万余人，缓期登记的有 14.5 万余人，受到留党察看，撤销党内职务，向党外组织建议撤销党外职务，党内受警告、严重警告等党纪处分的有 18.4 万余人。

1989 年和 1990 年进行的党员重新登记工作涉及中央和地方单位的 375 万名党员。在此过程中，对少数不合格党员进行了妥善处理，并对违纪党员进行了纪律处分。

（四）注重学习总结

中国共产党是有本事的党。100 多年来，中国共产党领导人民创造了以少胜多、以弱胜强的战争奇迹，创造了经济快速发展奇迹和社会长期稳定奇迹。中国共产党之所以能够站在时代潮头、引领风气之先，能够应对复杂形势、完成艰巨任务，一个关键因素在于其注重学习总结和吸收借鉴，不断增强进行革命、建设、改革所需要的实际本领。

中国共产党是学习型政党。中国共产党的性质和担负的使命，要求其必须注重学习、善于学习、不断学习。面对不断发展变化的形势任务，中国共产党始终向群众学、向实践学、向历史学、向别人学。

中国共产党重视抓好领导干部特别是高级领导干部的学习，培养了一支治党治国治军的中坚力量。中共中央政治局建立集体学习制度，为全党起到了重要的带头示范作用。建立党委（党组）理论学习中心组学习制度，各级党委（党组）领导班子成员定期围绕不同主题进行学习。在全党定期或不定期开展形势政策教育。依托中央和地方各级党校（行政学院），开展大规模多层次培训。重视学习、善于学习，使得中国共产党能够适应不断发展变化的形势，树立新观念，掌握新本领，解决新问题。中国共产党依靠学习赢得过去，也将依靠学习赢得未来。

中央政治局集体学习指中共中央政治局定期学习制度，由中共中央总书记主持并发表讲话，中央政治局全体成员参加，邀请有关部门负责人、专家学者，就经济、政治、历史、文化、社会、科技、军事、外交等问题进行专题讲解。

中国共产党是靠总结经验成长起来的。不论是革命战争年代还是和平建设时期，从党中央到基层组织，完成阶段性工作和重大任务后，都要进行总结，发扬优点，克服缺点，继续前进。勤于总结、善于总结，已经成为中国共产党重要的思想方法和工作方法。中国共产党既重视总结成功经验，更重视从失败中学习。自己犯的错误特别是大错误，暴露出的问题、揭示出的规律往往更加深刻，更值得总结。历史上，中国共产党每次都能从大的错误中总结教训，使党的事业有一个大的推进。中国共产党在探索、总结、提高的螺旋式上升中，实现了重要经验的提炼升华，实现了具有重要意义的历史转折。

当代中国是历史中国的延续和发展。中国共产党高度重视历史的学习，反复强调学习中国历史，学习党史、新中国史、改革开放史、社会主义发展史，在汲取历史经验中不断前进。中国共产党以史为鉴，既注重从中华优秀传统文化中汲取治国理政的智慧和营养，也深刻汲取历代政权更迭和各种政治力量衰败的教训，反复警醒全党，避免重蹈覆辙。中国共产党不仅注重总结汲取自身和本国历史的经验，还注重总结汲取世界政党特别是世界社会主义运动的经验教训，以其为镜鉴，反思和改进党的工作，不断提高执政能力和拒腐防变能力。

中国共产党是开明开放的政党。对于人类文明的一切优秀成果，中国共产党从来都是结合实际，以开放态度积极吸收借鉴。新中国成立后，中国共产党借鉴苏联经验开展社会主义革命和建设，对于恢复和发展国民经济，推动社会主义改造和工业化发展，发挥了重要作用。改革开放后，中国共产党积极吸收和借鉴世界各国包括发达资本主义国家的一切反映现代社会化生产规律的先进经营方式、管理方法和科学技术，显著提升了中国的现代化建设水平。中共十八大以来，中国共产党积极推动文明交流互鉴，深化与其他政党治国理政经验交流，加强多种形式、多种层次的国际政党交流合作，通过政党间协商合作促进国家间协调合作，推动共同发展，实现互利共赢。

100多年来，中国共产党历经千锤百炼而朝气蓬勃，一个很重要的原因就是勇于自我革命。未来路上，中国共产党仍然面临着精神懈怠危险、能力不足危险、脱离群众危险、消极腐败危险，仍然面临着执政考验、改革开放考验、市场经济考验和外部环境考验。但是，经过百年磨砺，中国共产党具有自我革命的勇气和能力，能够经受住各种挑战和考验，始终保持旺盛生机和活力。

四、为人类和平与发展贡献力量

中国共产党是为中国人民谋幸福的政党，也是为人类进步事业奋斗的政党。无论国际风云如何变幻，中国共产党始终秉持和平、发展、公平、正义、民主、自由的全人类共同价值。随着中国日益走近世界舞台中央，中国共产党全面推进中国特色大国外交和推动构建人类命运共同体，以更加积极的姿态在国际事务中发挥作用。

（一）维护世界和平

中国共产党从苦难中走来，为争取民族独立、人民解放历经千辛万苦，深知和平来之不易。在错综复杂的国际形势中，中国共产党始终高举正义的旗帜，支持和平、反对战争，支持民主、反对强权，支持多边主义、反对单边主义，坚定维护世界和平，坚定维护国际公平正义。

旗帜鲜明反对霸权主义和强权政治。中国共产党在反抗外敌入侵中诞生，反对霸权、反对强权是其与生俱来的鲜明品质。新中国成立后，在对外政策上坚持独立自主原则，坚持中国共产党的事情必须由中国共产党来办、中国的事情必须由中国人民来办，决不允许外来任何力量、任何形式的干涉，决不屈服于任何外来压力，始终保证国家主权、安全、发展利益牢牢掌握在自己手中。

为维护世界和平贡献智慧和力量。从和平共处五项原则，独立自主的、不结盟的和平外交政策，到建设持久和平、共同繁荣的和谐世界，再到构建人类命运共同体、构建新型国际关系、共建"一带一路"等重要理念、重要倡议，中国共产党为维护世界和平积极贡献中国智慧、中国方案。中国共产党既有维护世界和平的庄严承诺，更有维护世界和平的实际行动。

新中国成立以来，中国没有主动挑起过任何一场战争和冲突，没有侵略过别国一寸土地。中国从拥有核武器的第一天起，就积极倡导全面禁止和彻底销毁核武器，始终恪守在任何时候和任何情况下都不首先使用核武器。中国承诺无条件不对无核武器国家和无核武器区使用或威胁使用核武器。

改革开放以来，中国致力于促进世界和平，主动裁减军队员额 400 余万。中国始终不渝奉行防御性国防政策，坚持走中国特色强军之路，中国军队忠实践行人类命运共同体理念，积极履行大国军队国际责任，全面推进新时代国际军事合作，努力为建设持久和平、普遍安全的美好世界作出贡献。中国积极参与国际军控、裁军和防扩散进程，反对军备竞赛，维护全球战略平衡与稳定。

中国始终致力于通过谈判、协商方式处理领土问题和海洋划界争端，同 14 个邻国中的 12 个国家彻底解决了陆地边界问题，划定了中越北部湾海上界线。中国积极参与重大国际和地区热点问题解决，根据事情本身的是非曲直作出公正判断，劝和促谈，维稳防乱，为维护国际和地区和平安宁发挥了建设性作用。

坚定维护以联合国为核心的国际体系。作为联合国创始会员国、联合国安理会常任理事国和最大发展中国家，中国始终坚定维护联合国权威和地位，恪守联合国宪章宗旨和原则，维护以国际法为基础的国际秩序，同各国一道，坚守多边主义，反对单边主义。

中国积极参加联合国维和行动，是联合国第二大会费国和维和摊款国，是安理会常任理事国维和行动第一大出兵国。新时代的中国军队已经成为联合国维和行动的关键因素和关键力量，为世界和平与发展注入更多正能量。中国严格履行《巴黎协定》《核安全公约》《不扩散核武器条约》《禁止生物武器公约》《禁止化学武器公约》等国际公约，在联合国框架下积极开展能源安全、粮食安全、网络安全、生物安全、极地、外空、海洋等领域国际交流与合作。

推动国际关系民主化。中国共产党是民主的忠实追求者、积极探索者和模范实践者，不但在党内实行民主、在中国发展全过程人民民主，而且在国际上大力推动国际关系民主化。新中国成立之初就鲜明提出，和平共处五项原则应该成为世界各国建立和发展相互关系的准则。按照这一原则，中国与许多国家建立和发展了双边关系。

面对世界百年未有之大变局，中国高举和平、发展、合作、共赢的旗帜，推动建设相互尊重、公平正义、合作共赢的新型国际关系，推动国际关系民主化。面对全球范围内经济、科技等领域竞争，中国不是把对方视为对手，而是视为伙伴；不是搞冷战和对抗、控制和操纵，而是促进交流合作、实现互利共赢。

中国始终秉持伙伴精神发展与各国关系，构建总体稳定、均衡发展的大国关系框架，按照亲诚惠容理念和与邻为善、以邻为伴周边外交方针深化同周边国家关系，秉持正确义利观和真实亲诚理念加强同发展中国家团结合作。

当今世界，公平正义远未实现。少数国家漠视国际公理、践踏国际规则、违背国际民意，公然侵犯他国主权，干涉他国内政，动辄以大欺小、恃强凌弱。面对充满危机的世界，中国共产党主张，国家不论大小、强弱、贫富，在国际关系中都是平等的；大国要有大国的样子，要以人类前途命运为要，对世界和平与发展担负更大责任，而不是依仗实力搞唯我独尊、霸凌霸道；世界的命运必须由各国人民共同掌握，各国和各国人民应该共同享受尊严、共同享受发展成果、共同享受安全保障。

政党是维护世界和平、推动人类进步的重要力量。世界各政党诞生的历史背景和条件不同，承载的功能使命不同，取得执政地位、履行执政责任的方式不同。世界是丰富多彩的，不是"非黑即白"的单一色彩。同我即对、非我即错的逻辑方式不符合人类文明发展潮流。评判一个执政党是否先进、合格，评判一种政治制度是否行得通、有效率、真管用，实践最有说服力，人民最有发言权。各国政党应担负起引领方向、凝聚共识、促进发展、加强合作、完善治理的责任，求同存异、相互尊重、互学互鉴，加强交流合作，共谋人民幸福。

（二）促进共同发展

发展是世界各国的权利，而不是少数国家的专利。中国共产党不仅希望中国人民过上好日子，也希望其他国家人民过上好日子。中国共产党在致力于实现自身发展的同时，为促进共同发展贡献力量。

中国保持长期稳定和发展是对人类的贡献。中国是世界上最大的发展中国家，中国共产党领导人民，集中力量办好自己的事，让国家更富强、人民更幸福，本身就是对世界和平与发展的贡献。中国经济持续健康发展，成为世界经济增长的主要稳定器和动力源。中国完成消除绝对贫困的任务，提前十年实现《联合国2030年可持续发展议程》减贫目标，对全球减贫贡献率超过70%。中国科技创新为其他国家人民生产生活带来更多便利，为世界科技创新和经济增长注入了新动能。中国以占全球9%的耕地，养活了世界近20%的人口。

中国大力加强环境治理，是世界生态文明建设的重要力量。中国积极推进绿色低碳发展，提前实现对国际社会承诺的2020年碳减排目标，并承诺力争2030年前实现"碳达峰"、努力争取2060年前实现"碳中和"。中国全方位对外开放为各国分享"中国红利"创造更多机会，庞大消费需求为世界各国提供了巨大市场。新中国成立以来，中国经历了中华民族史乃至人类发展史上从未有过的巨大的经济社会变迁，持续保持了国家政治和社会大局稳定，这既是中国人民的福祉，也是中国为世界和平稳定作出的贡献。

加强国际发展合作。中国自身是发展中国家，对其他发展中国家正在经受的贫困和苦难感同身受，积极开展国际发展合作，力所能及地为他们提供援助。新中国成立以来，中国向其他发展中国家提供不附加任何政治条件的援助。中国的对外援助顺应时代要求，向国际发展合作转型升级，为破解全球发展难题、推动落实《联合国2030年可持续发展议程》注入中国力量。2013—2018年，中国累计对外提供援助2702亿元，实施成套项目423个，提供物资援助890批，完成技术合作项目414个，举办人力资源开发合作项目 7000 余期，共约 20 万名人员受益。

中国积极开展抗击新冠疫情全球合作，力所能及地为国际组织和其他国家提供援助，截至 2021 年 6 月，共为受疫情影响的发展中国家抗疫及恢复经济社会发展提供了 20 亿美元援助，向 150 多个国家和 13 个国际组织提供了抗疫物资援助，为全球供应了 2900 多亿只口罩、35 亿多件防护服、46 亿多份检测试剂盒，向 100 多个国家和国际组织提供了 5.2 亿多剂疫苗，累计组派 33 批抗疫医疗专家组赴 31 个国家协助抗疫。

当今世界仍然面临着严重的发展困境，许多人还在贫困、饥饿、疾病之中挣扎。一些国家越来越富，另一些国家越来越穷，世界不可能长久太平、持久繁荣。中国共产党主张，加快全球减贫进程，发达国家要加大对发展中国家的发展援助，发展中国家要增强内生发展动力。中国将尽己所能，继续开展国际发展合作，深化南南合作，为全球减贫贡献智慧和力量。

积极参与引领全球治理体系改革和建设。二战以后建立的国际体系，对于战后恢复世界经济发挥了重要作用，但是，经济全球化带来的发展鸿沟和公平问题日益突出。中国作为负责任大国，始终坚持权利和义务相平衡，积极参与全球治理体系改革和建设，推动建立更加公正合理的国际政治经济新秩序。中共十八大以来，中国积极推动全球治理体系改革和建设，参与制定多个新兴领域治理规则，推动改革全球治理体系中不公正不合理的安排；坚定支持多边主义，搭建政治、经济、安全、人文等领域多边平台，促进对话与合作；发起成立亚洲基础设施投资银行，设立丝路基金，为构建开放型世界经济，促进全球包容、可持续发展贡献更大力量。当前，全球治理体系改革和建设仍然面临诸多困难和挑战，任重而道远。中国将实施更加积极主动的开放战略，以实际行动维护经济全球化，推动构建创新、活力、联动、包容的世界经济。中国将继续发挥负责任大国作用，秉持共商共建共享的全球治理观，积极参与引领全球治理体系改革和建设，推动全球治理体系向着更加公正合理方向发展，使发展成果更多更好惠及各国人民。

（三）走和平发展道路

和平发展，是中国共产党矢志不渝的追求，是中国发展的鲜明特征。100 多年来，中国共产党领导人民走的是强而不霸的复兴新路，是追求和平、维护和平、捍卫和平的道路。这条道路，是靠中国人民自力更生、艰苦奋斗，而不是靠殖民和侵略走出来的，是既促进自身发展、也为世界和平发展作出贡献的道路。

历史上确有国家因强成霸，但国强必霸不是历史定律。用西方一些国家的发展经验评判中国，把西方一些国家的发展逻辑套用于中国，得出的结论必然荒谬失真。中国走和平发展道路，是思想自信和实践自觉的有机统一。从中华民族薪火相传的文化基因中，从中国过去到现在一脉相承的发展历程中，从中国与西方大国崛起的相互比较中，可以清晰地看出，和平发展是中国共产党的执政轨迹、执政逻辑、执政方向，是中国的发展轨迹、发展逻辑、发展方向。

中国走和平发展道路，源于中华文明的深厚底蕴。中华文化蕴含着天人合一的宇宙观、协和万邦的国际观、和而不同的社会观、人心和善的道德观。和平、和睦、和谐是中华民族 5000 多年一直追求和传承的理念，中国共产党是中华优秀传统文化的忠实传承者，没有侵略他人、称霸世界的基因。

中国走和平发展道路，源于对实现中国发展目标条件的认知。发展是党执政兴国的第一要务。中国的发展得益于和平稳定的外部环境，中国进一步发展同样需要和平稳定的外部环境。对外搞扩张、搞霸权，不符合中国利益，违背人民意愿。积极争取和平的国际环境发展自己，又以自身的发展更好地维护世界和平、促进共同发展，始终是中国共产党坚定不移的选择。

中国走和平发展道路，源于对世界发展大势的深刻把握。当今世界，和平、发展、合作、共赢是时代潮流。任何一个国家，无论大小强弱，只有在平等、互利、共赢基础上参与国际合作，才能实现持续发展；反之，追逐霸权、穷兵黩武，只会消耗国力、走向衰亡。

人类历史上由于强国争霸导致战乱频仍、生灵涂炭、人类文明遭受挫折甚至倒退，教训惨痛而深刻。要和平不要战争，要发展不要贫穷，要稳定不要混乱，是各国人民朴素而真实的共同愿望。中国走和平发展道路，符合历史潮流，顺应世界大势。

中国有发展的权利，中国人民有追求美好生活的权利。作为历史上曾经遭受欺凌、蒙受屈辱的大国，中国发展的目的是赢得尊严和安全，让历经苦难的人民过上好日子。在追求这个目标的过程中，中国自然而然地发展了、强大了，但不是想要超越谁、威胁谁、挑战谁、取代谁，更不是要在世界上称王称霸。中国的未来掌握在自己手中，中国的命运由中国人民说了算。没有任何人能够剥夺中国人民追求美好生活的权利，也没有任何人能够阻挡中国向前发展的步伐。

中国坚定不移走和平发展道路，也希望世界各国共同走和平发展道路。各国走和平发展道路，才能共同发展，国与国才能和平相处。中国决不会以牺牲别人利益为代价发展自己，也决不放弃自己的正当利益。

（四）推动构建人类命运共同体

中国共产党是有远大抱负的政党，这种抱负不是称霸世界，而是贡献世界。100多年来，在风云变幻的世界舞台上，中国共产党和中国既坚定地保持自信，也秉持谦虚态度和伙伴精神与其他政党和国家相处。中国共产党始终坚信，大党之大、大国之大，不在于体量大、块头大、拳头大，而在于胸襟大、格局大、担当大。中国共产党始终坚信，和平而不是战争、合作而不是霸道、对话而不是对抗、开放而不是封闭，才是人间正道，才能赢得未来。

1. 构建人类命运共同体

构建人类命运共同体是顺应历史发展大势的必然选择。当今时代，各国相互联系和彼此依存比以往任何时候都更加紧密。各国共处"地球村"，既有本国利益，也有需要与其他国家一起维护的共同利益。很多问题不再局限于一国内部，很多挑战不是一国之力可以应对。没有一个国家能够独自发展或者独善其身。各国只有通力合作，才能有效应对各种风险挑战，才能在实现自身发展基础上实现共同发展。

构建人类命运共同体理念，秉持合作共赢理念。政治上，倡导相互尊重、平等协商，摒弃冷战思维和强权政治，走对话而不对抗、结伴而不结盟的国与国交往新路；安全上，倡导以对话解决争端、以协商化解分歧，统筹应对传统和非传统安全威胁，反对一切形式的恐怖主义；经济上，倡导同舟共济，促进贸易和投资自由化便利化，推动经济全球化朝着更加开放、包容、普惠、平衡、共赢的方向发展；文化上，倡导尊重世界文明多样性，以文明交流超越文明隔阂，以文明互鉴超越文明冲突，以文明共存超越文明优越；生态上，倡导坚持环境友好，加强应对气候变化和生物多样性保护合作，保护好人类赖以生存的地球家园。

人类命运共同体理念揭示了世界各国相互依存和人类命运紧密相连的客观规律，反映了全人类共同价值，找到了共建美好世界的最大公约数。构建人类命运共同体主张不同社会制度、不同意识形态、不同历史文明、不同发展水平的国家，在国际活动中目标一致、利益共生、权利共享、责任共担，促进人类社会整体发展。

2. 共建"一带一路"

共建"一带一路"是推动构建人类命运共同体的重要实践平台。高质量共建"一带一路"，以和平合作、开放包容、互学互鉴、互利共赢的丝绸之路精神为指引，以政策沟通、设施联通、贸易畅通、资金融通、民心相通为重点，秉持共商共建共享原则，坚持开放、绿色、廉洁理念，努力实现高标准、惠民生、可持续目标，已经从理念转化为行动，从愿景转化为现实，从倡议转化为全球广受欢迎的公共产品。

据世界银行研究报告，共建"一带一路"倡议将使相关国家 760 万人摆脱极端贫困、3200 万人摆脱中度贫困，将使参与国贸易增长 2.8% 至 9.7%、全球贸易增长 1.7% 至 6.2%、全球收入增加 0.7% 至 2.9%。共建"一带一路"倡议源于中国，但机会和成果属于世界。共建"一带一路"追求的是发展，崇尚的是共赢，传递的是希望。

第十九章　小康社会与中国人权事业[*]

全面建成小康社会是中国共产党和中国政府为增进人民福祉、提高全体人民人权保障水平、实现国家现代化而实施的一项重大国家发展战略。全面建成小康社会意味着中国人民最终实现了从贫困到温饱到总体小康直到全面小康的历史跨越。

2021 年 7 月 1 日，习近平庄严宣告："我们实现了第一个百年奋斗目标，在中华大地上全面建成了小康社会，历史性地解决了绝对贫困问题，正在意气风发向着全面建成社会主义现代化强国的第二个百年奋斗目标迈进。"这是中国人权进程中一个激动人心的时刻、一个载入史册的时刻、一个继往开来的时刻。

一、全面建成小康社会开辟人权事业新境界

（一）全面建成小康社会的光辉历程

建设小康社会是 20 世纪 80 年代以来，中国共产党领导中国实现国家富

---

[*] 本章主要内容参见国务院新闻办公室：《全面建成小康社会：中国人权事业发展的光辉篇章》白皮书，2021 年 8 月。

强、民族复兴、人民幸福的宏伟战略。基于对中国发展实际的分析和判断，中国共产党提出坚持以经济建设为中心，通过经济发展带动整个社会进步。

1979 年 12 月，邓小平提出建设"小康之家"的设想，创造性地借用"小康"这个富有中国传统文化特色的概念来表述"中国式的现代化"的重要内容与目标。

"小康社会"用于描绘一种人们摆脱贫困、远离劳苦，过着和平、稳定、幸福生活的社会状态。

1982 年中共十二大报告明确，从 1981 年到 20 世纪末的 20 年，力争使全国工农业的年总产值翻两番，解决人民的温饱问题。1992 年中共十四大报告指出，11 亿人民的温饱问题已经基本解决，正在向小康迈进。

2002 年中共十六大报告宣告，"人民生活总体上实现了由温饱到小康的历史性跨越"，并进一步提出"全面建设小康社会"的目标：在本世纪头 20 年，集中力量，全面建设惠及十几亿人口的更高水平的小康社会，使经济更加发展、民主更加健全、科教更加进步、文化更加繁荣、社会更加和谐、人民生活更加殷实。

2012 年中共十八大报告进一步提出，"确保到 2020 年实现全面建成小康社会宏伟目标"，实现经济持续健康发展，人民民主不断扩大，人权得到切实尊重和保障，文化软实力显著增强，人民生活水平全面提高，资源节约型、环境友好型社会建设取得重大进展。

2017 年中共十九大报告提出决胜全面建成小康社会，要求紧扣中国社会主要矛盾变化，统筹推进经济建设、政治建设、文化建设、社会建设、生态文明建设，攻坚克难，使全面建成小康社会得到人民认可、经得起历史检验。

2021 年 7 月 1 日，习近平庄严宣告在中华大地上全面建成了小康社会。

（二）　全面建成小康社会的人权内涵

全面建成小康社会的进程，也是中国人权事业全方位发展的进程，始终体现和包含着解放人、保障人、发展人的战略、目标和任务。全面建成小康社会首先要保障生存权。生存是享有一切人权的基础。小康社会建设将解决温饱问题、保障生存权作为首要目标，不断满足人民日益增长的物质文化需要。在全面建成小康社会进程中，人民生活质量显著提高，衣食住行用都有较大改善，生存权保障水平稳步提升。

全面建成小康社会必然要实现各类人权协调发展。全面小康强调保障物质文明、政治文明、精神文明、社会文明、生态文明建设成果惠及人民。坚持人权相互依存、不可分割的基本原则，既保护经济社会文化权利，又保障公民人身权、人格权、财产权和民主政治权利，全方位增进各类人权和基本自由。

全面建成小康社会就是要促进所有人的人权。全面小康，本质上是全民共享人权的小康。在全面建成小康社会的历史进程中，中国构建起机会公平、规则公平和权利公平的社会公平体系，切实保障人民平等参与发展、共同促进发展、共享发展成果。中国共产党和中国政府坚持人权主体的普遍性，确保全面小康路上不让一个人掉队；坚持共同富裕方针，通过一部分人先富带动全体人民共富，让发展成果平等惠及全民，实现分配正义；坚持法律面前人人平等和不歧视原则，确保全体公民不分民族、种族、性别、职业、家庭出身、宗教信仰、教育程度、财产状况、居住期限，一律、无差别地享有人权，受到同等的尊重；坚持保护弱势群体，以坚定决心、精准思路、有力措施，举全社会之力，向绝对贫困发起总攻，重点保障贫困地区、贫困人口的基本权利。

（三）　全面建成小康社会的人权意义

人权是善治之本。中国全面建成小康社会，始终坚持尊重人权、保障人权、促进人权的价值遵循，将增加人民的获得感、幸福感、安全感作为出发点和落脚点。

全面建成小康社会为人权保障与发展奠定了坚实物质基础。在全面建成小康社会进程中，中国坚定不移贯彻新发展理念，保持经济长期快速增长，稳定解决了十几亿人的温饱问题；破除城乡二元结构，改革收入分配格局，人民收入水平不断提升；开展精准扶贫、精准脱贫，决胜脱贫攻坚，加强对各类弱势群体的保护；基本建立覆盖全民的社会保障体系，人民健康和医疗卫生水平大幅提高；建设完善公共文化服务体系，全面实现城乡免费义务教育，构建高效广泛的信息网络；加快生态文明建设，实施环境保护基本国策，污染防治力度加大，生态环境明显改善。全面建成小康社会，经济、社会、文化、环境权利更加公平可及，各类主体在经济、政治、社会和文化等领域的平等参与和平等发展，更加切实和顺畅便捷。

此外，全面建成小康社会为人权保障与发展奠定了坚实民主政治基础，推动了人权法治保障持续加强，培育了全社会尊重和保障人权的文化。

二、消除绝对贫困，实现基本生活水准权

贫困是实现人权的最大障碍。中国共产党和中国政府高度关注农村贫困问题，持续推进扶贫开发事业，在消除贫困道路上不断取得新突破。中共十八大以来，中国政府把贫困人口全部脱贫作为全面建成小康社会的底线任务和标志性指标，组织实施了人类历史上规模空前、力度最大、惠及人口最多的脱贫攻坚战，完成了消除绝对贫困的艰巨任务。

按照中国农村居民每人每年生活水平在 2300 元以下（2010 年不变价）的现行贫困标准计算，从中共十八大到 2020 年年底，中国现行标准下 9899 万农村贫困人口全部脱贫，832 个贫困县全部摘帽，12.8 万个贫困村全部出列，区域性整体贫困得到解决。改革开放以来，按照现行贫困标准计算，中国 7.7 亿农村贫困人口摆脱贫困；按照世界银行国际贫困标准计算，中国减

贫人口占同期全球减贫人口 70% 以上。中国提前十年实现《联合国 2030 年可持续发展议程》减贫目标，为全球减贫事业发展和人类发展进步作出了重大贡献。

这一成就使得贫困人口食物权得到稳定保障、贫困人口饮水安全得到有力保障、贫困地区义务教育得到充分保障、贫困人口基本医疗得到有效保障、贫困人口住房安全得到切实保障。

三、增进经济社会文化权利

在全面建成小康社会进程中，中国坚持以发展促人权，推动全面落实经济社会权利、文化教育权利及生态环境权利，人民生活更加富足安康、和谐幸福。

（一）卫生健康服务公平可及

没有全民健康，就没有全面小康。中国把人民健康放在优先发展的战略位置，实施健康中国战略，推进健康中国行动，推行普惠高效的基本公共卫生服务，不断提升医疗卫生服务的公平性、可及性、便利性和可负担性。全国医疗卫生机构（包含医院、基层医疗机构、专业公共卫生机构）由 1978 年的 17 万个大幅增长到 2020 年的 102.3 万个，包括疾病预防控制、健康教育、妇幼保健、精神卫生防治、应急救治、采供血、卫生监督等各种专业机构在内的公共卫生服务体系基本形成。中国还致力于建立优质高效的整合型医疗卫生服务体系，改善医疗卫生资源的可及性和便利性，提高医疗服务质量和效率，改善居民就医体验，居民主要健康指标总体上优于中高收入国家平均水平。

（二）生活质量显著提高

随着中国经济的长期持续稳定增长，居民收入水平持续提升，居民消费结构日益优化。人均国内生产总值从 1978 年的 385 元增至 2020 年的 72 000

元。2020 年，全国居民人均可支配收入达到 32 189 元；全国居民恩格尔系数为 30.2%，比 1978 年降低 33.7 个百分点。

基本居住条件显著改善。城镇居民人均住房建筑面积从 1978 年的 4.2 平方米增长到 2019 年的 39.8 平方米；农村居民人均住房建筑面积从 1978 年的 8.1 平方米增长到 2019 年的 48.9 平方米。城市人均公园绿地面积从 1981 年的 1.5 平方米增长到 2019 年的 14.36 平方米。中国实施城镇保障性安居工程，帮助约 2 亿困难群众改善了住房条件。

交通基础网络日益完善，人民出行更加安全便利。截至 2020 年，全国铁路运营里程达 14.6 万千米，其中，高速铁路运营里程 3.8 万千米；公路总里程近 520 万千米，其中，高速公路里程 16.1 万千米；城市轨道交通运营里程近 7355 千米。

信息化生活品质大幅提升。中国政府大力实施新型基础设施建设，让人民群众享受更多的信息化发展成果。2020 年，全国移动电话普及率达 113.9 部每百人；互联网普及率达 70.4%，其中，农村地区互联网普及率为 55.9%。截至 2021 年 6 月，全国已建设开通 5G 基站 84.7 万个。互联网在线购物等消费新业态蓬勃发展。2020 年，全国网络购物用户规模达 7.82 亿，占网民整体的 79.1%；全国网络零售额 11.76 万亿元，比 2019 年增长 10.9%。

疫情防控奉行生命至上。中国坚持人民至上、生命至上，在疫情暴发之初就采取最全面、最严格、最有力的防控措施，有力扭转了疫情局势，维护了人民生命安全和身体健康。疫情暴发初期，中国举全国之力实施了规模空前的生命大救援，从全国调集最优秀的医生、最先进的设备、最急需的资源千里驰援湖北省和武汉市。

2020 年 1 月 24 日至 3 月 8 日，全国共调集 346 支国家医疗队、4.26 万名医务人员、900 多名公共卫生人员驰援湖北；紧急调集 4 万名建设者和几千台机械设备，仅用十多天时间就建成了有 1000 个床位的火神山医院、有 1600 个床位的雷神山医院和共有 1.4 万余个床位的 16 座方舱医院。

（三）就业更加充分

中国政府坚持实施就业优先战略和积极的就业政策，推动"大众创业、万众创新"，突出强调"要优先稳就业保民生"，致力于实现充分就业、体面就业、和谐就业的美好愿景，建立起覆盖省、市、县、街道（乡镇）、社区（村）的五级公共就业服务网络体系。

（四）受教育权利得到更好保障

中国坚持教育公益性原则，把教育公平作为国家基本教育政策，受教育权保障水平显著提升。全国学前三年毛入园率从 2010 年的 56.6% 提高到 2020 年的 85.2%，实现了学前教育基本普及。2020 年，全国九年义务教育巩固率为 95.2%，义务教育普及程度达到世界高收入国家的平均水平；残疾儿童义务教育入学率超过 95%。建立覆盖从学前教育到研究生教育的全学段学生资助政策体系，不让一个孩子因家庭经济困难而辍学的目标基本实现。倾斜支持农村教育、中西部地区教育，全国 96.8% 的县实现义务教育基本均衡发展，更多农村和中西部地区孩子享受到更好更公平的教育。全国高中阶段教育毛入学率从 2000 年的 42.8% 提高到 2020 年的 91.2%，超过中等偏上收入国家平均水平；高等教育毛入学率从 2000 年的 12.5% 提高到 2020 年的 54.4%，高等教育在学总规模超过 4000 万人，建成世界上最大规模的高等教育体系。

（五）社会保障体系覆盖全民

社会保障是保障和改善民生、维护社会公平、增进人民福祉的基本制度保障。2020 年，中国参保总人数超过 13.6 亿人。全国参加职工基本医疗保险人数 3.4 亿人，参加城乡居民基本医疗保险人数 10.2 亿人。截至 2021 年 6 月，全国参加城镇职工基本养老保险人数超过 4.67 亿人，参加城乡居民基本养老保险人数超过 5.47 亿人；参加失业保险人数超过 2.22 亿人；参加工伤保险人数达 2.74 亿人，其中，参加工伤保险的农民工为 9082 万人；参加生育保险人数超过 2.35 亿人。国家还通过城乡居民大病保险等补充保险，在基本医疗保险之外对大病患者高额医疗费用予以保障。

中国构筑了以最低生活保障、特困人员救助供养、受灾人员救助、医疗救助、教育救助、住房救助、就业救助、临时救助等为主体，社会力量参与为补充，应救尽救的综合性社会救助体系。

（六）生态环境持续改善

良好生态环境是最普惠的民生福祉。中共十八大以来，将生态文明建设纳入国家发展"五位一体"总体布局，倡导绿色发展理念，严守生态保护红线，坚决打好污染防治攻坚战，切实保护公民环境权利；坚决打赢蓝天保卫战，使空气更加清新；着力打好碧水保卫战，使水质持续优化；扎实推进净土保卫战，使土壤环境风险得到有效管控。

截至 2020 年，全国共建立自然保护地近万处，保护面积覆盖陆域国土面积的 18%，约 90% 的陆地生态系统类型和 85% 的重点野生动物种群得到有效保护。全国森林覆盖率由 20 世纪 70 年代初的 12.7% 提高到 2020 年的23.04%。

中国森林面积近十年年净增约 249.9 万公顷，居全球第一。2012 年至2021 年 6 月，累计完成防沙治沙任务面积超过 1900 万公顷，封禁保护面积达到 177.2 万公顷。中国率先实现了荒漠化土地零增长，为实现《联合国2030 年可持续发展议程》提出的 2030 年全球退化土地零增长目标作出重要贡献。

（七）人类发展指数大幅提升

根据联合国开发计划署发布的《人类发展报告》，1990 年中国还处于低人类发展水平组，1996 年便进入了中等人类发展水平组，2011 年又步入了高人类发展水平组。中国的人类发展指数从 1990 年的 0.499 增长到 2022 年的 0.788，是自 1990 年联合国开发计划署在全球首次测算人类发展指数以来，唯一从低人类发展水平组跨越到高人类发展水平组的国家。

四、实行良法善治，维护公民权利及政治权利

在全面建成小康社会进程中，中国共产党和中国政府践行以人民为中心的发展思想，以更大的力度、更实的措施发展全过程人民民主，维护社会公平正义，确保人民依法享有更加广泛、更加充分、更加真实的权利和自由。

（一）拓展人民民主权利

坚持人民主体地位，发展完善人民代表大会制度、中国共产党领导的多党合作和政治协商制度、基层群众自治制度等，丰富民主形式，拓宽民主渠道，人民民主权利得到切实保障。

民主选举有序发展。城乡按相同人口比例选举人民代表大会代表，保证各地区、各民族、各方面都有适当数量的代表。县级及以下人民代表大会代表实行直接选举，强调保障人民选举权和被选举权，确保选举工作风清气正、选举结果人民满意。

社会主义协商民主稳步健全。中国推动协商民主广泛多层制度化发展，不断规范协商内容、协商程序，以事关经济社会发展全局和涉及群众切身利益的实际问题为内容，开展广泛协商。发挥人民政协作为社会主义协商民主的重要渠道和专门协商机构作用，推动协商履职成果更好运用。

基层群众自治不断完善。修订城市居民委员会组织法、村民委员会组织法，进一步完善和规范居民委员会、村民委员会成员的选举和罢免程序，人民知情权、参与权、表达权、监督权得到切实保障。

（二）保障人身权利

尊重人格尊严和价值，依法保护公民的人身权利和自由，非由法律规定、非经法定程序不得剥夺、限制公民人身自由。人员流动更加便利，中国

不断推进户籍制度改革，实行城乡统一的户口登记制度，促进有能力在城镇稳定就业的常住人口有序实现市民化，更好保障人民公平享有民生权利。中国加强数据安全和个人信息安全保护，加大对侵犯公民个人信息行为的打击力度。

（三）保障个人财产权

健全以公平为核心原则的产权保护制度。中国清理有违公平的法律法规条款，加强对各种所有制经济组织和自然人财产权的保护，鼓励、支持和引导非公有制经济发展，保证各种所有制经济依法平等使用生产要素、公平参与市场竞争、同等受到法律保护。

为优化营商环境提供法治保障。中国毫不动摇地坚持鼓励、支持、引导非公有制经济发展的一系列方针政策，依法打击侵犯民营企业及企业经营者合法权益的犯罪，依法保护民营企业自主经营权，以及企业经营者人身、财产安全。

加大知识产权保护力度，健全技术创新激励机制。中国完善体现知识产权价值的侵权损害赔偿制度，进一步彰显了激励和保护创新的鲜明态度，净化了市场竞争环境，促进了创新发展。

（四）加强人权司法保障

中国不断深化司法体制改革，全面落实司法责任制，完善律师执业权利保障制度，加强对司法活动的监督，维护人民权益，努力让人民群众在每一个司法案件中都感受到公平正义。

截至2020年，全国98%的法院建成了信息化程度较高的诉讼服务体系，为当事人提供全方位的诉讼服务；98%的法院开通诉讼服务网，为当事人、律师提供网上预约立案、案件查询、卷宗查阅、电子送达等服务。全国检察机关自2014年10月1日部署应用案件信息公开系统以来，截至2021年6月30日，"案件信息公开网"已导出案件程序性信息超过1500万件，发布重要案件信息超过114万件，公开法律文书约660万件，接受辩护与代理网上预约近 56 万人次。2019 年，"案件信息公开网"统一并入"12309 中国检察网"，网上服务进一步优化升级，检察机关案件信息公开进入信息化、常态化、规范化的快速发展轨道。

（五）保障宗教信仰自由

中国政府支持各宗教坚持独立自主自办的原则，在法律范围内进行各种宗教活动；依法对涉及国家利益和社会公共利益的宗教事务进行管理，但不干涉各宗教内部事务。《宗教事务条例》修订通过、《中华人民共和国境内外国人宗教活动管理规定》贯彻实施，中国依法保障中国公民及境内外国人的宗教信仰自由。根据《中国保障宗教信仰自由的政策和实践》白皮书，截至 2018 年 4 月，中国依法登记的宗教活动场所 14.4 万处，宗教院校 92 所，信仰佛教、道教、伊斯兰教、天主教和基督教等宗教的公民近 2 亿人，宗教教职人员 38 万余人。中国政府不断加大对宗教教职人员的社会保障力度，宗教教职人员医疗保险参保率达 96.5%，养老保险参保率达 89.6%，基本实现了宗教教职人员社会保障体系全覆盖。公民的宗教信仰自由得到充分保障，呈现出宗教和顺、社会和谐的良好局面。

五、促进社会公平，保障特定群体权益

全面建成小康社会，一个也不能少。中国切实维护和促进农民权益，高度重视对妇女、儿童、老年人、残疾人及少数民族等特定群体权益的保障，使他们享有均等机会，以平等身份充分参与经济政治文化社会生活，共享发展成果。

农民权益保障全方位改善，主要表现在土地制度改革极大增进农民财产性权利、不断改善农民工生活条件、关爱农村留守人员、极大改善农村人居环境等方面。

妇女、儿童、老年人权益保障持续加强，主要表现为法律政策体系日臻

完善，为保障妇女、儿童、老年人权益奠定了法律基础；妇女经济社会参与能力不断提升；妇女儿童健康保障水平进一步提高；儿童得到特别关爱和特殊保护；老年人生活和权益保障状况持续改善等方面。

少数民族权益保障进一步完善，主要表现在少数民族参与国家事务管理的权利得到有效保障、少数民族和民族地区生活水平大幅提升、少数民族和民族地区教育事业快速发展、少数民族文化事业蓬勃发展、民族地区人民生活安宁祥和等方面。

残疾人权益保障更加有力，主要表现在残疾人社会保障体系不断完善，残疾人康复服务普惠可及，残疾人受教育水平稳步提高、平等受教育权得到更好保障，残疾人就业权利得到更好保障，残疾人无障碍环境建设大力推进等方面。

妇女经济社会参与能力不断提升。全国 15 岁及以上女性文盲率由 1979 年的 20.5% 降至 2017 年的 7.3%，普通高等学校本专科在校女生占在校生总数的比例由 1978 年的 24.1% 提高到 2019 年的 51.7%。全国女性就业人数占全社会就业人数的比重超过四成。2018 年修订的《农村土地承包法》明确规定，农村土地承包，妇女与男子享有平等的权利。

少数民族文化事业蓬勃发展。截至 2020 年，民族自治地方共设置广播电台、电视台、广播电视台等播出机构 729 个。全国各级播出机构共开办民族语电视频道 279 套，民族语广播 188 套。在少数民族地区设立了 11 个国家级文化生态保护（实验）区。全国 25 个省（区、市）已建立民族古籍整理与研究机构，截至 2020 年，抢救、整理散藏民间的少数民族古籍约百万种（不含馆藏及寺院藏书），包括很多珍贵的孤本和善本。组织实施《中国少数民族古籍总目提要》编纂工程，全部完成后将收录书目约 30 万种。

六、结束语

中国人口占世界总人口的近五分之一。中国全面建成小康社会，是世界人权事业发展史上的重要里程碑。中国在全面建成小康社会的伟大进程中，所创造的尊重和保障人权的成功做法和经验，为增进人类福祉贡献了中国智慧、提供了中国方案。在中国共产党领导下，在中国特色社会主义制度中，中国坚持人权的普遍性与中国国情相结合，坚持以人民为中心的人权理念，坚持生存权和发展权是首要的基本人权，坚持以发展促人权，坚持人民幸福生活是最大的人权，坚持人权法治保障，坚持促进人权事业全面发展，推动构建人类命运共同体。

人权保障没有最好，只有更好。全面建成小康社会，奠定了中国人权发展进步的新起点。

第二十章　中国的健康及医疗卫生事业*

健康是人类生存和社会发展的基本条件。健康权是一项包容广泛的基本人权，是人类有尊严地生活的基本保证，人人有权享有公平可及的最高健康标准。

经过长期不懈奋斗，中国显著提高了人民健康水平，公共卫生整体实力、医疗服务和保障能力不断提升，全民身体素质、健康素养持续增强，被世界卫生组织誉为"发展中国家的典范"。

中国把人民健康放在优先发展的战略地位，把创新、协调、绿色、开放、共享的发展理念贯穿于健康权的促进与保护中，以普及健康生活、优化健康服务、完善健康保障、建设健康环境、发展健康产业为重点，加快推进健康中国建设，努力为人民群众提供全生命周期的卫生与健康服务，提升了中国的健康权保障水平，使中国人权事业得到长足发展。

＊ 本章主要内容参见国务院新闻办公室：《中国的医疗卫生事业》白皮书，2012 年 12 月；国务院新闻办公室：《中国健康事业的发展与人权进步》白皮书，2017 年 9 月；国务院新闻办公室：《中国的中医药》白皮书，2016 年 12 月。

一、符合国情的健康权保障模式

1949 年新中国成立时，中国经济社会发展水平相对落后，医疗卫生体系十分薄弱，全国仅有医疗卫生机构 3670 个，卫生人员 54.1 万人，卫生机构床位数 8.5 万张，人均预期寿命仅有 35 岁。为尽快改变这种状况，国家大力发展医药卫生事业，制定实施"面向工农兵、预防为主、团结中西医、卫生工作与群众运动相结合"的工作方针，广泛开展群众性爱国卫生运动，普及初级卫生保健，人民健康状况得到了很大改善，医疗技术取得重大突破。

1978 年改革开放以后，国家针对当时存在的医疗卫生资源严重短缺、服务能力不足、服务效率较低等问题，实行多渠道筹资，鼓励多种形式办医，增加资源供给，逐步放开药品生产流通市场，发展医药产业，注重发挥中医药的作用，采取一定的经济激励措施，调动医务人员积极性，增强内部活力。

1996 年，第一次全国卫生工作会议明确了"以农村为重点，预防为主，中西医并重，依靠科技与教育，动员全社会参与，为人民健康服务，为社会主义现代化建设服务"的新时期卫生工作方针。1998 年，中国开始建立保障职工基本医疗需求的社会医疗保险制度。2000 年，中国提出建立适应社会主义市场经济要求的城镇医药卫生体制，让群众享有价格合理、质量优良的医疗服务，提高人民健康水平的改革目标。

2002 年，中国发布《关于进一步加强农村卫生工作的决定》，从农村经济社会发展实际出发，深化农村卫生体制机制改革，将卫生投入重点向农村倾斜，满足农民群众不同层次的医疗卫生需求。

2003 年，中国取得了抗击"非典"的重大胜利。在总结经验的基础上，中国全面加强了公共卫生服务和重大疾病防控工作，重大疾病防治体系不断完善，突发公共卫生事件应急机制逐步健全，农村和城市社区医疗卫生发展步伐加快，新型农村合作医疗和城镇居民基本医疗保险取得突破性进展。

2009 年，中国启动实施新一轮医药卫生体制改革，颁布了《关于深化医药卫生体制改革的意见》，确立把基本医疗卫生制度作为公共产品向全民提供的核心理念，进一步明确公共医疗卫生的公益性质，提出建立公共卫生、医疗服务、医疗保障、药品供应"四大体系"和医药卫生管理、运行、投入、价格、监管、科技和人才、信息、法制"八项支撑"，加快基本医疗卫生制度建设，推动卫生事业全面协调可持续发展。随后，颁布了《医药卫生体制改革近期重点实施方案（2009—2011 年）》和《"十二五"期间深化医药卫生体制改革规划暨实施方案》，提出加快推进基本医疗保障制度建设、健全基层医疗卫生服务体系、促进基本公共卫生服务逐步均等化等改革任务。

2012 年以来，中国不断加大医药卫生体制改革力度，加快推进公立医院综合改革，推进药品和医疗服务价格改革，全面实施城乡居民大病保险，积极建设分级诊疗制度，优化完善药品生产流通使用政策。

二、健康环境与条件持续改善

中国积极推广健康生活方式，开展全民健身运动，推进全民健康教育，保障食品和饮水安全，改善生产、生活、生态和社会环境，为促进公民健康权提供了良好条件。

健康生活方式全面推行。2007 年，中国启动全民健康生活方式行动，倡导居民合理饮食和适量运动，传播健康生活方式理念，创造健康的支持环境，提高全民健康意识和健康行为能力。截至 2016 年年底，中国已有 81.87% 的县（区）开展了此项行动。2014 年，深圳市实施《深圳经济特区控制吸烟条例》；2015 年，北京市实施《北京市控制吸烟条例》；2017 年，上海市实施《上海市公共场所控制吸烟条例》修正案，落实室内全面禁烟的要求。截至 2016 年年底，中国已有 18 个城市制定了地方性无烟环境法规、规章，覆盖总人口的十分之一。全民健身运动蓬勃开展，中国将全民健身事业提升为国家战略，把全民健身工作纳入各级政府国民经济和社会发展规划、财政预算及年度工作报告。全民健康教育持续推进，中国充分利用报刊、电视、广播、互联网及新媒体等宣传媒介开展公众健康宣传教育咨询，引导居民形成自主自律的健康生活方式。

环境治理深入开展，城乡环境卫生综合整治成效明显。中国开展卫生城镇创建活动，以显著提升城乡人居环境质量。根据 2012 年调查显示，卫生城镇创建后与创建前相比，规范集贸市场比例由 35.2% 提高到 60.6%，居民对市容环境的满意率由 30% 提高到 98%，对创建卫生城镇效果的满意率达到 98%。截至 2015 年年底，全国城市污水处理率提高到 92%，城市建成区生活垃圾无害化处理率达到 94.1%。中国实施 7.8 万个村庄的环境综合整治，使 1.4 亿多农村人口直接受益。6.1 万家规模化养殖场（小区）建成废弃物处理和资源化利用设施。截至 2016 年年底，全国农村生活垃圾处理率在 60% 左右，处理污水的行政村比例达到 22%。农村卫生厕所普及率从 2012 年的 71.7% 提高到 2016 年的 80.4%，东部一些省份达 90% 以上。

农村饮水安全问题基本解决。2006 年至 2010 年，农村饮水安全工程建设总投资 1053 亿元，解决了 19 万个行政村、2.12 亿农村人口的饮水安全问题。2011 年至 2015 年，国家共安排农村饮水安全工程建设资金 1215 亿元，地方配套资金 600 多亿元。截至 2016 年年底，全国农村饮水安全卫生监测乡镇覆盖率超过 85%，农村集中式供水覆盖人口比例提高到 82%。此外，中国不断加强职业健康管理，对食品安全的监管也更加严格。

三、医疗卫生服务质量大幅提高

中国致力于提升医疗卫生资源的可及性和便利性，同步推动医疗卫生服务质量和效率的不断提高，加快建立优质高效的整合型医疗卫生服务体系，药品供应体系不断完善，居民就医感受明显改善。

医疗卫生服务体系资源要素持续增加。2011 年至 2015 年，中国投入 420 亿元，重点支持建设 1500 多个县级医院、1.8 万个乡镇卫生院、10 余万个村卫生室和社区卫生服务中心。截至 2023 年年底，全国医疗卫生机构达 107 0785 个，其中，医院 38 355 个（公立医院 11 772 个，民营医院 26 583 个），乡镇卫生院 33 753 个，社区卫生服务中心（站）37 177 个，疾病预防控制中心 3426 个，卫生监督机构 2791 个，村卫生室 581 964。2023 年，医疗机构床位数 1017.4 万张，每千人口医疗机构床位数达到 7.23 张，与上年相比，医院床位数增加 42.4 万张。

药品供应保障体系进一步完善。2011 年至 2015 年，全国共有 323 个创新药获批开展临床研究，其中，16 个创新药获批生产，139 个新化学仿制药上市，累计 600 多个原料药品种和 60 多家制剂企业达到国际先进水平 GMP（良好作业规范）要求，PET-CT、128 排 CT 等一批大型医疗设备和脑起搏器、介入人工生物心脏瓣膜、人工耳蜗等高端植入介入产品获批上市。推动建设遍及城乡的现代医药流通网络，基层和边远地区的药品供应保障能力不断提高。

医药卫生人才队伍更加优化。中国已构建起全世界规模最大的医学教育体系。截至 2016 年年底，全国共有 922 所高等医学院校、1564 所中等学校开办医学教育，硕士授予单位 238 个、博士授予单位 92 个，在校学生总数达 395 万人，其中临床类专业在校生达到 114 万人、护理类专业达到 180 万人。全国共有 14 所教育机构开设了少数民族医药专业和中医专业少数民族医药方向，在校生约 17 万人。云南、广西、贵州等地的中医学院先后设立中医学本科傣医、壮医、苗药等专业方向。部分少数民族医药院校与高等中医药院校合作，联合培养少数民族医药人才。截至 2023 年年底，全国卫生人员总数为 1523.7 万人，卫生技术人员 1248.8 万人，每千人口执业（助理）医师为 3.4 人，每千人口注册护士达到 4.0 人。

基层和农村医疗条件进一步改善。从医疗卫生体制、医疗服务机构设置、医疗服务人员配备等多个方面向基层和农村倾斜。将县级医院定位为县域内的医疗卫生中心和农村三级医疗卫生服务网络的核心，在每个县（市）重点办好 1 至 2 所县级医院（含中医医院）。基本实现每个乡镇建好 1 所卫生院，平均每个行政村设有 1 个村卫生室，每千农村居民配有 1 名乡村医生。

药品供应保障体系进一步完善。以国家基本药物制度为基础的药品供应保障体系取得长足发展，相比制度实施前，基本药物销售价格平均下降 30% 左右，并在基层医疗卫生机构实行零差率销售，患者的用药负担大为减轻。

社会力量办医不断增长。优先支持社会力量举办非营利性医疗机构，推进非营利性民营医院与公立医院同等待遇。鼓励医师利用业余时间、退休医师到基层医疗卫生机构执业或开设工作室。2023 年年底，全国民营医院占比超过 69%，床位数占 30.8%，诊疗人次占医院总诊疗人次的 16.5%。截至 2017 年，在全国注册多点执业的医生中，到社会办医疗机构执业的超过 70%。此外，医疗卫生服务供给更具层次性，医疗质量安全水平持续提高，传统医药发展更受国家支持。

四、特定群体的健康水平显著进步

中国高度重视保障妇女、儿童、老年人和残疾人等特定群体的健康权，不断完善卫生与健康规划，提供多元化和有针对性的健康服务，非歧视地均等满足各类群体的特殊需求。

残疾预防与残疾人康复服务持续加强。2016 年和 2017 年，国家分别颁布《国家残疾预防行动计划（2016—2020 年）》和《残疾预防和残疾人康复条例》，残疾预防与残疾人康复工作纳入法治化发展轨道。

2012 年至 2016 年，全国共有 1526 万残疾人得到基本康复服务。截至

2016 年年底，全国共有残疾人康复机构 7858 个，在岗人员 22.3 万人，947 个市辖区和 2015 个县（市）开展社区康复工作，配备 45.4 万名社区康复协调员。自 2017 年起，国家将每年 8 月 25 日定为"残疾预防日"。

儿童健康水平显著提高。2013 年，全国 0—6 个月婴儿纯母乳喂养率上升到 58.5%，母乳喂养率不断提高。2023 年，婴儿死亡率和 5 岁以下儿童死亡率分别为 4.5‰和 6.2‰，均提前实现联合国可持续发展目标和《中国儿童发展纲要（2011—2020 年）》目标，与发达国家差距进一步缩小。

老年人健康服务体系日趋完善。截至 2015 年年底，全国建有康复医院 453 所、护理院 168 所、护理站 65 所，比 2010 年分别增加了 69.0%、242.9%、16.1%；全国康复医院、护理院、护理站从业卫生人员分别为 36 441 人、11 180 人、316 人，比 2010 年分别增加了 96.5%、286.7%、69.9%。2015 年，国家为 65 岁及以上老年人体检达 1.18 亿人次，健康管理率达 82%。老年人心理健康得到充分关注，国家和社会通过各种形式向老年人宣传心理健康知识、提供心理辅导，丰富老年人精神文化生活。

医养结合服务模式深入推进。2016 年在全国遴选确定 90 个市（区）为国家级医养结合试点单位。全国医养结合机构共有 5814 家，床位总数达 121.38 万张。其中，养老机构设立医疗机构 3623 家，医疗机构设立养老机构 1687 家，医养同时设立 504 家，有 2224 家纳入了医保定点范围。积极开展养老院服务质量建设专项行动，质量控制体系更加健全，医养结合机构的服务质量显著提升。

妇幼保健体系不断健全。建立遍布城乡的三级妇幼卫生服务网络。截至 2024 年年底，全国共有妇幼保健机构 3082 个，儿童医院 158 所，儿科医师 20.58 万人。在社区卫生服务中心（站）、乡镇卫生院、村卫生室中均配有专兼职妇幼保健工作人员。

此外，妇女孕产期保健服务水平切实提升，儿童疾病防治成果得到巩固，残疾人康复体育的覆盖面逐步扩大，残疾孤儿得到特别关爱。

五、全民医疗保障体系逐步健全

中国大力推进医疗保障体系建设，形成以基本医疗保障为主体，其他多种形式补充保险和商业健康保险为补充的多层次、宽领域、全民覆盖的医疗保障体系，初步实现了人人享有基本医疗保障。

基本医疗保险实现全覆盖。以职工基本医疗保险、城镇居民基本医疗保险和新型农村合作医疗为主体的全民医保初步实现。基本医疗保险保障能力和可持续性进一步增强，基本医疗保险待遇水平逐步提高，基本医疗保险支付方式改革有序推进。全国 70%以上地区积极探索按病种付费、按人头付费、按疾病诊断相关分组（DRGs）付费等支付方式。基本医疗保险全国联网和异地就医直接结算工作加快推进。

城乡居民大病保障机制不断完善。全面实施城乡居民大病保险，以解决大额医疗费用为切入点，不断完善和提高针对重特大疾病的医疗保障制度。医疗救助机制成效显著，医疗救助政策框架基本建立，医疗救助与城乡居民大病保险有效衔接，医疗救助标准和救助水平的城乡统一逐步实现。

农村贫困人口医疗保障水平逐步提高。2016 年，中国开始实施健康扶贫工程。对农村贫困人口实现城乡居民医保、大病保险全覆盖，农村贫困人口政策范围内住院费用报销比例提高 5 个百分点。

六、中医

中医药是中国各族人民在几千年生产生活实践和与疾病的斗争中逐步形成并不断丰富发展的医学科学。中医药在历史发展进程中，兼容并蓄、创新开放，形成了独特的生命观、健康观、疾病观、防治观，实现了自然科学与人文科学的融合和统一。

新中国成立以来，中国高度重视和大力支持中医药发展。中医药与西医药优势互补，相互促进，共同维护和增进人民健康，已经成为中国特色医药卫生与健康事业的重要特征和显著优势。

（一）发展中医药的政策措施

新中国成立初期，把"团结中西医"作为三大卫生工作方针之一，确立了中医药应有的地位和作用。宪法指出，发展现代医药和中国传统医药，保护人民健康。1986 年，国务院成立相对独立的中医药管理部门。各省、自治区、直辖市也相继成立中医药管理机构，为中医药发展提供了组织保障。中共十八大以来，党和政府把发展中医药摆上更加重要的位置，作出一系列重大决策部署。中国发展中医药的基本原则和主要措施包括：

坚持以人为本，实现中医药成果人民共享。中医药工作以满足人民群众健康需求为出发点和落脚点，不断扩大中医医疗服务供给，提高基层中医药健康管理水平，推进中医药与社区服务、养老、旅游等融合发展，普及中医药健康知识，倡导健康的生产生活方式，增进人民群众健康福祉，保证人民群众享有安全、有效、方便的中医药服务。

坚持中西医并重，把中医药与西医药摆在同等重要的位置。坚持中医药与西医药在思想认识、法律地位、学术发展和实践应用上的平等地位，健全管理体制，加大财政投入，制定体现中医药自身特点的政策和法规体系，促进中医药、西医药协调发展。

坚持中医与西医相互取长补短、发挥各自优势。坚持中西医相互学习，组织西医学习中医，在中医药高等院校开设现代医学课程，加强高层次中西医结合人才培养。中医医院在完善基本功能基础上，突出特色专科专病建设，推动综合医院、基层医疗卫生机构设置中医药科室，实施基本公共卫生服务中医药项目，促进中医药在基本医疗卫生服务中发挥重要作用。建立健全中医药参与突发公共事件医疗救治和重大传染病防治的机制，发挥中医药独特优势。

坚持继承与创新的辩证统一，既保持特色优势又积极利用现代科学技术。建设符合中医药特点的科技创新体系，开展中医药基础理论、诊疗技术、疗效评价等系统研究，推动中药新药和中医诊疗仪器、设备研制开发。

坚持统筹兼顾，推进中医药全面协调可持续发展。把中医药医疗、保健、科研、教育、产业、文化作为一个有机整体，统筹规划，协调发展。实施基层服务能力提升工程，健全中医医疗服务体系。实施"治未病"健康工程，发展中医药健康服务。开展国家中医临床研究基地建设，构建中医药防治重大疾病协同创新体系。实施中医药传承与创新人才工程，提升中医药人才队伍素质。推动中医药产业升级，培育战略性新兴产业。

坚持政府扶持、各方参与，共同促进中医药事业发展。把中医药作为经济社会发展的重要内容，纳入相关规划，给予资金支持。强化中医药监督管理，实施中医执业医师、医疗机构和中成药准入制度，健全中医药服务和质量安全标准体系。制定优惠政策，充分发挥市场在资源配置中的决定性作用，积极营造平等参与、公平竞争的市场环境，不断激发中医药发展的潜力和活力。鼓励社会捐资支持中医药事业，推动社会力量开办中医药服务机构。

（二）中医药的传承与发展

基本建立起覆盖城乡的中医医疗服务体系。在城市，形成以中医（民族医、中西医结合）医院、中医类门诊部和诊所，以及综合医院中医类临床科室、社区卫生服务机构为主的城市中医医疗服务网络。在农村，形成由县级中医医院、综合医院（专科医院、妇幼保健院）中医临床科室、乡镇卫生院中医科和村卫生室为主的农村中医医疗服务网络，提供基本中医医疗预防保健服务。

中医药在医药卫生体制改革中发挥重要作用。在深化医药卫生体制改革中，中医药充分发挥其临床疗效确切、预防保健作用独特、治疗方式灵活、费用相对低廉的特色优势，丰富了中国特色基本医疗卫生制度的内涵。中医药以较低的投入，提供了与资源份额相比较高的服务份额。2009 年至 2015 年，中医类医疗机构诊疗服务量占医疗服务总量的比重由 14.3% 上升到 15.7%。2015 年，公立中医类医院比公立医院门诊次均费用低 11.5%，住院人均费用低 24%。

建立起独具特色的中医药人才培养体系。大力发展中医药教育，基本形成院校教育、毕业后教育、继续教育有机衔接，师承教育贯穿始终的中医药人才培养体系。初步建立社区、农村基层中医药实用型人才培养机制，实现从中高职、本科、硕士到博士的中医学、中药学、中西医结合、民族医药等多层次、多学科、多元化教育全覆盖。开展全国优秀中医临床人才研修、中药特色技术传承骨干人才培训、乡村医生中医药知识技能培训等高层次和基层中医药人才培养项目，探索建立引导优秀人才脱颖而出的褒奖机制。

中医药科学研究取得积极进展。组织开展国家级中医临床研究基地建设及中医药防治传染病和慢性非传染性疾病临床科研体系建设，建立了涵盖中医药各学科领域的重点研究室和科研实验室，建设了一批国家工程（技术）研究中心、工程实验室，形成了以独立中医药科研机构、中医药大学、省级以上中医医院为研究主体，综合性大学、综合医院、中药企业等参与的中医药科技创新体系。

中药产业快速发展。中国颁布实施一系列加强野生中药资源保护的法律法规，建立一批国家级或地方性的自然保护区，开展珍稀濒危中药资源保护研究，部分紧缺或濒危资源已实现人工生产或野生抚育。截至 2016 年，国产中药民族药约有 6 万个药品批准文号；全国有 2088 家通过药品生产质量管理规范认证的制药企业生产中成药。2015 年，中药工业总产值 7866 亿元，占医药产业规模的 28.55%，成为新的经济增长点；中药材种植成为农村产业结构调整、生态环境改善、农民增收的重要举措；中药产品贸易额保持较快增长，2015 年中药出口额达 37.2 亿美元，显示出巨大的海外市场发展潜力。

（三）中医药国际交流与合作

中国推动中医药全球发展。截至 2023 年，中医药已传播到 196 个国家和地区，有 113 个世界卫生组织会员国认可使用针灸。[1] 总部设在中国的世界针灸学会联合会有 70 个国家和地区的 246 个会员团体[2]，世界中医药学会联合会有 75 个国家和地区的 290 家团体会员、192 个分支机构[3]。中医药已成为中国与东盟、欧盟、非洲、中东欧等地区和组织卫生经贸合作的重要内容。

支持国际传统医药发展。中国总结和贡献发展中医药的实践经验，致力于推动国际传统医药发展，与世界卫生组织保持密切合作，为全球传统医学发展作出贡献。2008 年，世界卫生组织在中国北京成功举办首届传统医学大会并形成《北京宣言》。在中国政府的倡议下，第六十二届、六十七届世界卫生大会两次通过《传统医学决议》，并敦促成员国实施《世卫组织传统医学战略（2014—2023 年）》。

《"一带一路"卫生合作机制谅解备忘录》和《"一带一路"卫生合作机制实施计划》促进了共建"一带一路"国家在卫生应急响应、传染病防治和传统医药等领域的合作。

开展中医药对外援助。中国在致力于自身发展的同时，坚持向发展中国家提供力所能及的援助，承担相应国际义务。中国在非洲国家启动建设中国中医中心，在科威特、阿尔及利亚、突尼斯、摩洛哥、马耳他、纳米比亚等

---

〔1〕《中医药已传播到世界 196 个国家和地区》，https://www.gov.cn/yaowen/liebiao/202309/content_6902465.htm。

〔2〕《世界针灸学会联合会简介》，http://www.wfas.org.cn/exam/wfasintro.html。

〔3〕《世界中医药学会联合会简介》，https://wfcms.org/index.php/list/3.html。

国家设有专门的中医医疗队（点）。截至 2023 年，中国已向 76 个国家和地区派遣医疗队员 3 万人次，援建医疗卫生设施共 130 余所，累计诊治患者近 3 亿人次。[1]

---

〔1〕 《国家卫生健康委:60 年间中国已累计向 76 个国家和地区派遣医疗队员近 3 万人次》,http://health. people. com. cn/n1/2023/1208/c14739-40134890. html。

第二十一章　教育

自 1978 年实行改革开放以来，中国已成为世界上增长最快的主要经济体之一。近年来，中国投入大量资源，提高教育质量，促进教育公平。

一、教育部[1]

（一）教育部职能

教育部主要职能包括：拟订教育改革与发展的方针、政策和规划，起草有关法律法规草案并监督实施。负责各级各类教育的统筹规划和协调管理，会同有关部门制订各级各类学校的设置标准，指导各级各类学校的教育教学改革，负责教育基本信息的统计、分析和发布。负责推进义务教育均衡发展和促进教育公平，负责义务教育的宏观指导与协调，指导普通高中教育、幼儿教育和特殊教育工作。制定基础教育教学基本要求和教学基本文件，组织审定基础教育国家课程教材，全面实施素质教育。指导全国的教育督导工作，负责组织和指导对中等及中等以下教育、扫除青壮年文盲工作的督导检查和评估验收工作，指导基础教育发展水平、质量的监测工作。指导以就业

---

〔1〕　本部分主要内容参见中华人民共和国教育部官网，http://www.moe.gov.cn/。

为导向的职业教育的发展与改革，制订中等职业教育专业目录、教学指导文件和教学评估标准，指导中等职业教育教材建设和职业指导工作。指导高等教育发展与改革，承担深化教育部直属高校管理体制改革的责任。制定高等教育学科专业目录和教学指导文件，会同有关部门审核高等学校设置、更名、撤销与调整，负责教育试点项目的实施和协调工作，统筹指导各类高等教育和继续教育，指导改进高等教育评估工作。负责本部门教育经费的统筹管理，参与拟订教育经费筹措、教育拨款、教育基建投资的政策，负责统计全国教育经费投入情况。统筹和指导少数民族教育工作，协调对少数民族和少数民族地区的教育援助。指导各级各类学校的思想政治工作、德育工作、体育卫生与艺术教育工作及国防教育工作，指导高等学校的党建和稳定工作。主管全国的教师工作，会同有关部门制订各级各类教师资格标准并指导实施，指导教育系统人才队伍建设。负责各类高等学历教育招生考试和学籍学历管理工作，会同有关部门制订高等教育招生计划，参与拟订普通高等学校毕业生就业政策，指导普通高等学校开展大学生就业创业工作。规划、指导高等学校的自然科学和哲学、社会科学研究，协调、指导高等学校参与国家创新体系建设和承担国家科技重大专项等各类科技计划的实施工作，指导高等学校科技创新平台的发展建设，指导教育信息化和产学研结合等工作。组织指导教育方面的国际交流与合作，制定出国留学、来华留学、中外合作办学和外籍人员子女学校管理工作的政策，规划、协调、指导汉语国际推广工作，开展与港澳台的教育合作与交流。拟订国家语言文字工作的方针、政策，制订语言文字工作中长期规划，制订汉语和少数民族语言文字规范和标准并组织协调监督检查，指导推广普通话工作和普通话师资培训工作。负责全国学位授予工作，实施国家的学位制度，负责国际间学位对等、学位互认等工作。负责协调中国有关部门开展与联合国教科文组织在教育、科技、文化等领域国际合作，负责与联合国教科文组织秘书处及相关机构、组织的联络工作。承办国务院交办的其他事项。

（二）内设机构及职能

教育部内设机构及其主要职能如下：

办公厅：负责机关日常运转工作以及政务公开、新闻发布、来信来访、安全保密等工作。

政策法规司：研究教育改革与发展战略并就重大问题进行政策调研；起草综合性教育法律法规草案；承办全国教育系统法制建设和依法行政的有关工作；承担机关有关规范性文件的合法性审核工作；承担有关行政复议和行政应诉工作。

发展规划司：拟订全国教育事业发展规划；承担高等学校管理体制改革的有关工作；会同有关方面拟订高等教育招生计划和高等学校设置标准；参与拟订各级各类学校建设标准；会同有关方面审核高等学校设置、撤销、更名、调整等事项；承担教育基本信息统计、分析工作；承担直属高等学校和直属单位的基建管理工作；承担民办教育的统筹规划、综合协调和宏观管理的有关工作；承担高等学校的安全监督和后勤社会化改革管理工作。

综合改革司：承担国家教育体制改革领导小组办公室的日常工作；承担统筹推进贯彻落实教育规划纲要有关工作；研究提出落实教育体制改革的重要方针、政策、措施的建议；承担组织推进重大教育改革的有关工作；监督检查教育体制改革试点进展情况；承担教育体制改革宣传工作。

人事司：承担机关和直属单位、直属高等学校、驻外使（领）馆教育处（组）等干部人事工作；规划、指导高等学校教师和教育行政干部队伍建设工作；承担指导教育系统人才队伍建设工作。

财务司：参与拟订教育经费筹措、教育拨款、学生资助的方针、政策；承担统计全国教育经费投入情况的有关工作；负责直属高等学校和直属单位国有资产、预决算、财务管理和内部审计；参与义务教育保障机制经费、有关教育专项经费管理；参与利用国际金融组织等对中国教育贷款的立项工作。

基础教育司：承担义务教育的宏观管理工作；会同有关方面提出加强农村义务教育的政策措施，提出保障各类学生平等接受义务教育的政策措施；会同有关方面拟订义务教育办学标准，规范义务教育学校办学行为；拟订基础教育的基本教学文件，推进教学改革；指导中小学校的德育和安全教育；指导中小学教学信息化、图书馆和实验设备配备工作；组织管理学校开展科技、文艺、体育等多种形式的教育辅导活动。

教材局：承担国家教材委员会办公室工作；拟订全国教材建设规划和年度工作计划；负责组织专家研制课程设置方案和课程标准；制定完善教材建设基本制度规范；指导管理教材建设；加强教材管理信息化建设。

校外教育培训监管司：承担面向中小学生（含幼儿园儿童）的校外教育培训管理工作，指导校外教育培训机构党的建设，拟订校外教育培训规范管理政策；会同有关方面拟订校外教育培训（含线上线下）机构设置、培训内容、培训时间、人员资质、收费监管等相关标准和制度并监督执行，组织实施校外教育培训综合治理，指导校外教育培训综合执法；指导规范面向中小学生的社会竞赛等活动；及时反映和处理校外教育培训重大问题。

职业教育与成人教育司：承担职业教育统筹规划、综合协调和宏观管理工作；拟订中等职业教育专业目录和教学基本要求；会同有关方面拟订中等职业学校设置标准；指导中等职业教育教学改革和教材建设工作；指导中等职业学校教师培养培训工作；承担成人教育以及扫除青壮年文盲的宏观指导工作；指导各级各类高等继续教育和远程教育工作。

高等教育司：承担高等教育教学的宏观管理工作；指导高等教育教学基本建设和改革工作；指导改进高等教育评估工作；拟订高等学校学科专业目录、教学指导文件。

教育督导局：拟定教育督导的规章制度和标准，指导全国教育督导工作；依法组织实施对各级各类教育的督导评估、检查验收、质量监测等工作；起草国家教育督导报告。

民族教育司：指导、推进学校铸牢中华民族共同体意识教育相关工作；统筹和指导少数民族和民族地区教育工作；协调民族地区教育对口支援工作。

教师工作司：规划、指导各级各类学校教师队伍建设；拟订教师教育和教师管理政策法规；拟订各级各类教师资格标准并指导教师资格制度的实施；宏观指导教师教育和教师管理工作。

体育卫生与艺术教育司：指导大中小学体育、卫生与健康教育、艺术教育、国防教育工作；拟订相关政策和教育教学指导性文件；规划、指导相关专业的教材建设以及师资培养、培训工作；协调大中学生参加国际体育竞赛和艺术交流活动。

思想政治工作司：承担高等学校学生与教师的思想政治工作，宏观指导高等学校基层党组织建设、精神文明建设以及辅导员队伍建设工作；负责高等学校稳定工作和政治保卫工作，及时反映和处理高等学校有关重大问题；负责高等学校网络文化建设与管理工作。

社会科学司：统筹规划和协调高等学校思想政治理论课教育教学工作；规划、组织高等学校哲学社会科学研究工作，组织、协调高等学校承担国家重大哲学社会科学研究项目并指导实施；协调直属高等学校和直属单位出版物的监督管理工作，承担教育系统新闻电视的指导和协调工作。

科学技术与信息化司：规划、指导高等学校科学技术工作；协调、指导高等学校参与国家创新体系建设，以及高等学校承担国家科技重大专项等各类科技计划的实施工作；组织、指导高等学校科技创新平台发展建设和产学研结合等工作；承担教育系统网络安全和信息化工作的统筹规划、综合协调和宏观管理。

高校学生司（高校毕业生就业服务司）：承担各类高等学历教育的招生考试和学籍学历管理工作；参与拟订普通高等学校毕业生就业政策；组织拓展毕业生就业渠道，组织实施国家急需毕业生的专项就业计划；指导地方教育行政部门和高等学校开展大学生就业教育、就业指导和服务工作；组织开展毕业生就业监测、调查分析、评价反馈并提出高校专业设置优化调整等建议。

学位管理与研究生教育司（国务院学位委员会办公室）：组织实施《中华人民共和国学位条例》；拟订全国学位与研究生教育工作的改革与发展规划；指导与管理研究生培养工作；指导学科建设与管理工作；承担"世界一流大学和一流学科建设"等项目的实施和协调工作；承办国务院学位委员会的日常工作。

语言文字应用管理司：拟订语言文字工作的方针、政策和中长期规划；组织实施语言文字规范化工作；监督检查语言文字的应用情况；组织推行《汉语拼音方案》，指导推广普通话工作以及普通话师资培训工作；承办国家语言文字工作委员会的具体工作。

语言文字信息管理司：研究并审定语言文字标准和规范，拟订语言文字信息处理标准；指导地方文字规范化建设；承担少数民族语言文字规范化工作，指导少数民族语言文字信息处理的研究与应用。

国际合作与交流司（港澳台办公室）：组织指导教育方面的国际合作与交流，拟订出国留学、来华留学、中外合作办学、外籍人员子女学校管理工作的政策；承担教育涉外监管的有关工作；指导驻外使（领）馆教育处（组）的工作；规划、协调、指导汉语国际推广工作，开展与港澳台的教育合作与交流。

巡视工作办公室：承担教育部直属高校、直属单位、驻外机构等方面巡视工作，负责有关综合协调、政策研究、制度建设等事务；拟订巡视工作计划方案并组织实施；会同有关方面做好巡视工作人员的培训、调配、监督、管理等工作；提出巡视工作成果运用的意见和建议；负责督办有关巡视工作事项。

机关党委：负责机关和在京直属单位的党群工作。

离退休干部局：负责机关离退休干部工作；指导直属单位的离退休干部工作。

中华人民共和国联合国教科文组织全国委员会秘书处：负责协调中华人民共和国联合国教科文组织全国委员会各委员单位及其他部门、机构与联合国教科文组织开展教育、科技、文化等方面的合作与交流；负责与联合国教科文组织总部、各地区办事处以及各会员国全国委员会的联系与交流。

二、教育投入与管理

《中华人民共和国教育法》规定，国家财政性教育经费支出占国民生产总值的比例应当随着国民经济的发展和财政收入的增长逐步提高。中国致力于构建更为公开、透明的教育资金监管体系，强化教育经费监管力度。各级教育行政部门承担监督学校及相关机构资金使用情况的职责，公众也对教育行政部门的管理工作进行监督。

在具体监管举措上，各级教育行政部门通过开展财务评估、内部审计及专项检查等方式，加强对学校和机构的监督，并将检查结果与绩效评估、资源分配紧密结合。同时，中国政府着力建立标准化管理体系，健全监察体系。各级政府及部门认真落实《预算法》《政府信息公开条例》等，向社会公众公开预算和决算报表，以及公共资金使用情况和行政开支明细。教育部直属高校也应达到一定的财务透明度标准。

（一）教师职业培训与发展

中国采取许多措施加强教师职业技能，如：中国自 2010 年启动"中小学幼儿园教师国家级培训计划"（以下简称"国培计划"），提出在五年内对全国教师进行每人不少于 360 学时的全员培训。于 2014 年启动实施中小学校长国家级培训计划（以下简称"校长国培计划"），旨在为农村特别是边远贫困地区培养一批实施素质教育、推进基础教育改革发展的带头人；培养一批能够创新办学治校实践、具有先进教育思想、社会影响较大的优秀校长尤其是教育家型校长；发挥促进改革作用，着力推进中小学校长培训内容、方式、机制等方面改革，不断增强校长培训生机活力，提升校长培训质量；发挥示范带动作用，促进各地不断完善中小学校长培训体系，提高校长培训治理现代化水平，推动中小学校长队伍整体素质全面提升。

（二）教育事业发展五年规划

中国持续推进教育体制改革。国家制定的五年规划中明确了教育发展的基本方略。五年规划正式发布后，教育部制定国家教育事业发展五年规划纲要，据此确定未来五年的教育发展目标。在每个五年规划即将收官之际，教育部会对其实施进展情况展开全面分析与评估。评估结果、学龄人口预测数据、重大教育项目执行情况等多方面因素，都将作为重要参考依据，用于制定下一个国家教育事业发展五年规划。这份五年规划涵盖定量发展计划，如对教育资源配置、学校建设数量、招生规模等进行量化部署，还包含质量提升计划，从教育教学质量、师资队伍建设、人才培养模式创新等维度推动教育质量全方位提升。

第二十二章　中国的粮食安全[*]

　　民为国基，谷为民命。粮食事关国运民生，粮食安全是国家安全的重要基础。新中国成立后，中国始终把解决人民吃饭问题作为治国安邦的首要任务。70多年来，在中国共产党领导下，经过艰苦奋斗和不懈努力，中国在农业基础十分薄弱、人民生活极端贫困的基础上，依靠自己的力量实现了粮食基本自给，不仅成功解决了14亿多人口的吃饭问题，而且居民生活质量和营养水平显著提升。中国逐步建立了更高层次、更高质量、更有效率、更可持续的粮食安全保障体系。中共十八大以来，中共中央提出"确保谷物基本自给、口粮绝对安全"的新粮食安全观，走出了一条中国特色粮食安全之路。

　　中国实现粮食安全具有重要世界意义。粮食安全是世界和平与发展的重要保障，是构建人类命运共同体的重要基础，关系人类永续发展和前途命运。作为世界上最大的发展中国家和负责任大国，中国始终是维护世界粮食安全的积极力量。中国积极参与世界粮食安全治理，加强国际交流与合作，坚定维护多边贸易体系，落实《联合国2030年可持续发展议程》，为维护世界粮食安全、促进共同发展作出了贡献。

---

　　[*] 本文主要内容参见国务院新闻办公室：《中国的粮食安全》白皮书，2019年10月14日。

一、中国特色粮食安全之路

中国立足本国国情、粮情，贯彻创新、协调、绿色、开放、共享的新发展理念，落实高质量发展要求，实施新时期国家粮食安全战略，走出了一条中国特色粮食安全之路。

（一）稳步提升粮食生产能力

严守耕地保护红线。实施全国土地利用总体规划，从严管控各项建设占用耕地特别是优质耕地；全面落实永久基本农田特殊保护制度。

提升耕地质量，保护生态环境。实施全国高标准农田建设总体规划，推进耕地数量、质量、生态"三位一体"保护，改造中低产田，建设集中连片、旱涝保收、稳产高产、生态友好的高标准农田；实施耕地休养生息规划，开展耕地轮作休耕制度试点；持续控制化肥、农药施用量，逐步消除面源污染，保护生态环境。

提高水资源利用效率。规划建设一批节水供水重大水利工程，开发种类齐全、系列配套、性能可靠的节水灌溉技术和产品。

根据 2019 年发布的《中国的粮食安全》白皮书，在建立粮食生产功能区和重要农产品生产保护区方面，中国划定水稻、小麦、玉米等粮食生产功能区 6000 万公顷，大豆、油菜籽等重要农产品生产保护区近 1500 万公顷；加强建设东北稻谷、玉米、大豆优势产业带，形成黄淮海平原小麦、专用玉米和高蛋白大豆规模生产优势区；打造长江经济带双季稻和优质专用小麦生产核心区；提高西北优质小麦、玉米和马铃薯生产规模和质量；重点发展西南稻谷、小麦、玉米和马铃薯种植；扩大东南和华南优质双季稻和马铃薯产量规模；优化区域布局和要素组合，促进农业结构调整，提升农产品质量效益和市场竞争力，保障重要农产品特别是粮食的有效供给。

（二）保护和调动粮食种植积极性

保障种粮农民收益。粮食生产不仅是解决粮食需求问题，更是解决农民就业问题的重要途径和手段。为全面促进农村经济社会的发展，中国在2006年全面取消了在中国存在2600年的农业税，从根本上减轻了农民负担。

完善生产经营方式。中国巩固农村基本经营制度，坚持以家庭承包经营为基础、统分结合的双层经营体制，调动亿万农民粮食生产积极性，有效解决了"谁来种地""怎样种地"等问题，大幅提高了农业生产效率。

（三）创新完善粮食市场体系

积极构建多元市场主体格局。中国深化国有粮食企业改革，鼓励发展混合所有制经济，促进国有粮食企业跨区域整合，打造骨干粮食企业集团；推动粮食产业转型升级，培育大型跨国粮食集团，支持中小粮食企业发展，促进形成公平竞争的市场环境；积极引导多元主体入市，市场化收购比重不断提高，粮食收购主体多元化格局逐步形成。

健全完善粮食交易体系。中国搭建了规范统一的国家粮食电子交易平台，形成以国家粮食电子交易平台为中心、省（区、市）粮食交易平台为支撑的国家粮食交易体系。

稳步提升粮食市场服务水平。中国积极引导各地发展多种粮食零售方式，完善城乡"放心粮油"供应网络，粮食电子商务和新型零售业发展态势良好；搭建粮食产销合作平台，鼓励产销区加强政府层面战略合作。

截至2019年《中国的粮食安全》白皮书发布时，全国粮食商流、物流市场达到500多家。粮食期货交易品种涵盖小麦、玉米、稻谷和大豆等主要粮食品种，交易规模不断扩大。

（四）健全完善国家宏观调控

注重规划引领。中国编制一系列发展规划，从不同层面制定目标、明确措施，引领农业现代化、粮食产业以及食物营养的发展方向，多维度维护国家粮食安全。

深化粮食收储制度和价格形成机制改革。为保护农民种粮积极性，促进农民就业增收，防止出现"谷贱伤农"和"卖粮难"，在特定时段、按照特定价格、对特定区域的特定粮食品种，中国先后实施了最低收购价收购、国家临时收储等政策性收购。收购价格由国家根据生产成本和市场行情确定，收购的粮食按照市场价格销售。随着市场形势发展变化，粮食供给更加充裕，按照分品种施策、渐进式推进的原则，积极稳妥推进粮食收储制度和价格形成机制改革。

发挥粮食储备重要作用。合理确定中央和地方储备功能定位，中央储备粮主要用于全国范围守底线、应大灾、稳预期，是国家粮食安全的"压舱石"；地方储备粮主要用于区域市场保应急、稳粮价、保供应，是国家粮食安全的第一道防线。

（五）大力发展粮食产业经济

加快推动粮食产业转型升级。充分发挥加工企业的引擎带动作用，延伸粮食产业链，提升价值链，打造供应链，统筹建好示范市县、产业园区、骨干企业和优质粮食工程"四大载体"，在更高层次上提升国家粮食安全保障水平。

积极发展粮食精深加工转化。增加专用米、专用粉、专用油、功能性淀粉糖、功能性蛋白等食品有效供给，促进居民膳食多元化；顺应饲料用粮需求快速增长趋势，积极发展饲料加工和转化，推动畜禽养殖发展，满足居民对肉蛋奶等的营养需求。

深入实施优质粮食工程。建立专业化的粮食产后服务中心，为种粮农民提供清理、干燥、储存、加工、销售等服务；建立与完善粮食质量安全检验监测体系，基本实现"机构成网络、监测全覆盖、监管无盲区"；促进粮油产品提质升级，增加绿色优质粮油产品供给。

（六）全面建立粮食科技创新体系

强化粮食生产科技支撑。中国深入推进玉米、大豆、水稻、小麦国家良种重大科研联合攻关，大力培育推广优良品种，基本实现主要粮食作物良种全覆盖；加快优质专用稻米和强筋弱筋小麦以及高淀粉、高蛋白、高油玉米等绿色优质品种选育，推动粮食生产从高产向优质高产并重转变。

推广应用农业科技。中国大面积推广科学施肥、节水灌溉、绿色防控等技术，大幅降低病虫草害损失率，为粮食增产发挥积极作用。

提升粮食储运科技水平。中国攻克了一系列粮食储藏保鲜保质、虫霉防治和减损降耗关键技术难题，系统性解决了中国"北粮南运"散粮集装箱运输成套应用技术难题；中国还不断扩大先进的仓储设施规模，安全绿色储粮、质量安全、营养健康、加工转化、现代物流、"智慧粮食"等领域科研成果得到广泛应用。

（七）着力强化依法管理合规经营

中国不断完善粮食安全保障法律法规，加快推进粮食安全保障立法，颁布和修订实施《农业法》《土地管理法》《土壤污染防治法》《水土保持法》《农村土地承包法》《农业技术推广法》《农业机械化促进法》《种子法》《农产品质量安全法》《进出境动植物检疫法》《农民专业合作社法》《基本农田保护条例》《土地复垦条例》《农药管理条例》《植物检疫条例》《粮食流通管理条例》等法律法规。

落实粮食安全省长责任制。在确保国家粮食安全方面，中央政府承担首要责任，省级政府承担主体责任。

深化粮食"放管服"改革。中国持续推进简政放权、放管结合、优化服务，切实强化市场意识和法治思维，牢固树立依法管粮、依法治粮的意识，依法推进"双随机"（随机抽取检查对象、随机选派执法检查人员）监管机制及涉粮事项向社会公开。

二、国际合作

中国积极践行自由贸易理念，认真履行加入世界贸易组织承诺，主动分享中国的粮食市场资源，推动世界粮食贸易发展；不断深化粮农领域国际合作，积极参与世界粮食安全治理，为促进世界粮食事业健康发展、维护世界粮食安全作出了重要贡献。中国还主动与世界其他国家分享粮食安全资源和经验，不断深化国际合作，积极参与世界粮食安全治理，提供力所能及的国际紧急粮食援助。

据 2019 年发布的《中国的粮食安全》白皮书，1996 年以来，中国与联合国粮农组织实施了 20 多个多边南南合作项目，向非洲、亚洲、南太平洋、加勒比海等地区的近 30 个国家和地区派遣近 1100 人次粮农技术专家和技术员，约占联合国粮农组织南南合作项目派出总人数的 60%。中国与 60 多个国家和国际组织签署了 120 多份粮食和农业双多边合作协议、60 多份进出口粮食检疫议定书，与 140 多个国家和地区建立了农业科技交流和经济合作关系，与 50 多个国家和地区建立了双边农业合作工作组。

截至 2020 年年底，中国农业对外投资存量达到 302 亿美元，为 2015 年年底的 2.3 倍，在全球 108 个国家和地区设立农林牧渔类境外企业 1010 家。[1]

三、政策主张与未来展望

在提高粮食生产能力方面，中国坚守耕地保护红线，节约和高效利用水资源；推进种植结构调整，增加绿色优质粮油产品供给；创新体制机制，提

---

[1] 《中国农业闪耀世界舞台》，http://www.cicos.agri.cn/gzdt/202210/t20221030_7909382.htm。

高粮食生产组织化程度；增强农业科技创新能力，提高粮食生产水平。

在加强储备应急管理方面，中国不断加强粮食储备管理，健全粮食应急保供体系，完善粮情预警监测体系，倡导节粮减损。

在建设现代粮食流通体系方面，中国加快建设现代粮食市场体系，切实加强粮食仓储物流建设，着力构建现代化粮食产业体系。

在积极维护世界粮食安全方面，中国继续深入推进南南合作，深化与共建"一带一路"国家的粮食经贸合作关系，积极支持粮食企业"走出去""引进来"，积极参与全球和区域粮食安全治理。

当前，中国国家粮食安全保障政策体系基本成型，全面实施新时代国家粮食安全战略，依靠自己保口粮，集中国内资源保重点，使粮食之基更牢靠、发展之基更深厚、社会之基更稳定。展望未来，中国有条件、有能力、有信心依靠自身力量筑牢国家粮食安全防线。

立足国内，放眼全球，中国将继续坚定不移地走中国特色粮食安全之路，全面贯彻新发展理念，全面实施国家粮食安全战略和乡村振兴战略，全面落实"藏粮于地、藏粮于技"战略，从粮食生产大国向粮食产业强国持续迈进，把饭碗牢牢端在自己手上，在确保国家粮食安全的同时，与世界各国携手应对全球饥饿问题，继续在南南合作框架下为其他发展中国家提供力所能及的帮助，共同推进全球粮食事业健康发展。

初心不忘，人民至上。中国在习近平新时代中国特色社会主义思想指引下，始终以人民对美好生活的向往为奋斗目标，牢固树立总体国家安全观，深入实施国家粮食安全战略和乡村振兴战略，进一步加强粮食生产能力、储备能力、流通能力建设，推动粮食产业高质量发展，提高国家粮食安全保障能力，为人民获得更多福祉奠定坚实根基。

第二十三章　新型城镇化[*]

一、城镇化的意义

城镇化是现代化的必由之路。中国的城镇化经历了独特的过程，见证了世界上转移人口最多的城镇化。当今中国，城镇化与工业化、信息化和农业现代化（"四化"）同步发展，是现代化建设的核心内容，彼此相辅相成。工业化处于主导地位，是发展的动力；信息化具有后发优势，为发展注入新的活力；农业现代化是重要基础，是发展的根基；城镇化是载体和平台，承载工业化和信息化发展空间，带动农业现代化加快发展，发挥着不可替代的融合作用。

城镇化是保持经济持续健康发展的强大引擎。内需是中国经济发展的根本动力，扩大内需的最大潜力在于城镇化。城镇化水平持续提高，会使更多农民通过转移就业提高收入，通过转为市民享受更好的公共服务，从而使城镇消费群体不断扩大、消费结构不断升级、消费潜力不断释放，也会带来城市基础设施、公共服务设施和住宅建设等巨大投资需求，这将为经济发展提

---

[*] 本文主要内容参见《国家新型城镇化规划（2014—2020 年）》，新华社北京 2014 年 3 月 16 日电。

供持续的动力。

城镇化是加快产业结构转型升级的重要抓手。产业结构转型升级是转变经济发展方式的战略任务，加快发展服务业是产业结构优化升级的主攻方向。城镇化与服务业发展密切相关，服务业是就业的最大容纳器。城镇化过程中的人口集聚、生活方式的变革、生活水平的提高，都会扩大生活性服务需求。城镇化带来的创新要素集聚和知识传播扩散，有利于增强创新活力，驱动传统产业升级和新兴产业发展。

城镇化是解决农业农村农民（以下简称"三农"）问题的重要途径。中国农业水土资源紧缺，在城乡二元体制下，土地规模经营难以推行，传统生产方式难以改变，这是"三农"问题的根源。随着农村人口逐步向城镇转移，农民人均资源占有量相应增加，可以促进农业生产规模化和机械化，提高农业现代化水平和农民生活水平。城镇经济实力提升，会进一步增强以工促农、以城带乡能力，加快农村经济社会发展。

城镇化是促进社会全面进步的必然要求。城镇化既有利于维护社会公平正义、消除社会风险隐患，也有利于促进人的全面发展和社会和谐进步。

城镇化是推动区域协调发展的有力支撑。改革开放以来，中国东部沿海地区率先开放发展，形成了京津冀、长江三角洲、珠江三角洲等一批城市群，有力推动了东部地区快速发展，成为中国国民经济重要增长极。但与此同时，中西部地区发展相对滞后。

二、城镇化发展现状

（一）存在的问题

在城镇化快速发展的过程中，存在一些需要着力解决的矛盾和问题，如：

——大量农业转移人口难以融入城市社会，市民化进程滞后。城镇内部出现新的二元矛盾，农村留守儿童、妇女和老人问题日益凸显，给经济社会发展带来风险隐患。

——"土地城镇化"快于人口城镇化，建设用地粗放低效，一些城市"摊大饼"式扩张。

——城镇空间分布和规模结构不合理，与资源环境承载能力不匹配。

——城市管理服务水平不高，"城市病"问题日益突出。

——城乡建设缺乏特色，一些城市景观结构与所处区域的自然地理特征不协调，"建设性"破坏蔓延。一些农村地区大拆大建，照搬城市小区模式建设新农村，导致乡土特色和民俗文化流失。

（二）发展态势

根据世界城镇化发展普遍规律，中国仍处于城镇化率30%—70%的快速发展区间，但延续传统粗放的城镇化模式，会带来产业升级缓慢、资源环境恶化、社会矛盾增多等诸多风险，进而影响现代化进程。随着内外部环境和条件的深刻变化，城镇化必须进入以提升质量为主的转型发展新阶段。

城镇化转型发展的基础条件日趋成熟。改革开放以来，中国经济快速增长，为城镇化转型发展奠定了良好物质基础。交通运输网络的不断完善、节能环保等新技术的突破应用，以及信息化的快速推进，为优化城镇化空间布局和形态、推动城镇可持续发展提供了有力支撑。各地在城镇化方面的改革探索，为创新体制机制积累了经验。

（三）指导思想和发展目标

中国城镇化是在人口多、资源相对短缺、生态环境比较脆弱、城乡区域发展不平衡的背景下推进的，这决定了中国必须走中国特色新型城镇化道路。中国特色新型城镇化坚持以下基本原则：以人为本，公平共享；"四化"同步，统筹城乡；优化布局，集约高效；生态文明，绿色低碳；文化传承，彰显特色；市场主导，政府引导；统筹规划，分类指导。

三、优化城镇化布局和形态

（一）建立城市群发展协调机制

统筹制定实施城市群规划，明确城市群发展目标、空间结构和开发方向，明确各城市的功能定位和分工，统筹交通基础设施和信息网络布局，加快推进城市群一体化进程。加强城市群规划与城镇体系规划、土地利用规划、生态环境规划等的衔接，依法开展规划环境影响评价。中央政府负责跨省级行政区的城市群规划编制和组织实施，省级政府负责本行政区内的城市群规划编制和组织实施。

（二）促进各类城市协调发展

优化城镇规模结构，增强中心城市辐射带动功能，加快发展中小城市，有重点地发展小城镇，促进大中小城市和小城镇协调发展。在增强中心城市辐射带动功能的同时，把加快发展中小城市作为优化城镇规模结构的主攻方向，加强产业和公共服务资源布局引导，提升质量，增加数量。加强市政基础设施和公共服务设施建设，教育医疗等公共资源配置向中小城市和县城倾斜，增强集聚要素的吸引力。完善设市标准，严格审批程序，对具备行政区划调整条件的县有序改市，把有条件的县城和重点镇发展成为中小城市。培育壮大陆路边境口岸城镇，完善边境贸易、金融服务、交通枢纽等功能，建设国际贸易物流节点和加工基地。同时，有重点地发展小城镇。

（三）强化综合交通运输网络支撑

完善综合运输通道和区际交通骨干网络，强化城市群之间交通联系，加快城市群交通一体化规划建设，改善中小城市和小城镇对外交通，发挥综合交通运输网络对城镇化格局的支撑和引导作用。

建设城市综合交通枢纽。建设以铁路、公路客运站和机场等为主的综合客运枢纽，以铁路和公路货运场站、港口和机场等为主的综合货运枢纽，优化布局，提升功能。依托综合交通枢纽，加强铁路、公路、民航、水运与城市轨道交通、地面公共交通等多种交通方式的衔接，完善集疏运系统与配送系统，实现客运"零距离"换乘和货运无缝衔接。此外，还要完善城市群之间综合交通运输网络，构建城市群内部综合交通运输网络，改善中小城市和小城镇交通条件。

四、提高城市可持续发展能力

加快转变城市发展方式，优化城市空间结构，增强城市经济、基础设施、公共服务和资源环境对人口的承载能力，有效预防和治理"城市病"，建设和谐宜居、富有特色、充满活力的现代城市，对以下五个方面提出要求：第一，强化城市产业就业支撑，优化城市产业结构，增强城市创新能力，营造良好就业创业环境。第二，优化城市空间结构和管理格局，改造提升中心城区功能，严格规范新城新区建设，改善城乡接合部环境。第三，提升城市基本公共服务水平，优先发展城市公共交通，加强市政公用设施建设，完善基本公共服务体系。第四，提高城市规划建设水平，创新规划理念，完善规划程序，强化规划管控，严格建筑质量管理。第五，推动新型城市建设，加快绿色城市建设，推进智慧城市建设，注重人文城市建设。

加快绿色城市建设。中国将生态文明理念全面融入城市发展，构建绿色生产方式、生活方式和消费模式；严格控制高耗能、高排放行业发展；节约集约利用土地、水和能源等资源，促进资源循环利用，控制总量，提高效率；加快建设可再生能源体系，推动分布式太阳能、风能、生物质能、地热能多元化、规模化应用，提高新能源和可再生能源利用比例；实施绿色建筑行动计划，完善绿色建筑标准及认证体系、扩大强制执行范围，加快既有建筑节能改造，大力发展绿色建材，强力推进建筑工业化；合理控制机动车保有量，加快新能源汽车推广应用，改善步行、自行车出行条件，倡导绿色出行；实施大气污染防治行动计划，开展区域联防联控联治，改善城市空气质量；加强城市固体废弃物循环利用和无害化处置；合理划定生态保护红线，扩大城市生态空间，增加森林、湖泊、湿地面积，将农村废弃地、其他污染土地、工矿用地转化为生态用地，在城镇化地区合理建设绿色生态廊道。

推进智慧城市建设。统筹城市发展的物质资源、信息资源和智力资源利用，推动物联网、云计算、大数据等新一代信息技术创新应用，实现与城市经济社会发展深度融合；强化信息网络、数据中心等信息基础设施建设；促进跨部门、跨行业、跨地区的政务信息共享和业务协同，强化信息资源社会化开发利用，增强城市要害信息系统和关键信息资源的安全保障能力。

注重人文城市建设。发掘城市文化资源，强化文化传承创新，把城市建设成为历史底蕴厚重、时代特色鲜明的人文魅力空间；注重在旧城改造中保护历史文化遗产、民族文化风格和传统风貌，促进功能提升与文化文物保护相结合；注重在新城新区建设中融入传统文化元素，与原有城市自然人文特征相协调；鼓励城市文化多样化发展，促进传统与现代融合的制度来保存文化资源与城市文化记忆；促进传统文化与现代文化、本土文化与外来文化交融，形成多元开放的现代城市文化。

五、推动城乡发展一体化

中国坚持工业反哺农业、城市支持农村和"多予少取放活"方针，加大统筹城乡发展力度，增强农村发展活力，逐步缩小城乡差距，促进城镇化和新农村建设协调推进。完善城乡发展一体化体制机制要求推进城乡统一要素市场建设，推进城乡规划、基础设施和公共服务一体化。

中国加快建立城乡统一的人力资源市场，落实城乡劳动者平等就业、同工同酬制度；建立城乡统一的建设用地市场，保障农民公平分享土地增值收益；建立健全有利于农业科技人员下乡、农业科技成果转化、先进农业技术推广的激励和利益分享机制；创新面向"三农"的金融服务，统筹发挥政策性金融、商业性金融和合作性金融的作用，支持具备条件的民间资本依法发起设立中小型银行等金融机构，保障金融机构农村存款主要用于农业农村；加快农业保险产品创新和经营组织形式创新，完善农业保险制度；鼓励社会资本投向农村建设，引导更多人才、技术、资金等要素投向农业农村。

统筹经济社会发展规划、土地利用规划和城乡规划，合理安排市县域城镇建设、农田保护、产业集聚、村落分布、生态涵养等空间布局；扩大公共财政覆盖农村范围，提高基础设施和公共服务保障水平；统筹城乡基础设施建设，加快基础设施向农村延伸，强化城乡基础设施连接，推动水电路气等基础设施城乡联网、共建共享；加快公共服务向农村覆盖，推进公共就业服务网络向县以下延伸，全面建成覆盖城乡居民的社会保障体系，推进城乡社会保障制度衔接，加快形成政府主导、覆盖城乡、可持续的基本公共服务体系，推进城乡基本公共服务均等化；率先在一些经济发达地区实现城乡一体化。

六、改革完善城镇化发展体制机制

推进人口管理制度改革。在加快改革户籍制度的同时，创新和完善人口服务和管理制度，逐步消除城乡区域间户籍壁垒，还原户籍的人口登记管理功能，促进人口有序流动、合理分布和社会融合。中国政府建立居住证制度、健全人口信息管理制度来推进人口管理制度改革。

深化土地管理制度改革。中国实行最严格的耕地保护制度和集约节约用地制度，按照管住总量、严控增量、盘活存量的原则，创新土地管理制度，优化土地利用结构，提高土地利用效率，合理满足城镇化用地需求，包括建立城镇用地规模结构调控机制、健全节约集约用地制度、深化国有建设用地有偿使用制度改革、推进农村土地管理制度改革、深化征地制度改革、强化耕地保护制度等方面。

创新城镇化资金保障机制。中国加快财税体制和投融资机制改革，创新金融服务，放开市场准入，逐步建立多元化、可持续的城镇化资金保障机制，包括完善财政转移支付制度、完善地方税体系、建立规范透明的城市建设投融资机制等方面。

健全城镇住房制度。中国建立市场配置和政府保障相结合的住房制度，推动形成总量基本平衡、结构基本合理、房价与消费能力基本适应的住房供需格局，有效保障城镇常住人口的合理住房需求，包括健全住房供应体系、健全保障性住房制度、健全房地产市场调控长效机制等方面。

强化生态环境保护制度。中国不断完善推动城镇化绿色循环低碳发展的体制机制，实行最严格的生态环境保护制度，形成节约资源和保护环境的空间格局、产业结构、生产方式和生活方式，包括建立生态文明考核评价机制、建立国土空间开发保护制度、实行资源有偿使用制度和生态补偿制度、建立资源环境产权交易机制、实行最严格的环境监管制度等方面。

第二十四章　能源发展[*]

能源是人类文明进步的基础和动力，攸关国计民生和国家安全，关系人类生存和发展，对于促进经济社会发展、增进人民福祉至关重要。

面对气候变化、环境风险挑战、能源资源约束等日益严峻的全球问题，中国树立人类命运共同体理念，促进经济社会发展全面绿色转型，在努力推动本国能源清洁低碳发展的同时，积极参与全球能源治理，与各国一道寻求加快推进全球能源可持续发展新道路。

中国国家主席习近平在第七十五届联合国大会一般性辩论上宣布，中国将提高国家自主贡献力度，采取更加有力的政策和措施，力争 2030 年前实现"碳达峰"，努力争取 2060 年前实现"碳中和"。新时代中国的能源发展，为中国经济社会持续健康发展提供有力支撑，也为维护世界能源安全、应对全球气候变化、促进世界经济增长作出积极贡献。

一、能源高质量发展

新时代的中国能源发展，积极适应国内国际形势的新发展新要求，坚定

＊ 本章主要内容参见国务院新闻办公室：《新时代的中国能源发展》白皮书，2020 年 12 月。

不移走高质量发展新道路，更好服务经济社会发展，更好服务美丽中国、健康中国建设，更好推动建设清洁美丽世界。

（一）能源安全新战略

新时代的中国能源发展，贯彻"四个革命、一个合作"能源安全新战略。第一，推动能源消费革命，抑制不合理能源消费。坚持节能优先方针，强化能耗强度控制，把节能贯穿于经济社会发展全过程和各领域；坚定调整产业结构，高度重视城镇化节能，推动形成绿色低碳交通运输体系；在全社会倡导勤俭节约的消费观，培育节约能源和使用绿色能源的生产生活方式，加快形成能源节约型社会。

第二，推动能源供给革命，建立多元供应体系。坚持绿色发展导向，大力推进化石能源清洁高效利用，优先发展可再生能源，安全有序发展核电，提升非化石能源在能源供应中的比重；大力提升油气勘探开发力度，推动油气增储上产；推进煤电油气产供储销体系建设，完善能源输送网络和储存设施，健全能源储运和调峰应急体系，不断提升能源供应的质量和安全保障能力。

第三，推动能源技术革命，带动产业升级。深入实施创新驱动发展战略，构建绿色能源技术创新体系，全面提升能源科技和装备水平；加强能源领域基础研究以及共性技术、颠覆性技术创新，强化原始创新和集成创新；着力推动数字化、大数据、人工智能技术与能源清洁高效开发利用技术的融合创新，大力发展智慧能源技术，把能源技术及其关联产业培育成带动产业升级的新增长点。

第四，推动能源体制革命，打通能源发展快车道。坚定不移推进能源领域市场化改革，还原能源商品属性，形成统一开放、竞争有序的能源市场；推进能源价格改革，形成主要由市场决定能源价格的机制；健全能源法治体系，创新能源科学管理模式，推进"放管服"改革，加强规划和政策引导，健全行业监管体系。

第五，全方位加强国际合作，实现开放条件下能源安全。坚持互利共赢、平等互惠原则，全面扩大开放，积极融入世界；推动共建"一带一路"能源绿色可持续发展，促进能源基础设施互联互通；积极参与全球能源治理，加强能源领域国际交流合作，畅通能源国际贸易、促进能源投资便利化，共同构建能源国际合作新格局，维护全球能源市场稳定和共同安全。

（二）新时代能源政策理念

坚持以人民为中心。中国政府牢固树立能源发展为了人民、依靠人民、服务人民的理念，把保障和改善民生用能、贫困人口用能作为能源发展的优先目标，加强能源民生基础设施和公共服务能力建设，提高能源普遍服务水平。中国把推动能源发展和脱贫攻坚有机结合，实施能源扶贫工程，发挥能源基础设施和能源供应服务在扶贫中的基础性作用。

坚持清洁低碳导向。中国树立人与自然和谐共生理念，把清洁低碳作为能源发展的主导方向，推动能源绿色生产和消费，优化能源生产布局和消费结构，加快提高清洁能源和非化石能源消费比重，大幅降低二氧化碳排放强度和污染物排放水平，加快能源绿色低碳转型，建设美丽中国。

坚持创新核心地位。把提升能源科技水平作为能源转型发展的突破口，加快能源科技自主创新步伐，加强国家能源战略科技力量，发挥企业技术创新主体作用，推进产学研深度融合，推动能源技术从引进跟随向自主创新转变，形成能源科技创新上下游联动的一体化创新和全产业链协同技术发展模式。

坚持以改革促发展。充分发挥市场在资源配置中的决定性作用，更好发挥政府作用，深入推进能源行业竞争性环节市场化改革，发挥市场机制作用，建设高标准能源市场体系；加强能源发展战略和规划的导向作用，健全能源法治体系和全行业监管体系，进一步完善支持能源绿色低碳转型的财税金融体制，释放能源发展活力，为能源高质量发展提供支撑。

坚持推动构建人类命运共同体。面对日趋严峻的全球气候变化形势，中国树立人类命运共同体意识，深化全球能源治理合作，加快推动以清洁低碳为导向的新一轮能源变革，共同促进全球能源可持续发展，共建清洁美丽世界。

二、能源发展成就

中国坚定不移推进能源革命，能源生产和利用方式发生重大变革，能源利用效率显著提高，生产生活用能条件明显改善，能源安全保障能力持续增强。具体体现在：第一，能源供应保障能力不断增强，基本形成了煤、油、气、电、核、新能源和可再生能源多轮驱动的能源生产体系，能源输送能力显著提高，能源储备体系不断健全。第二，能源节约和消费结构优化成效显著，能源利用效率显著提高，能源消费结构向清洁低碳加快转变。第三，能源科技水平快速提升，能源科技创新持续推进，能源技术水平不断提高，技术进步成为推动能源发展动力变革的基本力量。中国已建立完备的水电、核电、风电、太阳能发电等清洁能源装备制造产业链。第四，能源与生态环境友好性明显改善。2019 年碳排放强度比 2005 年下降 48.1%，超过了 2020 年碳排放强度比 2005 年下降 40%—45% 的目标，扭转了二氧化碳排放快速增长的局面。第五，能源治理机制持续完善，能源价格市场化持续推进，竞争性环节价格进一步放开，电力、油气网络环节科学定价制度初步建立。第六，切实做到能源惠民利民，把保障和改善民生作为能源发展的根本出发点，保障城乡居民获得基本能源供应和服务，发挥能源供应的基础保障作用。通过图 24-1、图 24-2、图 24-3 中国与其他主要国家在新增风电装机容量占比、光伏发电量、可再生能源投资额等方面的对比，可以看出中国能源发展取得的成就。

据 2020 年 12 月发布的《新时代的中国能源发展》白皮书，2012 年以来，中国原煤年产量保持在 34.1—39.7 亿吨。原油年产量保持在 1.9—2.1 亿吨。天然气产量明显提升，从 2012 年的 1106 亿立方米增长到 2019 年的 1762 亿立方米。电力供应能力持续增强，累计发电装机容量 20.1 亿千瓦，2019 年发电量 7.5 万亿千瓦时，较 2012 年分别增长 75%、50%。可再生能源开发利用规模快速扩大，水电、风电、光伏发电累计装机容量均居世界首位。截至 2019 年年底，在运在建核电装机容量 6593 万千瓦，居世界第二，在建核电装机容量世界第一。中国可再生能源开发利用规模位居全球首位。截至 2019 年年底，中国可再生能源发电总装机容量达到 7.9 亿千瓦，约占全球可再生能源发电总装机容量的 30%。其中，水电装机容量达到 3.56 亿千瓦，风电 2.1 亿千瓦，光伏发电 2.04 亿千瓦，生物质发电 2369 万千瓦，均位居世界首位。2010 年以来，中国在新能源发电方面累计投资约 8180 亿美元，占同期全球新能源发电建设投资的 30%。在风电和光伏发电设备制造方面，中国已形成完整的产业链，制造规模和技术水平处于世界前列。2019 年，中国的多晶硅产量占全球总产量的 67%，光伏电池产量占 79%，光伏组件产量占 71%，光伏产品出口到 200 多个国家和地区。风电整机制造占全球总产量的 41%，中国已成为全球风电设备制造产业链的重要参与者。

图 24-1　2021 年中国与其他主要国家新增风电装机容量占比

资料来源：作者自制。

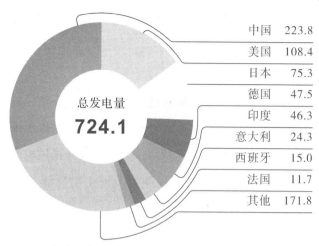

中国	223.8
美国	108.4
日本	75.3
德国	47.5
印度	46.3
意大利	24.3
西班牙	15.0
法国	11.7
其他	171.8

总发电量
724.1

图 24-2　2019 年中国与其他主要国家光伏发电量（单位：TWh，亿千瓦时）

资料来源：作者自制。

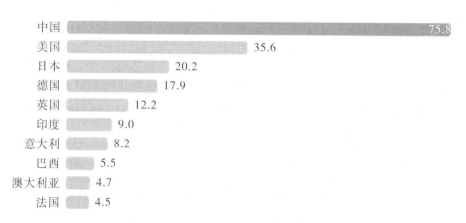

中国	75.8
美国	35.6
日本	20.2
德国	17.9
英国	12.2
印度	9.0
意大利	8.2
巴西	5.5
澳大利亚	4.7
法国	4.5

图 24-3　2010—2019 年上半年中国与其他主要国家可再生能源投资额
（单位：十亿美元）

资料来源：作者自制。

三、建设多元清洁的能源供应体系

中国立足基本国情和发展阶段，确立生态优先、绿色发展的导向，坚持在保护中发展、在发展中保护，深化能源供给侧结构性改革，优先发展非化石能源，推进化石能源清洁高效开发利用，健全能源储运调峰体系，促进区域多能互补协调发展。

（一）优先发展非化石能源

开发利用非化石能源是推进能源绿色低碳转型的主要途径。中国把非化石能源放在能源发展优先位置，大力推进低碳能源替代高碳能源、可再生能源替代化石能源，推动太阳能多元化利用，全面协调推进风电开发，增进水电绿色发展，安全有序发展核电，因地制宜发展生物质能、地热能和海洋能，全面提升可再生能源利用率。

张家口可再生能源示范区。2015年，中国批准了张家口可再生能源示范区规划，规划提出，推进"三大创新"、实施"四大工程"、打造"五大功能区"。"三大创新"是体制机制创新、商业模式创新和技术创新。"四大工程"是规模化可再生能源开发工程、大容量储能应用工程、智能化输电工程、多元化应用示范工程。"五大功能区"是可再生能源科技创业城、低碳奥运专区、可再生能源综合商务区、高端装备制造聚集区、农业可再生能源循环利用示范区。

到2030年，张家口80%的电力消费以及全部城镇公共交通、城乡居民生活用能、商业及公共建筑用能将来自可再生能源，全部工业企业实现零碳排放，张家口市形成以可再生能源为主的能源供应体系。

（二）清洁高效开发利用化石能源

中国根据国内资源禀赋，以资源环境承载力为基础，统筹化石能源开发利用与生态环境保护，有序发展先进产能，加快淘汰落后产能，推进煤炭清洁高效利用，提升油气勘探开发力度，促进增储上产，提高油气自给能力，推进煤炭安全智能绿色开发利用，清洁高效发展火电，提高天然气生产能力，提升石油勘探开发与加工水平。

（三）加强能源储运调峰体系建设

中国统筹发展煤电油气多种能源输运方式，构建互联互通输配网络，打造稳定可靠的储运调峰体系，提升应急保障能力，加强能源输配网络建设，健全能源储备应急体系，完善能源调峰体系。

（四）支持农村及贫困地区能源发展

中国落实乡村振兴战略，提高农村生活用能保障水平，让农村居民有更多实实在在的安全感，加快完善农村能源基础设施，精准实施能源扶贫工程，推进北方农村地区冬季清洁取暖。

农村能源建设和扶贫取得显著成就。全国农村地区基本实现稳定可靠的供电服务全覆盖；全面解决无电人口用电；实施光伏发电扶贫，光伏发电扶贫是精准扶贫十大工程之一。

四、发挥科技创新第一动力作用

抓住全球新一轮科技革命与产业变革的机遇，在能源领域大力实施创新驱动发展战略，增强能源科技创新能力，通过技术进步解决能源资源约束、保护生态环境、应对气候变化等重大问题和挑战。

（一）完善能源科技创新政策顶层设计

中国将能源作为国家创新驱动发展战略的重要组成部分，把能源科技创新摆在更加突出的地位。《国家创新驱动发展战略纲要》将安全清洁高效现代能源技术作为重要战略方向和重点领域；制定能源资源科技创新规划和面向2035年的能源、资源科技发展战略规划，部署了能源科技创新重大举措和重大任务，努力提升科技创新引领和支撑作用；制定能源技术创新规划和《能源技术革命创新行动计划（2016—2030年）》，提出能源技术创新的重点方向和技术路线图；深化能源科技体制改革，形成政府引导、市场主导、企业主体、社会参与、多方协同的能源技术创新体系；加大重要能源领域和新兴能源产业科技创新投入，加强人才队伍建设，提升各类主体创新能力。

（二）建设多元化多层次能源科技创新平台

依托骨干企业、科研院所和高校，中国建成了一批高水平能源技术创新平台，有效激发了各类主体的创新活力。中国布局建设 40 多个国家重点实验室和一批国家工程研究中心，重点围绕煤炭安全绿色智能开采、可再生能源高效利用、储能与分布式能源等技术方向开展相关研究，促进能源科技进步；布局建设 80 余个国家能源研发中心和国家能源重点实验室，围绕煤炭、石油、天然气、火电、核电、可再生能源、能源装备重点领域和关键环节开展研究，覆盖当前能源技术创新的重点领域和前沿方向；大型能源企业适应自身发展和行业需要，不断加强科技能力建设，形成在若干专业领域有影响力的研究机构；地方政府结合本地产业优势，采取多种方式加强科研能力建设；在"大众创业、万众创新"政策支持下，各类社会主体积极开展科技创新，形成了众多能源科技创新型企业。

（三）开展能源重大领域协同科技创新

实施重大科技项目和工程，实现能源领域关键技术跨越式发展。中国聚焦国家重大战略产业化目标，实施油气科技重大专项，重点突破油气地质新理论与高效勘探开发关键技术；实施核电科技重大专项，围绕三代压水堆和四代高温气冷堆技术，开展关键核心技术攻关，持续推进核电自主创新；面向重大共性关键技术，部署开展新能源汽车、智能电网技术与装备、煤矿智能化开采技术与装备、煤炭清洁高效利用与新型节能技术、可再生能源与氢能技术等方面研究；面向国家重大战略任务，重点部署能源高效洁净利用与转化的物理化学基础研究，推动以基础研究带动应用技术突破。

能源关键技术装备取得新突破：

第一，可再生能源技术装备。水能、风能和太阳能等能源系统关键技术，以及中国大型水电机组成套设计制造能力世界领先；风电、光伏发电全产业链技术快速迭代，成本大幅下降，出现了一批世界级龙头企业；中国在生物质能、地热能和海洋能等技术方面也取得了长足进步。

第二，电网技术装备。全面掌握特高压输变电技术，柔性直流、多端直流等先进电网技术开展示范应用，智能电网和大电网控制等领域取得显著进步，输变电技术装备处于国际领先水平。

第三，核电技术装备。中国掌握百万千瓦级压水堆核电站设计和建造技术，自主研发三代核电技术装备达到世界先进水平；具有完全自主知识产权的三代压水堆核电创新成果"华龙一号"满足国际最高安全标准，完全具备批量化建设能力，已成为中国为世界贡献的三代核电优选方案，截至2022年3月，"华龙一号"示范工程已全面建成投运。[1]

第四，清洁高效煤电技术装备。中国具备超超临界煤电机组自主研发和制造能力，发电煤炭消耗降至每千瓦时256克标准煤；在燃煤发电空冷、二次再热、循环流化床和超低排放等技术领域，中国处于世界领先水平。

第五，煤炭安全绿色智能的开发利用技术装备。中国煤炭安全绿色开采技术达到国际先进水平，煤炭生产实现自动化、机械化和智能化。中国已经形成具有自主知识产权的煤制油气等煤炭深加工成套工艺技术。

（四）依托重大能源工程提升能源技术装备水平

在全球能源绿色低碳转型发展趋势下，中国加快传统能源技术装备升级

---

〔1〕《中核集团"华龙一号"示范工程全面建成投运》，https://www.gov.cn/xinwen/2022−03−25/content_5681496.htm。

换代，加强新兴能源技术装备自主创新，清洁低碳能源技术水平显著提升；依托重大装备制造和重大示范工程，推动关键能源装备技术攻关、试验示范和推广应用；完善能源装备计量、标准、检测和认证体系，提高重大能源装备研发、设计、制造和成套能力；围绕能源安全供应、清洁能源发展和化石能源清洁高效利用三大方向，中国着力突破能源装备制造关键技术、材料和零部件等瓶颈，推动全产业链技术创新；开展先进能源技术装备的重大能源示范工程建设，提升煤炭清洁智能采掘洗选、深水和非常规油气勘探开发等领域装备的技术水平。

（五）支持新技术新模式新业态发展

当前，世界正处在新科技革命和产业革命交汇点，新技术突破加速带动产业变革，促进能源新模式新业态不断涌现。中国大力推动能源技术与现代信息、材料和先进制造技术深度融合，依托"互联网＋"智慧能源建设，探索能源生产和消费新模式；加快智能光伏创新升级，推动光伏发电与农业、渔业、牧业、建筑等融合发展，拓展光伏发电互补应用新空间，形成广泛开发利用新能源的新模式；加速发展绿氢制取、储运和应用等氢能产业链技术装备，促进氢能燃料电池技术链、氢燃料电池汽车产业链发展；支持能源各环节各场景储能应用，着力推进储能与可再生能源互补发展；支持新能源微电网建设，形成发储用一体化局域清洁供能系统；推动综合能源服务新模式，实现终端能源多能互补、协同高效；在试点示范项目引领和带动下，各类能源新技术、新模式、新业态持续涌现，形成能源创新发展的"聚变效应"。

五、能源体制改革

中国充分发挥市场在能源资源配置中的决定性作用，更好发挥政府作用，深化重点领域和关键环节市场化改革，破除妨碍发展的体制机制障碍，着力解决市场体系不完善等问题，为维护国家能源安全、推进能源高质量发展提供制度保障。

（一）构建有效竞争的能源市场

大力培育多元市场主体，打破垄断、放宽准入、鼓励竞争，构建统一开放、竞争有序的能源市场体系，着力清除市场壁垒，提高能源资源配置效率和公平性。

（二）完善主要由市场决定能源价格的机制

按照"管住中间、放开两头"总体思路，稳步放开竞争性领域和竞争性环节价格，促进价格反映市场供求、引导资源配置；严格政府定价成本监审，推进科学合理定价。

（三）创新能源科学管理和优化服务

进一步转变政府职能，简政放权、放管结合、优化服务，着力打造服务型政府；发挥能源战略规划和宏观政策导向作用，集中力量办大事；强化能源市场监管，提升监管效能，促进各类市场主体公平竞争；坚持人民至上、生命至上理念，牢牢守住能源安全生产底线。

（四）健全能源法治体系

发挥法治固根本、稳预期、利长远的保障作用，坚持能源立法同改革发展相衔接，及时修改和废止不适应改革发展要求的法律法规；坚持法定职责必须为、法无授权不可为，依法全面履行政府职能。

六、能源国际合作

中国践行绿色发展理念，遵循互利共赢原则开展国际合作，努力实现开放条件下能源安全，扩大能源领域对外开放，推动高质量共建"一带一路"，积极参与全球能源治理，引导应对气候变化国际合作，推动构建人类命运共同体。

（一）持续深化能源领域对外开放

中国坚定不移维护全球能源市场稳定，扩大能源领域对外开放；大幅度放宽外商投资准入，打造市场化、法治化、国际化营商环境，促进贸易和投资自由化、便利化；全面实行准入前国民待遇加负面清单管理制度，能源领域外商投资准入限制持续减少；全面取消煤炭、油气、电力（除核电外）、新能源等领域外资准入限制。

（二）着力推进共建"一带一路"能源合作

中国秉持共商共建共享原则，坚持开放、绿色、廉洁理念，努力实现高标准、惠民生、可持续的目标，同各国在共建"一带一路"框架下加强能源合作，在实现自身发展的同时更多惠及其他国家和人民，为推动共同发展创造有利条件。

（三）积极参与全球能源治理

中国坚定支持多边主义，按照互利共赢原则开展双多边能源合作，积极支持国际能源组织和合作机制在全球能源治理中发挥作用，在国际多边合作框架下积极推动全球能源市场稳定与供应安全、能源绿色转型发展，为促进全球能源可持续发展贡献中国智慧、中国力量。

中国为推动完善全球能源治理体系贡献力量。在国际多边合作框架下，中国积极推动全球能源市场稳定和供应安全，能源绿色低碳转型发展，能源可及性、能效提升等倡议的制定和实施。如：倡导构建全球能源互联网，推动以清洁绿色方式满足全球电力需求；推动在二十国集团（G20）框架下发布《G20 能效引领计划》《加强亚太地区能源可及性：关键挑战与 G20 自愿合作行动计划》《G20 可再生能源自愿行动计划》等；与国际可再生能源署等国际组织创设国际能源变革论坛；推动成立上海合作组织能源俱乐部；在中国设立亚太经合组织可持续能源中心；推动设立金砖国家能源研究平台；作为创始成员，加入国际能效中心；等等。

（四）携手应对全球气候变化

中国秉持人类命运共同体理念，加强应对气候变化国际合作，支持发展中国家提升应对气候变化能力。通过经验分享、技术交流、项目对接等方式，同有关国家在可再生能源开发利用、低碳城市示范等领域开展广泛而持续的双多边合作；深化气候变化领域南南合作，支持最不发达国家、小岛屿国家、非洲国家和其他发展中国家发展清洁低碳能源，应对气候变化挑战。

（五）共同促进全球能源可持续发展的中国主张

人类已进入互联互通的时代，维护能源安全、应对全球气候变化已成为全世界面临的重大挑战。中国倡议国际社会共同努力，协同推进能源绿色低碳转型，促进清洁美丽世界建设；协同巩固能源领域多边合作，加速经济绿色复苏增长；协同畅通国际能源贸易投资，维护全球能源市场稳定；协同促进欠发达地区能源可及性，努力解决能源贫困问题。

第二十五章 产业政策

一、国家中长期科学和技术发展规划

2006 年，根据全面建成小康社会和加快建设社会主义现代化国家的要求，中国国务院出台《国家中长期科学和技术发展规划纲要（2006—2020年）》（以下简称《纲要》）。本部分将提纲挈领地列举出《纲要》主要内容，以便读者对其有总体把握。

（一）发展目标

中国在科学技术的若干重要方面致力于实现以下目标：一是掌握一批事关国家竞争力的装备制造业和信息产业核心技术，制造业和信息产业技术水平进入世界先进行列。二是农业科技整体实力进入世界前列，促进农业综合生产能力的提高，有效保障国家食物安全。三是能源开发、节能技术和清洁能源技术取得突破，促进能源结构优化，主要工业产品单位能耗指标达到或接近世界先进水平。四是在重点行业和重点城市建立循环经济的技术发展模式，为建设资源节约型和环境友好型社会提供科技支持。五是重大疾病防治水平显著提高，重大疾病得到遏制，新药创制和关键医疗器械研制取得突破，具备产业发展的技术能力。六是国防科技基本满足现代武器装备自主研制和信息化建设的需要，为维护国家安全提供保障。七是涌现出一批具有世界水平的科学家和研究团队，在科学发展的主流方向上取得一批具有重大影响的创新成果，信息、生物、材料和航天等领域的前沿技术达到世界先进水平。八是建成若干世界一流的科研院所、大学以及具有国际竞争力的企业研究开发机构，形成比较完善的中国特色国家创新体系。

（二）重点领域及其优先主题

能源领域优先主题包括工业节能；煤的清洁高效开发利用、液化及多联产；复杂地质油气资源勘探开发利用；可再生能源低成本规模化开发利用；超大规模输配电和电网安全保障。

水和矿产资源领域优先主题包括水资源优化配置与综合开发利用；综合节水；海水淡化；资源勘探增储；矿产资源高效开发利用；海洋资源高效开发利用；综合资源区划。

环境领域优先主题包括综合治污与废弃物循环利用；生态脆弱区域生态系统功能的恢复重建；海洋生态与环境保护；全球环境变化监测与对策。

农业领域优先主题包括种质资源发掘、保存和创新与新品种定向培育；畜禽水产健康养殖与疫病防控；农产品精深加工与现代储运；农林生物质综合开发利用；农林生态安全与现代林业；环保型肥料、农药创制和生态农业；多功能农业装备与设施；农业精准作业与信息化；现代奶业。

制造业领域优先主题包括基础件和通用部件；数字化和智能化设计制造；流程工业的绿色化、自动化及装备；可循环钢铁流程工艺与装备；大型海洋工程技术与装备；基础原材料；新一代信息功能材料及器件；军工配套关键材料及工程化。

交通运输业领域优先主题包括交通运输基础设施建设与养护技术及装备；高速轨道交通系统；低能耗与新能源汽车；高效运输技术与装备；智能交通管理系统；交通运输安全与应急保障。

信息产业及现代服务业领域优先主题包括现代服务业信息支撑技术及大型应用软件；下一代网络关键技术与服务；高效能可信计算机；传感器网络及智能信息处理；数字媒体内容平台；高清晰度大屏幕平板显示；面向核心应用的信息安全。

人口与健康领域优先主题包括安全避孕节育与出生缺陷防治；心脑血管病、肿瘤等重大非传染疾病防治；城乡社区常见多发病防治；中医药传承与创新发展；先进医疗设备与生物医用材料。

城镇化与城市发展领域优先主题包括城镇区域规划与动态监测；城市功能提升与空间节约利用；建筑节能与绿色建筑；城市生态居住环境质量保障；城市信息平台。

公共安全领域优先主题包括国家公共安全应急信息平台；重大生产事故预警与救援；食品安全与出入境检验检疫；突发公共事件防范与快速处置；生物安全保障；重大自然灾害监测与防御。

此外，国防也是《纲要》列出的重点领域。

（三）重大专项

《纲要》所列重大专项共16项，分别是：核心电子器件、高端通用芯片及基础软件；极大规模集成电路制造技术及成套工艺；新一代宽带无线移动通信；高档数控机床与基础制造技术；大型油气田及煤层气开发；大型先进压水堆及高温气冷堆核电站；水体污染控制与治理；转基因生物新品种培育；重大新药创制；艾滋病和病毒性肝炎等重大传染病防治；大型飞机；高分辨率对地观测系统；载人航天与探月工程；核能；北斗导航系统；高超音速技术飞行器。

（四）前沿技术

《纲要》所列前沿技术共八类22项，一是生物技术类，包括靶标发现技术、动植物品种与药物分子设计技术、基因操作和蛋白质工程技术、基于干细胞的人体组织工程技术、新一代工业生物技术；二是信息技术类，包括智能感知技术、自组织网络技术、虚拟现实技术；三是新材料技术类，包括智能材料与结构技术、高温超导技术、高效能源材料技术；四是先进制造技术类，包括极端制造技术、智能服务机器人、重大产品和重大设施寿命预测技术；五是先进能源技术类，包括氢能及燃料电池技术、分布式供能技术、快中子堆技术、磁约束核聚变；六是海洋技术类，包括海洋环境立体监测技术、大洋海底多参数快速探测技术、天然气水合物开发技术、深海作业技术；七是激光技术类；八是空天技术类。

（五）基础研究

《纲要》所列基础研究共四个方面 24 项。一是学科发展，包括基础学科；交叉学科和新兴学科。二是科学前沿问题，包括生命过程的定量研究和系统整合；凝聚态物质与新效应；物质深层次结构和宇宙大尺度物理学规律；核心数学及其在交叉领域的应用；地球系统过程与资源、环境和灾害效应；新物质创造与转化的化学过程；脑科学与认知科学；科学实验与观测方法、技术和设备的创新。三是面向国家重大战略需求的基础研究，包括人类健康与疾病的生物学基础；农业生物遗传改良和农业可持续发展中的科学问题；人类活动对地球系统的影响机制；全球变化与区域响应；复杂系统、灾变形成及其预测控制；能源可持续发展中的关键科学问题；材料设计与制备的新原理与新方法；极端环境条件下制造的科学基础；航空航天重大力学问题；支撑信息技术发展的科学基础。四是重大科学研究计划，包括蛋白质研究；量子调控研究；纳米研究；发育与生殖研究。

（六）科技体制改革与国家创新体系建设重点任务

《纲要》强调的科技体制改革与国家创新体系建设重点任务包括四个方面，分别是：支持鼓励企业成为技术创新主体；深化科研机构改革，建立现代科研院所制度；推进科技管理体制改革；全面推进中国特色国家创新体系建设。

（七）重要政策和措施

《纲要》确定的重要政策和措施包括九个方面，分别是：实施激励企业技术创新的财税政策；加强对引进技术的消化、吸收和再创新；实施促进自主创新的政府采购；实施知识产权战略和技术标准战略；实施促进创新创业的金融政策；加速高新技术产业化和先进适用技术的推广；完善军民结合、寓军于民的机制；扩大国际和地区科技合作与交流；提高全民族科学文化素质，营造有利于科技创新的社会环境。

（八）加强科技投入与科技基础条件平台建设，加强人才队伍建设

《纲要》提出加强科技投入与科技基础条件平台建设的四点要求，分别是：建立多元化、多渠道的科技投入体系；调整和优化投入结构，提高科技经费使用效益；加强科技基础条件平台建设；建立科技基础条件平台的共享机制。

《纲要》还提出加强人才队伍建设的五个方面，分别是：加快培养造就一批具有世界前沿水平的高级专家；充分发挥教育在创新人才培养中的重要作用；支持企业培养和吸引科技人才；加大吸引留学和海外高层次人才工作力度；构建有利于创新人才成长的文化环境。

二、战略性新兴产业

（一）2011—2015 年

中国的"十二五"规划明确了包括节能环保、新一代信息技术产业、生物产业、高端装备制造产业、新能源产业、新材料产业和新能源汽车产业等在内的战略性新兴产业的政策重点和发展路线图。

战略性新兴产业的发展目标包括：战略性新兴产业重要骨干企业研发投入占销售收入的比重达到5%以上；战略性新兴产业规模年均增长率保持在20%以上；到2015年，战略性新兴产业增加值占国内生产总值比重达到8%

左右。

有关战略性新兴产业发展的重大工程包括：重大节能技术与装备产业化工程、重大环保技术装备及产品产业化示范工程、重要资源循环利用工程、宽带中国工程、高性能集成电路工程、新型平板显示工程、物联网和云计算工程、信息惠民工程、蛋白类等生物药物和疫苗工程、高性能医学诊疗设备工程、生物育种工程、生物基材料工程、航空装备工程、空间基础设施工程、先进轨道交通装备及关键部件工程、海洋工程装备工程、智能制造装备工程、新能源集成应用工程、关键材料升级换代工程、新能源汽车工程等。[1]

（二）2016—2020 年

2016 年，国务院发布的《"十三五"国家战略性新兴产业发展规划》提出，战略性新兴产业代表新一轮科技革命和产业变革的方向，是培育发展新动能、获取未来竞争新优势的关键领域。"十三五"规划时期，要把战略性新兴产业摆在经济社会发展更加突出的位置，大力构建现代产业新体系，推动经济社会持续健康发展。

该《规划》提出，第一，推动信息技术产业跨越发展，拓展网络经济新空间，具体体现在构建网络强国基础设施；推进"互联网+"行动；实施国家大数据战略；做强信息技术核心产业；发展人工智能；完善网络经济管理方式。

第二，促进高端装备与新材料产业突破发展，引领中国制造新跨越，具体体现在打造智能制造高端品牌；实现航空产业新突破；做大做强卫星及应用产业；强化轨道交通装备领先地位；增强海洋工程装备国际竞争力；提高新材料基础支撑能力。

---

〔1〕《国务院关于印发"十二五"国家战略性新兴产业发展规划的通知》，https://www.gov.cn/zwgk/2012-07/20/content_2187770.htm。

第三，加快生物产业创新发展步伐，培育生物经济新动力，具体体现在构建生物医药新体系；提升生物医学工程发展水平；加速生物农业产业化发展；推动生物制造规模化应用；培育生物服务新业态；创新生物能源发展模式。

第四，推动新能源汽车、新能源和节能环保产业快速壮大，构建可持续发展新模式，具体体现在实现新能源汽车规模应用；推动新能源产业发展；大力发展高效节能产业；加快发展先进环保产业；深入推进资源循环利用。

第五，促进数字创意产业蓬勃发展，创造引领新消费，具体体现在创新数字文化创意技术和装备；丰富数字文化创意内容和形式；提升创新设计水平。

第六，超前布局战略性产业，培育未来发展新优势，具体体现在空天海洋领域；信息网络领域；生物技术领域；核技术领域。

第七，促进战略性新兴产业集聚发展，构建协调发展新格局，具体体现在打造战略性新兴产业策源地；壮大一批世界级战略性新兴产业发展集聚区；培育战略性新兴产业特色集群。

第八，推进战略性新兴产业开放发展，拓展合作新路径，具体体现在积极引入全球资源；打造国际合作新平台；构建全球创新发展网络；深度融入全球产业链。

第九，完善体制机制和政策体系，营造发展新生态，具体体现在完善管理方式；构建产业创新体系；强化知识产权保护和运用；深入推进军民融合；加大金融财税支持；加强人才培养与激励。[1]

（三）2021—2025 年

2021 年，国务院出台《国民经济和社会发展第十四个五年规划和 2035

---

〔1〕《"十三五"国家战略性新兴产业发展规划》，https://www.gov.cn/zhengce/content/2016-12/19/content_5150090.htm。

年远景目标纲要》。该文件指出，着眼于抢占未来产业发展先机，培育先导性和支柱性产业，推动战略性新兴产业融合化、集群化、生态化发展，战略性新兴产业增加值占国内生产总值比重超过17%。

该文件还指出，要构筑产业体系新支柱，聚焦新一代信息技术、生物技术、新能源、新材料、高端装备、新能源汽车、绿色环保，以及航空航天、海洋装备等战略性新兴产业，加快关键核心技术创新应用，增强要素保障能力，培育壮大产业发展新动能；推动生物技术和信息技术融合创新，加快发展生物医药、生物育种、生物材料、生物能源等产业，做大做强生物经济；深化北斗系统推广应用，推动北斗产业高质量发展；深入推进国家战略性新兴产业集群发展工程，健全产业集群组织管理和专业化推进机制，建设创新和公共服务综合体，构建一批各具特色、优势互补、结构合理的战略性新兴产业增长引擎；鼓励技术创新和企业兼并重组，防止低水平重复建设；发挥产业投资基金引导作用，加大融资担保和风险补偿力度；在类脑智能、量子信息、基因技术、未来网络、深海空天开发、氢能与储能等前沿科技和产业变革领域，组织实施未来产业孵化与加速计划，谋划布局一批未来产业；在科教资源优势突出、产业基础雄厚的地区，布局一批国家未来产业技术研究院，加强前沿技术多路径探索、交叉融合和颠覆性技术供给。实施产业跨界融合示范工程，打造未来技术应用场景，加速形成若干未来产业。[1]

三、创新驱动发展战略[2]

2012年，中共十八大提出实施创新驱动发展战略，强调科技创新是提高

---

〔1〕《中华人民共和国国民经济和社会发展第十四个五年规划和2035年远景目标纲要》，https://www.gov.cn/xinwen/2021-03/13/content_5592681.htm。

〔2〕 本节内容参见《中共中央国务院印发〈国家创新驱动发展战略纲要〉》，新华社北京5月19日电。

社会生产力和综合国力的战略支撑，必须摆在国家发展全局的核心位置。创新驱动就是创新成为引领发展的第一动力，科技创新与制度创新、管理创新、商业模式创新、业态创新和文化创新相结合，推动发展方式向依靠持续的知识积累、技术进步和劳动力素质提升转变，促进经济向形态更高级、分工更精细、结构更合理的阶段演进。

（一）战略目标

创新驱动发展战略目标分三步走：

第一步，到2020年进入创新型国家行列，基本建成中国特色国家创新体系，有力支撑全面建成小康社会目标的实现。具体包括：创新型经济格局初步形成，自主创新能力大幅提升，创新体系协同高效，创新环境更加优化。

第二步，到2030年跻身创新型国家前列，发展驱动力实现根本转换，经济社会发展水平和国际竞争力大幅提升，为建成经济强国和共同富裕社会奠定坚实基础。具体包括：主要产业进入全球价值链中高端；总体上扭转科技创新以跟踪为主的局面；国家创新体系更加完备，实现科技与经济深度融合、相互促进；创新文化氛围浓厚，法治保障有力，全社会形成创新活力竞相迸发、创新源泉不断涌流的生动局面。

第三步，到2050年建成世界科技创新强国，成为世界主要科学中心和创新高地。具体包括：使科技和人才成为国力强盛最重要的战略资源，创新成为政策制定和制度安排的核心因素；使劳动生产率、社会生产力提高主要依靠科技进步和全面创新，经济发展质量高、能源资源消耗低、产业核心竞争力强；国防科技达到世界领先水平；拥有一批世界一流的科研机构、研究型大学和创新型企业，涌现出一批重大原创性科学成果和国际顶尖水平的科学大师，成为全球高端人才创新创业的重要聚集地；创新的制度环境、市场环境和文化环境更加优化，尊重知识、崇尚创新、保护产权、包容多元成为全社会的共同理念和价值导向。

（二）战略任务

紧紧围绕提升经济竞争力的核心关键、社会发展的紧迫需求、国家安全的重大挑战，采取差异化策略和非对称路径，强化重点领域和关键环节的任务部署。创新驱动发展战略提出的主要任务包括：推动产业技术体系创新，创造发展新优势；强化原始创新，增强源头供给；优化区域创新布局，打造区域经济增长极；深化军民融合，促进创新互动；壮大创新主体，引领创新发展；实施重大科技项目和工程，实现重点跨越；建设高水平人才队伍，筑牢创新根基；推动创新创业，激发全社会创造活力。

（三）战略保障

实施创新驱动发展战略，必须从体制改革、环境营造、资源投入、扩大开放等方面加大保障力度。具体包括：改革创新治理体系；多渠道增加创新投入；全方位推进开放创新；完善突出创新导向的评价制度；实施知识产权、标准、质量和品牌战略；培育创新友好的社会环境；等等。

（四）战略部署

实现创新驱动是一个系统性的变革，中国按照"坚持双轮驱动、构建一个体系、推动六大转变"进行布局，构建新的发展动力系统。"双轮驱动"就是科技创新和体制机制创新两个轮子相互协调、持续发力。"一个体系"就是建设国家创新体系。"六大转变"就是发展方式从以规模扩张为主导的粗放式增长向以质量效益为主导的可持续发展转变；发展要素从传统要素主导发展向创新要素主导发展转变；产业分工从价值链中低端向价值链中高端转变；创新能力从"跟踪、并行、领跑"并存、"跟踪"为主向"并行""领跑"为主转变；资源配置从以研发环节为主向产业链、创新链、资金链统筹配置转变；创新群体从以科技人员的小众为主向小众与大众创新创业互动转变。

四、政府引导基金

政府引导基金是由政府出资并吸引社会资本，不以营利为目的，以股权或债权等方式投资于创业风险投资机构或新设创业风险投资基金，以支持创业企业发展的专项资金。2005 年到 2017 年间，中国先后发布《创业投资企业管理暂行办法》《政府投资基金暂行管理办法》《关于财政资金注资政府投资基金支持产业发展的指导意见》《政府出资产业投资基金管理暂行办法》等十个文件，这些规章制度初步勾勒出政府引导基金的管理架构，即政府出资设立投资基金，应当由财政部门或财政部门会同有关行业主管部门报本级政府批准；政府引导基金由国家发改委会同地方发展改革部门对政府出资产业投资基金业务活动实施事中事后管理，组织形式有公司型、合伙型、契约型。2002 年成立的"中关村创业投资引导基金"是中国首只政府引导基金。[1] 截至 2024 年上半年，中国累计设立政府引导基金 2126 只，总目标规模超 12 万亿元。[2] 政府引导基金主要构成见图 25-1。

---

[1] 《国内共成立 1171 只政府引导基金 总目标规模达 5.85 万亿元》，https://www.cnr.cn/sxpd/fy/20180821/t20180821_524338122.shtml。

[2] 《瞄准重点稳定支持 政府引导基金"跑步"入场》，https://finance.cnr.cn/cjtt/yw/20240830/t20240830_526878835.shtml。

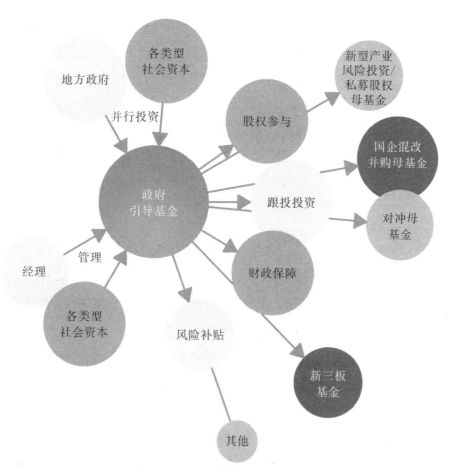

图 25-1 政府引导基金主要构成

资料来源：作者自制。

第二十六章　中国制造 2025[*]

　　制造业是国民经济的主体，是立国之本、兴国之器、强国之基。自 18 世纪中叶开启工业文明以来，世界强国的兴衰史和中华民族的奋斗史一再证明，没有强大的制造业，就没有国家和民族的强盛。

　　新中国成立尤其是改革开放以来，制造业持续快速发展，建成了门类齐全、独立完整的产业体系，有力推动了工业化和现代化进程，显著增强了综合国力，为中国世界大国地位提供了支撑。

　　当前，新一轮科技革命和产业变革与中国加快转变经济发展方式形成历史性交汇，国际产业分工格局正在重塑。中国紧紧抓住这一重大历史机遇，按照"四个全面"战略布局要求，实施制造强国战略，加强统筹规划和前瞻部署，力争到新中国成立 100 年时，把中国建设成为引领世界制造业发展的制造强国。《中国制造 2025》是中国实施制造强国战略第一个十年的行动纲领。

---

　　* 本章主要内容参见国务院：《国务院关于印发〈中国制造 2025〉的通知》，https://www.gov.cn/zhengce/content/2015-05/19/content_9784.htm。

一、发展形势和环境

（一）全球制造业格局面临重大调整

新一代信息技术与制造业深度融合，正在引发影响深远的产业变革，形成新的生产方式、产业形态、商业模式和经济增长点。各国都在加大科技创新力度，推动 3D 打印、移动互联网、云计算、大数据、生物工程、新能源、新材料等领域取得新突破。基于信息物理系统的智能装备、智能工厂等智能制造正在引领制造方式变革。

全球金融危机发生后，一些发达国家纷纷实施"再工业化"战略，重塑制造业竞争新优势，加速推进新一轮全球贸易投资新格局。一些发展中国家也积极参与全球产业再分工，承接产业及资本转移，拓展国际市场空间。中国制造业面临着发达国家和其他发展中国家的竞争。

（二）建设制造强国任务艰巨而紧迫

经过几十年的快速发展，中国制造业规模跃居世界第一位，建立起门类齐全、独立完整的制造体系，成为支撑中国经济社会发展的重要基石和促进世界经济发展的重要力量。持续的技术创新大大提高了中国制造业的综合竞争力。中国载人航天、载人深潜、大型飞机、北斗卫星导航、超级计算机、高铁装备、万米深海石油钻探设备等一批重大技术装备取得突破，形成了若干具有国际竞争力的优势产业和骨干企业，中国已具备建设工业强国的基础和条件。

但中国仍处于工业化进程中，与发达国家相比还有较大差距。制造业大而不强，自主创新能力较弱，关键核心技术与高端装备对外依存度较高，以企业为主体的制造业创新体系仍需完善；产品品牌价值有限，缺乏世界知名品牌；资源能源利用效率较低，环境污染问题较为突出；产业结构仍需调整，高端装备制造业和生产性服务业发展滞后；信息化水平不高，与工业化融合深度不够；产业国际化程度不高，企业全球化经营能力不足。推进制造强国建设，必须着力解决以上问题。

二、战略方针和目标

（一）指导思想

以促进制造业创新发展为主题，以提质增效为中心，以加快新一代信息技术与制造业深度融合为主线，以推进智能制造为主攻方向，以满足经济社会发展和国防建设对重大技术装备的需求为目标，强化工业基础能力，提高综合集成水平，完善多层次多类型人才培养体系，促进产业转型升级，培育有中国特色的制造文化，实现制造业由大变强的历史跨越。中国推动制造业发展的基本方针是：

第一，创新驱动。坚持把创新摆在制造业发展全局的核心位置，完善有利于创新的制度环境，推动跨领域跨行业协同创新，突破一批重点领域关键共性技术，促进制造业数字化、网络化、智能化，走创新驱动的发展道路。

第二，质量为先。坚持把质量作为建设制造强国的生命线，强化企业质量主体责任，加强质量技术攻关和自主品牌培育。建设法规标准体系、质量监管体系、先进质量文化，营造诚信经营的市场环境，走以质取胜的发展道路。

第三，绿色发展。坚持把可持续发展作为建设制造强国的重要着力点，加强节能环保技术、工艺、装备推广应用，全面推行清洁生产。发展循环经济，提高资源回收利用效率，构建绿色制造体系，走生态文明的发展道路。

第四，结构优化。坚持把结构调整作为建设制造强国的关键环节，大力发展先进制造业，改造提升传统产业，推动生产型制造向服务型制造转变。优化产业空间布局，培育一批具有核心竞争力的产业集群和企业群体，走提质增效的发展道路。

第五，人才为本。坚持把人才作为建设制造强国的根本，建立健全科学合理的选人、用人、育人机制，加快培养制造业发展急需的专业技术人才、经营管理人才、技能人才。营造大众创业、万众创新的氛围，建设一支素质优良、结构合理的制造业人才队伍，走人才引领的发展道路。

（二）基本原则

第一，市场主导，政府引导。全面深化改革，充分发挥市场在资源配置中的决定性作用，强化企业主体地位，激发企业活力和创造力。积极转变政府职能，加强战略研究和规划引导，完善相关支持政策，为企业发展创造良好环境。

第二，立足当前，着眼长远。针对制约制造业发展的瓶颈和薄弱环节，加快转型升级和提质增效，切实提高制造业的核心竞争力和可持续发展能力。准确把握新一轮科技革命和产业变革趋势，加强战略谋划和前瞻部署，扎扎实实打基础，在未来竞争中占据制高点。

第三，整体推进，重点突破。坚持制造业发展全国一盘棋和分类指导相结合，统筹规划，合理布局，明确创新发展方向，促进军民融合深度发展，加快推动制造业整体水平提升。围绕经济社会发展和国家安全重大需求，整合资源，突出重点，实施若干重大工程，实现率先突破。

第四，自主发展，开放合作。在关系国计民生和产业安全的基础性、战略性、全局性领域，着力掌握关键核心技术，完善产业链条，形成自主发展能力。继续扩大开放，积极利用全球资源和市场，加强产业全球布局和国际交流合作，形成新的比较优势，提升制造业开放发展水平。

（三）战略目标

立足国情，立足现实，中国力争通过三步走实现制造强国的战略目标：

第一步：力争用十年时间，迈入制造强国行列。到 2020 年，基本实现工业化，制造业大国地位进一步巩固，制造业信息化水平大幅提升。掌握一批重点领域关键核心技术，优势领域竞争力进一步增强，产品质量有较大提高。制造业数字化、网络化、智能化取得明显进展。重点行业单位工业增加值能耗、物耗及污染物排放明显下降。

到 2025 年，制造业整体能力大幅提升，创新能力显著增强，全员劳动生产率明显提高，工业化和信息化融合迈上新台阶。重点行业单位工业增加值能耗、物耗及污染物排放达到世界先进水平。形成一批具有较强国际竞争力的跨国公司和产业集群，在全球产业分工和价值链中的地位明显提升。

第二步：到 2035 年，中国制造业整体达到世界制造强国中等水平。创新能力大幅提升，重点领域发展取得重大突破，整体竞争力明显增强，优势行业形成全球创新引领能力，全面实现工业化。

第三步：到 2049 年新中国成立 100 年时，制造业大国地位更加巩固，综合实力进入世界制造强国前列。制造业主要领域具有创新引领能力和明显竞争优势，建成全球领先的技术体系和产业体系。

三、战略任务和重点

实现制造强国的战略目标，必须坚持问题导向，统筹谋划，突出重点；必须凝聚全社会共识，加快制造业转型升级，全面提高发展质量和核心竞争力。

（一）提高国家制造业创新能力

中国不断完善以企业为主体、市场为导向、政产学研用相结合的制造业创新体系；围绕产业链部署创新链，围绕创新链配置资源链，加强关键核心技术攻关，加速科技成果产业化，提高关键环节和重点领域的创新能力。

（二）推进信息化与工业化深度融合

中国加快推动新一代信息技术与制造技术融合发展，把智能制造作为工业化、信息化深度融合的主攻方向；着力发展智能装备和智能产品，推进生产过程智能化，培育新型生产方式，全面提升企业研发、生产、管理和服务的智能化水平。

（三）强化工业基础能力

核心基础零部件（元器件）、先进基础工艺、关键基础材料和产业技术基础（以下统称"四基"）等工业基础能力薄弱，是制约中国制造业创新发展和质量提升的症结所在。中国坚持问题导向、产需结合、协同创新、重点突破的原则，着力破解制约重点产业发展的瓶颈。

中国加强"四基"创新能力建设，强化前瞻性基础研究，着力解决影响核心基础零部件（元器件）产品性能和稳定性的关键共性技术；建立基础工艺创新体系，利用现有资源建立关键共性基础工艺研究机构，开展先进成型、加工等关键制造工艺联合攻关；支持企业开展工艺创新，培养工艺专业人才；加大基础专用材料研发力度，提高专用材料自给保障能力和制备技术水平；建立国家工业基础数据库，加强企业试验检测数据和计量数据的采集、管理、应用和积累；加大对"四基"领域技术研发的支持力度，引导产业投资基金和创业投资基金投向"四基"领域重点项目。

（四）加强质量品牌建设

中国不断提升质量控制技术，完善质量管理机制，夯实质量发展基础，优化质量发展环境，努力实现制造业质量大幅提升；鼓励企业追求卓越品质，形成具有自主知识产权的名牌产品，不断提升企业品牌价值和中国制造整体形象。

（五）全面推行绿色制造

中国持续加大先进节能环保技术、工艺和装备的研发力度，加快制造业绿色改造升级；积极推行低碳化、循环化和集约化，提高制造业资源利用效率；强化产品全生命周期绿色管理，努力构建高效、清洁、低碳、循环的绿色制造体系。

（六）大力推动重点领域突破发展

中国瞄准新一代信息技术、高端装备、新材料、生物医药等战略重点，引导社会各类资源集聚，推动优势和战略产业快速发展，包括集成电路及专用装备、信息通信设备、操作系统及工业软件、高档数控机床和机器人、航空航天装备、海洋工程装备及高技术船舶、先进轨道交通装备、节能与新能源汽车、电力装备、农机装备、新材料、生物医药及高性能医疗器械等方面。

（七）深入推进制造业结构调整

中国不断推动传统产业向中高端迈进，逐步化解过剩产能，促进大企业与中小企业协调发展，进一步优化制造业布局。

（八）积极发展服务型制造和生产性服务业

中国持续加快制造与服务的协同发展，推动商业模式创新和业态创新，促进生产型制造向服务型制造转变；大力发展与制造业紧密相关的生产性服务业，推动服务功能区和服务平台建设。

（九）提高制造业国际化发展水平

中国统筹利用两种资源、两个市场，实行更加积极的开放战略，将"引进来"与"走出去"更好结合，拓展新的开放领域和空间，提升国际合作的水平和层次，推动重点产业国际化布局，引导企业提高国际竞争力。

四、战略支撑与保障

为建设制造强国，中国动员各方面力量，进一步深化改革，完善政策措施，建立灵活高效的实施机制，营造良好发展环境；培育创新文化和中国特色制造文化，推动制造业由大变强。依据《中国制造2025》白皮书，以下列举其中两个方面的具体举措：

第一，在深化体制机制改革方面，中国全面推进依法行政，加快转变政府职能，创新政府管理方式，加强制造业发展战略、规划、政策、标准等的制定和实施，强化行业自律和公共服务能力建设，提高产业治理水平；简政放权，深化行政审批制度改革，规范审批事项，简化程序，明确时限；适时修订政府核准的投资项目目录，落实企业投资主体地位；完善政产学研用协同创新机制，改革技术创新管理体制机制和项目经费分配、成果评价和转化机制，促进科技成果资本化、产业化，激发制造业创新活力；加快生产要素价格市场化改革，完善主要由市场决定价格的机制，合理配置公共资源；推行节能量、碳排放权、排污权、水权交易制度改革，加快资源税从价计征，推动环境保护费改税；深化国有企业改革，完善公司治理结构，有序发展混合所有制经济，进一步破除各种形式的行业垄断，取消对非公有制经济的不合理限制；稳步推进国防科技工业改革，推动军民融合深度发展；健全产业安全审查机制和法规体系，加强关系国民经济命脉和国家安全的制造业重要领域投融资、并购重组、招标采购等方面的安全审查。

第二，在健全组织实施机制方面，中国成立国家制造强国建设领导小组，由国务院领导同志担任组长，成员由国务院相关部门和单位负责同志担任。领导小组主要职责是：统筹协调制造强国建设全局性工作，审议重大规划、重大政策、重大工程专项、重大问题和重要工作安排，加强战略谋划，指导部门、地方开展工作。领导小组办公室设在工业和信息化部，承担领导小组日常工作。中国还设立制造强国建设战略咨询委员会，研究制造业发展的前瞻性、战略性重大问题，对制造业重大决策提供咨询评估。中国还支持包括社会智库、企业智库在内的多层次、多领域、多形态的中国特色新型智库建设，为制造强国建设提供强大智力支持。

第二十七章　共建"一带一路"倡议^{*}

一、丝绸之路

2000 多年前，亚欧大陆上勤劳勇敢的人民，探索出多条连接亚欧非几大文明的贸易和人文交流通路，后人将其统称为"丝绸之路"。千百年来，和平合作、开放包容、互学互鉴、互利共赢的丝路精神薪火相传，推动了人类文明进步，是促进沿线各国繁荣发展的重要纽带，是东西方交流合作的象征，是世界各国共有的历史文化遗产。

在 21 世纪，共建"一带一路"倡议是支持多边主义、促进世界经济增长和促进南南合作的重要举措，体现了全新的合作理念和模式。2017 年，推进"一带一路"建设被写入党章。

共建"一带一路"，有利于促进区域经济合作，加强不同文明交流互鉴。共建"一带一路"是一项系统工程，要坚持共商共建共享原则，积极推进共建国家发展战略的相互对接。为推进实施共建"一带一路"倡议，使亚欧非各国联系更加紧密、互利合作迈向新的历史高度，中国政府于 2015 年制定并发布了《推动共建丝绸之路经济带和 21 世纪海上丝绸之路的愿景与行

---

* 本文主要参考国家发改委、外交部、商务部：《推动共建丝绸之路经济带和 21 世纪海上丝绸之路的愿景与行动》，2015 年 3 月；国务院新闻办公室：《共建"一带一路"：构建人类命运共同体的重大实践》白皮书，2023 年 10 月。

动》，于 2023 年发布了《共建"一带一路"：构建人类命运共同体的重大实践》白皮书。

二、时代背景

当今世界正发生复杂深刻的变化，全球金融危机深层次影响继续显现，世界经济缓慢复苏、发展分化，国际投资贸易格局和多边投资贸易规则酝酿深刻调整，各国面临的发展问题依然严峻。共建"一带一路"倡议顺应世界多极化、经济全球化、文化多样化、社会信息化的潮流，秉持开放的区域合作精神，致力于维护全球自由贸易体系和开放型世界经济。共建"一带一路"倡议旨在促进经济要素有序自由流动、资源高效配置和市场深度融合，推动共建国家实现经济政策协调，开展更大范围、更高水平、更深层次的区域合作，共同打造开放、包容、均衡、普惠的区域经济合作架构。共建"一带一路"倡议符合国际社会的根本利益，彰显人类社会共同理想和美好追求，是对国际合作及全球治理新模式的积极探索，将为世界和平发展增添新的正能量。

共建"一带一路"倡议致力于建立和加强共建各国互联互通伙伴关系，构建全方位、多层次、复合型的互联互通网络，实现共建国家多元、自主、平衡、可持续的发展。

三、框架思路及共建原则

（一）框架思路

共建"一带一路"是促进共同发展、实现共同繁荣的合作共赢之路，是增进理解信任、加强全方位交流的和平友谊之路。中国政府倡议，秉持和平合作、开放包容、互学互鉴、互利共赢的理念，全方位推进务实合作，打造政治互信、经济融合、文化包容的利益共同体、命运共同体和责任共同体。
根据"一带一路"走向，陆上依托国际大通道，以沿线中心城市为支撑，以
重点经贸产业园区为合作平台，共同打造新亚欧大陆桥、中巴、中蒙俄、中
国—中南半岛、孟中印缅、中国—中亚—西亚等国际经济合作走廊。海上以
重点港口为节点，建设通畅、安全、高效的运输大通道。共建"一带一路"
倡议重点建设方向见图27-1。

图27-1　共建"一带一路"倡议重点建设方向

资料来源：作者自制。

（二）共建原则

第一，恪守联合国宪章的宗旨和原则，遵守和平共处五项原则。第二，坚持开放合作。各国和国际、地区组织均可参与，让共建成果惠及更广泛的区域。第三，坚持和谐包容。倡导文明宽容，尊重各国发展道路和模式的选择，加强不同文明之间的对话，求同存异、兼容并蓄、和平共处、共生共荣。第四，坚持市场运作。遵循市场规律和国际通行规则，充分发挥市场在资源配置中的决定性作用和各类企业的主体作用，同时发挥好政府的作用。第五，坚持互利共赢。兼顾各方利益和关切，寻求利益契合点和合作最大公约数，体现各方智慧和创意，各施所长，各尽所能，把各方优势和潜力充分发挥出来。

四、共建国家

根据"中国一带一路网"的介绍，共有155个国家签署了共建"一带一路"合作文件。共建"一带一路"国家遍布全球六大洲：亚洲41个国家，非洲52个国家，欧洲27个国家，北美洲13个国家，南美洲10个国家，大洋洲12个国家。[1]

155个共建"一带一路"国家：

亚洲：阿富汗，亚美尼亚，阿塞拜疆，巴林，孟加拉国，文莱，柬埔寨，格鲁吉亚，印度尼西亚，伊朗，伊拉克，哈萨克斯坦，韩国，科威特，吉尔吉斯斯坦，老挝，黎巴嫩，马来西亚，马尔代夫，蒙古国，缅甸，尼泊尔，阿曼，巴基斯坦，巴勒斯坦，菲律宾，卡塔尔，沙特阿拉伯，新加坡，

---

〔1〕 国别数据检索时间为2025年1月22日，参见 https://www.yidaiyilu.gov.cn/country。——编者注

斯里兰卡，叙利亚，塔吉克斯坦，泰国，东帝汶，土耳其，土库曼斯坦，阿
联酋，乌兹别克斯坦，越南，也门，约旦。

非洲：阿尔及利亚，安哥拉，贝宁，博茨瓦纳，布基纳法索，布隆迪，
喀麦隆，佛得角，乍得，科摩罗，刚果（布），科特迪瓦，刚果（金），吉
布提，埃及，赤道几内亚，厄立特里亚，埃塞俄比亚，加蓬，冈比亚，加
纳，几内亚，几内亚比绍，肯尼亚，莱索托，利比里亚，利比亚，马达加斯
加，马拉维，马里，毛里塔尼亚，摩洛哥，莫桑比克，纳米比亚，尼日尔，
尼日利亚，卢旺达，圣多美和普林西比，塞内加尔，塞舌尔，塞拉利昂，索
马里，南非，南苏丹，苏丹，坦桑尼亚，多哥，突尼斯，乌干达，赞比亚，
津巴布韦，中非。

欧洲：阿尔巴尼亚，奥地利，白俄罗斯，波黑，保加利亚，克罗地亚，
塞浦路斯，捷克，爱沙尼亚，希腊，匈牙利，意大利，拉脱维亚，立陶宛，
卢森堡，马耳他，摩尔多瓦，黑山，北马其顿，波兰，葡萄牙，罗马尼亚，
俄罗斯，塞尔维亚，斯洛伐克，斯洛文尼亚，乌克兰。

北美洲：安提瓜和巴布达，巴巴多斯，多米尼加，哥斯达黎加，古巴，
多米尼克，萨尔瓦多，格林纳达，洪都拉斯，牙买加，尼加拉瓜，巴拿马，
特立尼达和多巴哥。

南美洲：阿根廷，巴西，玻利维亚，智利，厄瓜多尔，圭亚那，秘鲁，
苏里南，乌拉圭，委内瑞拉。

大洋洲：库克群岛，密克罗尼西亚联邦，斐济，基里巴斯，新西兰，纽
埃，巴布亚新几内亚，萨摩亚，所罗门群岛，汤加，瓦努阿图，瑙鲁。

五、合作重点

共建"一带一路"围绕互联互通，以基础设施"硬联通"为重要方向，

以规则标准"软联通"为重要支撑，以共建国家人民"心联通"为重要基础，不断深化政策沟通、设施联通、贸易畅通、资金融通、民心相通，不断拓展合作领域，成为当今世界范围最广、规模最大的国际合作平台。

（一）政策沟通广泛深入

政策沟通是共建"一带一路"的重要保障。中国与共建国家、国际组织积极构建多层次政策沟通交流机制，在发展战略规划、技术经济政策、管理规则和标准等方面发挥政策协同效应，共同制订推进区域合作的规划和措施，为深化务实合作注入了"润滑剂"和"催化剂"，共建"一带一路"日益成为各国交流合作的重要框架。

在共建"一带一路"框架下，中外合作伙伴发起成立了 20 多个专业领域多边对话合作机制，涵盖铁路、港口、能源、金融、税务、环境保护、减灾、智库、媒体等领域，参与成员数量持续提升。

（二）设施联通初具规模

设施联通是共建"一带一路"的优先领域。在尊重相关国家主权和安全关切的基础上，共建国家加强基础设施建设规划、技术标准体系的对接，共同推进国际骨干通道建设，逐步形成连接亚洲各次区域以及亚欧非之间的基础设施网络，以"六廊六路多国多港"为基本架构，加快推进多层次、复合型基础设施网络建设，基本形成"陆海天网"四位一体的互联互通格局，为促进经贸和产能合作、加强文化交流和人员往来奠定了坚实基础。

在非洲，蒙巴萨—内罗毕铁路（蒙内铁路）和亚的斯亚贝巴—吉布提铁路（亚吉铁路）已经投入运营，成为促进区域发展的推动力。

"丝路海运"网络持续拓展。截至 2024 年 7 月，"丝路海运"航线已经通达 46 个国家和地区的 135 个港口。[1] 海上互联互通水平不断提升。

"空中丝绸之路"建设成效显著。共建国家间航空航线网络加快拓展，空中联通水平稳步提升。中国民航"一带一路"合作平台于 2020 年 8 月正式成立，共建国家民航交流合作机制和平台更加健全。

国际多式联运大通道持续拓展。中欧班列、中欧陆海快线、西部陆海新通道、连云港—霍尔果斯新亚欧陆海联运等国际多式联运稳步发展。截至 2024 年 7 月，中欧班列已通达欧洲 25 个国家 223 个城市，连接 11 个亚洲国家超过 100 个城市，服务网络基本覆盖欧亚全境，87 条时速 120 千米的运行线路穿越亚欧腹地主要区域。[2] 中欧陆海快线从无到有，成为继传统海运航线、陆上中欧班列之外中欧间的第三条贸易通道。

（三）贸易畅通便捷高效

贸易投资合作是共建"一带一路"的重要内容。共建国家着力解决贸易投资自由化、便利化问题，大幅消除贸易投资壁垒，改善区域内和各国营商环境，建设自由贸易区，拓宽贸易领域，优化贸易结构，拓展相互投资和产业合作领域，推动建立更加均衡、平等和可持续的贸易体系，发展互利共赢的经贸关系，共同做大做好合作"蛋糕"。

贸易投资规模稳步扩大。2013—2023 年，中国与共建国家进出口总额累计超过 21 万亿美元[3]；2013—2022 年，中国与共建国家双向投资累计超过 3800 亿美元，其中，中国对外直接投资超过 2400 亿美元[4]。2023 年，中国与共建"一带一路"国家进出口规模达到 19.47 万亿元，同比增长 2.8%，

---

〔1〕《丝路海运"朋友圈"越来越大"生态圈"越来越优》，https://news.cctv.com/2024/07/03/ARTIt1PA2Rx3jk4o0uXo4hSy240703.shtml。

〔2〕《中欧班列累计开行突破 9 万列——"这是一条中欧之间的黄金通道"》，https://news.cctv.com/2024/06/11/ARTItXSyRtJWObRofdjjKtkX240611.shtml。

〔3〕《国家发改委：10 年来我国与"一带一路"共建国家进出口总额累计超 21 万亿美元》，http://fec.mofcom.gov.cn/article/xgzx/xgzxfwydyl/202311/20231103457470.shtml。

〔4〕《"一带一路"数据"说" | 中国与共建国家贸易投资规模稳步扩大》，https://www.news.cn/world/2023-10/10/c_1129909607.htm。

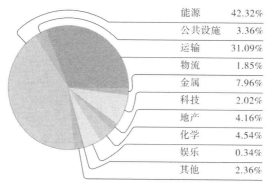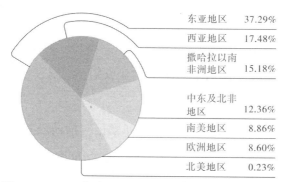

占中国外贸总值的 46.6%。[1] 2020 年中国对共建国家投资分布情况见图 27-2 和图 27-3。

图 27-2 2020 年中国对共建国家不同领域投资分布情况
资料来源：作者自制。

图 27-3 2020 年中国对不同地区共建国家投资分布情况
资料来源：作者自制。

贸易投资自由化、便利化水平不断提升。截至 2023 年 8 月底，中国与 135 个国家和地区签订了双边投资协定，与 112 个国家和地区签署了避免双重征税协定（包括安排和协议）。

〔1〕《2023 年我国与共建"一带一路"国家进出口达 19.47 万亿元》，http://fec.mofcom.gov.cn/article/xgzx/xgzxfwydyl/202401/20240103467277.shtml。

贸易投资平台作用更加凸显，产业合作深入推进。共建"一带一路"国家共同推进国际产能合作，深化钢铁、有色金属、建材、汽车、工程机械、资源能源、农业等传统行业合作，探索数字经济、新能源汽车、核能与核技术、5G 通信等新兴产业合作，与有意愿的国家开展三方及多方市场合作，促进各方优势互补、互惠共赢。

截至 2023 年 6 月底，已有 40 个国家与中国签署了产能合作文件，中国企业与共建国家政府、企业合作共建的海外产业园超过 70 个。

（四）资金融通日益多元

资金融通是共建"一带一路"的重要支撑。共建国家及有关机构积极开展多种形式的金融合作，创新投融资模式、拓宽投融资渠道、丰富投融资主体、完善投融资机制，大力推动政策性金融、开发性金融、商业性金融、合作性金融支持共建"一带一路"，努力构建长期、稳定、可持续、风险可控的投融资体系。

金融合作机制日益健全。中国国家开发银行推动成立多边金融合作机制，中国工商银行推动成立"一带一路"银行间常态化合作机制。截至 2023 年 9 月末，中国与 30 个共建"一带一路"国家签署了双边本币互换协议，与 17 个共建"一带一路"国家建立了人民币清算安排，有效促进了贸易投资便利化。[1]

投融资渠道平台不断拓展。中国出资设立丝路基金，并与相关国家一道成立亚洲基础设施投资银行，为共建国家基础设施互联互通和经济社会可持续发展提供投融资支持。中国积极参与现有各类融资安排机制，有效撬动市

---

〔1〕《人民币国际化新进展！中国与沙特签署 500 亿人民币双边本币互换协议》，https://www.thepaper.cn/newsDetail_forward_25370165。

场资金参与。中国发起设立中国–欧亚经济合作基金、中拉合作基金、中国–中东欧投资合作基金、中国–东盟投资合作基金、中拉产能合作投资基金和中非产能合作基金等国际经济合作基金，有效拓展共建国家投融资渠道。

债务可持续性不断增强。按照平等参与、利益共享、风险共担的原则，中国与28个国家共同核准《"一带一路"融资指导原则》，推动共建国家政府、金融机构和企业重视债务可持续性，提升债务管理能力。中国借鉴国际货币基金组织和世界银行低收入国家债务可持续性分析框架，结合共建国家实际情况制定债务可持续性分析工具，并发布了《"一带一路"债务可持续性分析框架》。

亚洲基础设施投资银行（以下简称"亚投行"）是政府间性质的亚洲区域多边开发机构，也是全球首个由中国倡议设立的多边金融机构。亚投行重点支持基础设施建设，成立宗旨是促进亚洲区域建设互联互通和经济一体化进程、加强中国及其他亚洲国家和地区的合作。亚投行于2015年12月25日正式成立，总部设在北京。截至2024年3月，亚投行拥有109个成员国，法定资本为1000亿美元，中国出资50%，为最大股东。[1] 截至2024年8月，亚投行全球范围内已批准近300个项目，累计批准融资总额达537亿美元，动员资本超1700亿美元投入基础设施建设，惠及37个亚洲域内与域外成员。[2]

丝路基金由中国国家外汇管理局（出资比例65%）、中国投资有限责任公司（出资比例15%）、中国进出口银行（出资比例15%）和中国国家开发银行（出资比例5%）共同出资，于2014年12月在北京注册成立。丝路基金是中长期开发投资基金，通过以股权为主的多种投融资方式，重点围绕共

---

〔1〕《亚投行》,https://www.yidaiyilu.gov.cn/p/958.html。

〔2〕《全球已批准近300个项目 亚投行助力搭建"空中桥梁"》,https://ydyl.cctv.com/2024/08/02/ARTILvGYcOebdMMwXS5SoJjO240802.shtml。

建"一带一路"推进与相关国家和地区的基础设施、资源开发、产业合作和金融合作等项目，确保中长期财务可持续和合理的投资回报。丝路基金的资金规模为400亿美元和1000亿元人民币。[1] 截至2023年6月底，该基金已就75个项目签署了协议，承诺投资金额约220亿美元。[2]

中国国家开发银行和中国进出口银行均为共建"一带一路"设立了专项贷款，集中资源加大对共建"一带一路"的融资支持。截至2022年年底，中国国家开发银行已直接为1300多个共建"一带一路"项目提供直接金融服务，有效发挥了开发性金融引领、汇聚境内外各类资金共同参与共建"一带一路"的融资先导作用。[3] 截至2022年年底，中国进出口银行的"一带一路"贷款余额达2.2万亿元，覆盖140多个共建国家，累计拉动投资超过4000亿美元，带动贸易总额超过2万亿美元的贸易。[4]

（五）民心相通基础稳固

民心相通是共建"一带一路"的社会根基。共建国家广泛开展文化旅游交流、学术往来、人才交流合作、媒体和智库合作、青年和妇女交往、志愿者服务等，为深化双多边合作奠定坚实的民意基础。

民间交往不断深入。中外民间组织建立了近600对合作伙伴关系，开展了300余个民生合作项目。60多个共建国家的城市与中国多个城市结成1000多对友好城市。72个国家和地区的352家民间组织结成了丝绸之路沿线民间组织合作网络，成为共建国家民间组织开展交流合作的重要平台。[5]

---

〔1〕《丝路基金》，https://www.yidaiyilu.gov.cn/p/959.html。

〔2〕《深化资金融通合作之路 推动"一带一路"共同繁荣》，https://www.gov.cn/yaowen/liebiao/202310/content_6908677.htm。

〔3〕《中国国家开发银行服务高质量共建"一带一路"取得积极成效》，https://www.cdb.com.cn/xwzx/khdt/202310/t20231011_11154.html。

〔4〕《中国金融家：进出口银行勇当"一带一路"金融服务排头兵》，http://www.eximbank.gov.cn/info/circus/202308/t20230830_52332.html。

〔5〕《让更多国家更多民众共享发展成果（推动共建"一带一路"高质量发展）》，http://world.people.com.cn/n1/2023/1017/c1002-40096498.html。

文化旅游合作丰富多彩。截至 2023 年 6 月底，中国与 144 个共建"一带一路"国家签署了文化和旅游领域合作文件。中国与共建国家共同创建多个合作平台，不断深化对外文化交流。

教育交流合作广泛深入。截至 2023 年 6 月底，中国已与 45 个共建国家和地区签署高等教育学历学位互认协议。中国院校在 132 个共建"一带一路"国家开设了 313 所孔子学院和 315 所孔子课堂。中国"汉语桥"夏令营项目已邀请来自 100 多个共建国家的近 5 万名青少年来华访学。中国院校与来自亚洲、非洲和欧洲的 20 多个共建国家院校合作设立一批鲁班工坊。

媒体和智库合作成果丰硕。媒体国际交流合作稳步推进，智库交流活动也日益频繁。

截至 2023 年 6 月底，"一带一路"新闻合作联盟成员单位增至 107 个国家的 233 家媒体，"一带一路"智库合作联盟已在亚洲、非洲、欧洲和拉丁美洲发展了 122 家合作伙伴。

（六）新领域合作稳步推进

共建"一带一路"国家发挥各自优势，不断拓展合作领域，创新合作模式，推动卫生健康、绿色低碳、科技创新、"数字丝绸之路"建设取得积极进展，国际合作空间更加广阔。

卫生健康合作成效显著。共建国家积极推进"健康丝绸之路"建设，推动构建人类卫生健康共同体，建立紧密的卫生合作伙伴关系。截至 2023 年 6 月底，中国已与世界卫生组织签署《关于"一带一路"卫生领域合作的谅解备忘录》，与 160 多个国家和国际组织签署了卫生合作协议，发起和参与多个国际和区域卫生合作机制。中国与 14 个共建"一带一路"国家签订传统医药合作文件，8 个共建国家在本国法律法规体系内支持中医药发展，30 个中医药海外中心投入建设，百余种中成药在共建国家以药品身份注册上市。

"一带一路"医学人才培养联盟、"一带一路"医院合作联盟、"一带一路"卫生政策研究网络，以及中国−东盟"健康丝绸之路"人才培养计划（2020—2022）等机制和平台，为共建国家培养了数万名卫生管理、公共卫生和医学科研等专业人才。

绿色低碳发展取得积极进展。截至 2023 年 10 月《共建"一带一路"：构建人类命运共同体的重大实践》白皮书发布，中国与 31 个国家共同发起"一带一路"绿色发展伙伴关系倡议，与 40 多个国家的 150 多个合作伙伴建立"一带一路"绿色发展国际联盟，与 32 个国家建立了"一带一路"能源合作伙伴关系。中国还建设"一带一路"生态环保大数据服务平台和"一带一路"环境技术交流与转移中心，实施绿色丝路使者计划。中国进出口银行等十余家金融机构发布了《绿色金融支持"一带一路"能源转型倡议》，呼吁有关各方加大对共建"一带一路"国家能源绿色低碳转型领域的支持力度。中国实施"一带一路"应对气候变化南南合作计划，截至 2024 年 10 月，中国已与 42 个发展中国家签署了 53 份气候变化南南合作谅解备忘录，开展了近百个减缓和适应气候变化项目，为 120 多个发展中国家提供了 1 万余人次培训名额。[1]

科技创新合作加快推进。共建国家加强创新合作，加快技术转移和知识共享，不断优化创新环境，集聚创新资源，积极开展重大科技合作，共同培养科技创新人才，推动科技创新能力提升。

"数字丝绸之路"建设亮点纷呈。中国与共建国家加强数字领域的规则标准联通，推动区域性数字政策协调，携手打造开放、公平、公正、非歧视

---

〔1〕《应对气候变化南南合作 中国在行动》，https://www.yidaiyilu.gov.cn/p/0CT6BJVF.html。

的数字发展环境。中国积极推进数字基础设施互联互通，加快建设数字交通走廊，多条国际海底光缆建设取得积极进展，构建起 130 套跨境陆缆系统，广泛建设 5G 基站、数据中心、云计算中心、智慧城市等，对传统基础设施如港口、铁路、道路、能源、水利等进行数字化升级改造，"中国-东盟信息港"、"数字化中欧班列"、中阿网上丝绸之路等重点项目全面推进，"数字丝路地球大数据平台"实现多语言数据共享。[1] 空间信息走廊建设成效显著，中国已建成连接南亚、非洲、欧洲和美洲的卫星电信港，与多个共建国家和地区共同研制和发射通信或遥感卫星、建设卫星地面接收站等空间基础设施。

截至 2022 年年底，中国已与 17 个国家签署"数字丝绸之路"合作谅解备忘录，与 30 个国家签署电子商务合作谅解备忘录，与 18 个国家和地区签署《关于加强数字经济领域投资合作的谅解备忘录》;[2] 提出并推动达成《全球数据安全倡议》《"一带一路"数字经济国际合作倡议》《中国-东盟关于建立数字经济合作伙伴关系的倡议》《中阿数据安全合作倡议》《"中国+中亚五国"数据安全合作倡议》《金砖国家数字经济伙伴关系框架》等合作倡议；牵头制定《跨境电商标准框架》。

---

〔1〕《缩小"数字鸿沟"加快"数字丝绸之路"建设》，https://news.gmw.cn/2024-01/04/content_37069842.htm。

〔2〕《携手共建"数字丝路"，普惠共享数字成果》，https://theory.gmw.cn/2024-04/13/content_37261415.htm。

第二十八章　国防政策[*]

当今世界，人类日益成为利益交融、安危与共的命运共同体。中国坚定不移走和平发展道路，愿与各国人民共同努力，维护世界和平、促进共同发展。

为宣示新时代中国防御性国防政策，介绍中国建设巩固国防和强大军队的实践、目的、意义，增进国际社会对中国国防的理解，中国政府发表《新时代的中国国防》白皮书。

军队要像军队的样子。"军队的样子"表示军队要坚决听党指挥、能打胜仗、作风优良。听党指挥是灵魂，决定军队建设的政治方向；能打胜仗是核心，反映军队的根本职能和军队建设的根本指向；作风优良是保证，关系军队的性质、宗旨、本色。这三条明确了中国加强军队建设的聚焦点和着力点，决定着军队发展方向，也决定着军队生死存亡。

---

[*] 本章主要内容参见国务院新闻办公室:《新时代的中国国防》白皮书,2019 年 7 月。

一、国际安全形势

当今世界正经历百年未有之大变局，世界多极化、经济全球化、社会信息化、文化多样化深入发展，和平、发展、合作、共赢的时代潮流不可逆转，但国际安全面临的不稳定性不确定性更加突出，世界并不太平。

（一）国际战略格局深刻演变

国际力量加快分化组合，新兴市场国家和发展中国家力量持续上升，战略力量对比此消彼长、更趋均衡，促和平、求稳定、谋发展已成为国际社会的普遍诉求，和平力量的上升远远超过战争因素的增长。但是，霸权主义、强权政治、单边主义时有抬头，地区冲突和局部战争持续不断，国际安全体系和秩序受到冲击。同时，国际战略竞争呈上升之势，全球和地区性安全问题持续增多。

2021年2月，时任美国总统拜登宣布在美国国防部成立"中国特别工作组"，"以应对来自中国的挑战并确保美国赢得竞争"。

（二）亚太安全形势总体稳定

亚太各国命运共同体意识增强，通过对话协商处理分歧和争端成为主要政策取向，推动本地区成为全球格局中的稳定板块。同时，世界经济和战略重心继续向亚太地区转移，亚太地区成为大国博弈的焦点，给地区安全带来不确定性。地区热点和争议问题依然存在。

上海合作组织构建不结盟、不对抗、不针对第三方的建设性伙伴关系，拓展防务安全领域合作，开创区域安全合作新模式。中国-东盟防长非正式会晤、东盟防长扩大会发挥积极作用，通过加强军事交流合作等途径增进相互信任。

（三）中国国家安全面临一定风险挑战

中国继续保持政治安定、民族团结、社会稳定的良好局面，综合国力、国际影响力、抵御风险能力明显增强。但中国仍处于发展的重要战略机遇期，同时面临着多元复杂的安全威胁和挑战。如反分裂斗争形势严峻，中国的国土安全依然面临威胁，陆地边界争议尚未彻底解决，岛屿领土问题和海洋划界争端依然存在，海外利益面临现实威胁等。

（四）国际军事竞争日趋激烈

世界各主要国家纷纷调整安全战略、军事战略，调整军队组织形态，发展新型作战力量，抢占军事竞争战略制高点。

美国进行军事技术和体制创新，谋求绝对军事优势；俄罗斯深入推进"新面貌"军事改革；与此同时，英国、法国、德国、日本和印度等国都在调整、优化其军事力量体系。

在新一轮科技革命和产业变革推动下，人工智能、量子信息、大数据、云计算、物联网等前沿科技加速应用于军事领域，国际军事竞争格局正在发生历史性变化。以信息技术为核心的军事高新技术日新月异，武器装备远程精确化、智能化、隐身化、无人化趋势更加明显，战争形态加速向信息化战争演变，智能化战争初现端倪。

二、新时代中国防御性国防政策

中国的社会主义国家性质、走和平发展道路的战略抉择、独立自主的和平外交政策、"和为贵"的中华文化传统，决定了中国始终不渝奉行防御性国防政策。

（一）坚决捍卫国家主权、安全、发展利益

这是新时代中国国防的根本目标。慑止和抵抗侵略，保卫国家政治安全、人民安全和社会稳定，反对和遏制分裂势力，保卫国家主权、统一、领

土完整和安全。维护国家海洋权益，维护国家在太空、电磁、网络空间等安全利益，维护国家海外利益，支撑国家可持续发展。

（二）坚持永不称霸、永不扩张、永不谋求势力范围

这是新时代中国国防的鲜明特征。"国虽大，好战必亡。"近代以来，中国人民饱受侵略和战乱之苦，深感和平之珍贵、发展之迫切，决不会把自己经受过的悲惨遭遇强加于人。新中国成立70余年来，中国没有主动挑起过任何一场战争和冲突。改革开放以来，中国致力于促进世界和平，主动裁减军队员额400余万。

中国由积贫积弱发展成为世界第二大经济体，靠的不是别人的施舍，更不是军事扩张和殖民掠夺，而是人民勤劳、维护和平。中国既通过维护世界和平为自身发展创造有利条件，又通过自身发展促进世界和平。

中国坚持在和平共处五项原则基础上发展同各国的友好合作，尊重各国人民自主选择发展道路的权利，主张通过平等对话和谈判协商解决国际争端，反对干涉别国内政，反对恃强凌弱，反对把自己的意志强加于人。中国坚持结伴不结盟，不参加任何军事集团，反对侵略扩张，反对动辄使用武力或以武力相威胁。无论将来发展到哪一步，中国都不会威胁谁，都不会谋求建立势力范围。

（三）贯彻落实新时代军事战略方针

这是新时代中国国防的战略指导。新时代军事战略方针坚持防御、自卫、后发制人原则，实行积极防御，坚持"人不犯我、我不犯人，人若犯我、我必犯人"，强调遏制战争与打赢战争相统一，强调战略上防御与战役战斗上进攻相统一。

中国始终奉行在任何时候和任何情况下都不首先使用核武器、无条件不对无核武器国家和无核武器区使用或威胁使用核武器的核政策。

（四）坚持走中国特色强军之路

这是新时代中国国防的发展路径。国防和军队现代化进程必须同国家现代化进程相适应，军事能力必须同实现中华民族伟大复兴的战略需求相适应。中共二十大报告把国防和军队现代化纳入中国式现代化战略全局，纳入建设社会主义现代化国家整体进程。报告指出，如期实现建军一百年奋斗目标，加快把人民军队建成世界一流军队，是全面建设社会主义现代化国家的战略要求。《新时代的中国国防》白皮书中指出，建设同国际地位相称、同国家安全和发展利益相适应的巩固国防和强大军队，是中国社会主义现代化建设的战略任务。

新时代中国国防和军队建设的战略目标同国家现代化进程相一致，全面推进军事理论现代化、军队组织形态现代化、军事人员现代化、武器装备现代化，力争到 2035 年基本实现国防和军队现代化，到本世纪中叶把人民军队全面建成世界一流军队。

三、履行新时代军队使命任务

进入新时代，中国军队依据国家安全和发展战略要求，为巩固中国共产党领导和社会主义制度提供战略支撑，为捍卫国家主权、统一、领土完整提供战略支撑，为维护国家海外利益提供战略支撑，为促进世界和平与发展提供战略支撑。

（一）维护国家领土主权和海洋权益

中国拥有 2.2 万多千米陆地边界、1.8 万多千米大陆海岸线，是世界上邻国最多、陆地边界最长、海上安全环境最复杂的国家之一，维护领土主权、海洋权益和国家统一的任务艰巨繁重。

中国军队严密防范各类蚕食、渗透、破坏和袭扰活动，维护边防安全稳定。中国同周边九个国家签订边防合作协议，同 12 个国家建立边防会谈会晤机制，构建起国防部、战区、边防部队三级对外交往机制。

（二）保持常备不懈的战备状态

中央军事委员会和战区联合作战指挥机构严格落实战备值班制度，常态组织战备检查、战备拉动，保持随时能战状态。解放军和武警部队强化战略观念，严格战备制度，加强战备值班执勤，扎实开展战备演练，建立正规战备秩序，保持良好战备状态，有效遂行战备（战斗）值班、巡逻执勤等任务。

（三）开展实战化军事训练

军队要能打仗，打胜仗。军事训练是和平时期军队的基本实践活动，是维护和平、遏制危机、打赢战争的重要保证。战争不仅是物质的较量，还是精神的比拼。战争残酷无情，训练必须切合实际。军事训练是未来战争的预演，是提高实战能力的重要途径。

中国军队坚持把军事训练摆在重要位置，牢固树立战斗力这个唯一的、根本的标准，完善军事训练法规和标准体系，建立健全训练监察体系，组织全军应急应战军事训练监察，落实练兵备战工作责任制，开展群众性练兵比武活动，不断提高实战化训练水平。

"能战方能止战，准备打才可能不必打，越不能打越可能挨打，这就是战争与和平的辩证法。"——习近平

各战区强化联合训练主体责任，扎实开展联合训练。陆军广泛开展军事训练大比武，实施实兵实装实弹演习。海军拓展远海训练，航母编队首次在西太平洋海域开展远海作战演练。空军加强体系化、实案化全疆域训练。火

箭军组织对抗性检验性训练、整旅整团实案化训练，强化联合火力打击训练。战略支援部队积极融入联合作战体系。联勤保障部队推进融入联合作战体系，组织系列演习演练。武警部队按照覆盖全国、高效联动、全域响应、多能一体的要求，实施系列演习。

（四）维护重大安全领域利益

核力量是维护国家主权和安全的战略基石。中国军队严格核武器及相关设施安全管理，保持适度戒备状态，提高战略威慑能力，确保国家战略安全，维护国际战略稳定。

太空是国际战略竞争制高点，太空安全是国家建设和社会发展的战略保障。着眼和平利用太空，中国积极参与国际太空合作，加快发展相应的技术和力量，统筹管理天基信息资源，跟踪掌握太空态势，保卫太空资产安全，提高安全进出、开放利用太空能力。

网络空间是国家安全和经济社会发展的关键领域。网络安全是全球性挑战，也是中国面临的严峻安全威胁。中国军队加快网络空间力量建设，大力发展网络安全防御手段，建设与中国国际地位相称、与网络强国相适应的网络空间防护力量，筑牢国家网络边防，及时发现和抵御网络入侵，保障信息网络安全，坚决捍卫国家网络主权、信息安全和社会稳定。

（五）遂行反恐维稳

中国坚决反对一切形式的恐怖主义、极端主义。中国武装力量依法参加维护社会秩序行动，防范和打击暴力恐怖活动，维护国家政治安全和社会大局稳定，保障人民群众安居乐业。

武警部队执行重要目标守卫警戒、现场警卫、要道设卡和城市武装巡逻等任务，协同国家机关依法参加执法行动，打击违法犯罪团伙和恐怖主义活动，积极参与社会面防控，着力防范和处置各类危害国家政治安全、社会秩序的隐患，为"平安中国"建设作出重要贡献。

（六）维护海外利益

海外利益是中国国家利益的重要组成部分。有效维护海外中国公民、组织和机构的安全和正当权益，是中国军队担负的任务。

中国军队积极推动国际安全和军事合作，完善海外利益保护机制；着眼弥补海外行动和保障能力差距，发展远洋力量，建设海外补给点，增强遂行多样化军事任务能力；实施海上护航，维护海上战略通道安全，遂行海外撤侨、海上维权等行动。

（七）参加抢险救灾

参加国家建设事业、保卫人民和平劳动，是宪法赋予中国武装力量的使命任务。中国武装力量主要担负解救、转移或者疏散受困人员，保护重要目标安全，抢救、运送重要物资，参加道路（桥梁、隧道）抢修、海上搜救、核生化救援、疫情控制、医疗救护等专业抢险，排除或者控制其他危重险情、灾情，协助地方人民政府开展灾后重建工作等任务。

据 2019 年发布的《新时代的中国国防》白皮书，2012 年以来，解放军和武警部队共出动 95 万人次，组织民兵 141 万人次，动用车辆及工程机械 19 万台次、船艇 2.6 万艘次、飞机（直升机）820 架次参加抢险救灾，协助地方政府解救、转移安置群众 500 余万人，巡诊救治病员 21 万余人次，抢运物资 36 万余吨，加固堤坝 3600 余千米。

四、改革中的中国国防和军队

进入新时代，适应世界新军事革命发展趋势和国家安全需求，中国全面推进国防和军队现代化建设，全面深化国防和军队改革，着力解决体制性障碍、结构性矛盾、政策性问题，迈出了强军兴军历史性步伐。本节从领导指挥体制和国防军队建设两个方面加以说明。

（一）重塑领导指挥体制

按照"军委管总、战区主战、军种主建"原则，强化军委集中统一领导和战略指挥、战略管理功能。调整组建新的军委机关部门，由过去的总参谋部、总政治部、总后勤部、总装备部"四总部"调整为军委机关15个职能部门，作为军委集中领导的参谋机关、执行机关、服务机关，指挥、建设、管理、监督等路径更加清晰，决策、规划、执行、评估等职能配置更加合理。

完善军兵种领导管理体制，构建起"中央军事委员会—军种—部队"的领导管理体系。建立健全联合作战指挥体制，健全军委联合作战指挥机构，组建战区联合作战指挥机构，形成平战一体、常态运行、专司主营、精干高效的联合作战指挥体系，撤销沈阳、北京、兰州、济南、南京、广州、成都七个大军区，成立东部、南部、西部、北部、中部五个战区。通过改革，中国构建起"中央军事委员会—战区—部队"的作战指挥体系。军队作战指挥体系和领导管理体系见图28-1。

建立健全法治监督体系。组建新的军委纪律检查委员会（军委监察委员会），由中央军事委员会直接领导，向军委机关部门和各战区派驻纪检组；组建新的军委政法委员会，按区域设置军事法院、军事检察院；组建军委审计署，改革审计监督体制，全部实行派驻审计，形成决策权、执行权、监督权既相互制约又相互协调的权力运行体系。

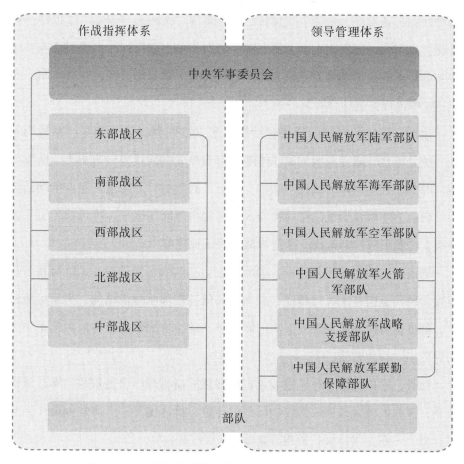

图 28-1　中国军队作战指挥体系和领导管理体系架构图

（二）推进国防和军队全面建设

中国始终把思想政治建设摆在军队各项建设首位，着力培养有灵魂、有本事、有血性、有品德的新时代革命军人，锻造具有铁一般信仰、铁一般信念、铁一般纪律、铁一般担当的过硬部队；推进国防科技和军事理论创新发展；加快实施科技兴军战略，巩固和加强优势领域，加大新兴领域创新力度，一些战略性、前沿性、颠覆性技术自主创新取得重要进展。

构建现代化武器装备体系。完善优化武器装备体系结构，统筹推进各军兵种武器装备发展，统筹主战装备、信息系统、保障装备发展，全面提升标准化、系列化、通用化水平；加大淘汰老旧装备力度，逐步形成以高新技术装备为骨干的武器装备体系；15式坦克、052D驱逐舰、歼-20战斗机、东风-26中远程弹道导弹等装备列装部队。

建设一切为了打仗的现代化后勤。建立以联勤部队为主干、军种为补充，统分结合、通专两线的保障体制；构建以战略战役力量为主干、队属力量为补充、社会保障为依托，联合、精干、高效的后勤力量体系；推动后勤力量融入战区联合训练、军兵种跨区训练和中外联演联训，推进前后方一体训练，初步形成快速响应、全维参战、精确保障能力。

推进国防动员现代化建设。理顺国防动员组织领导体制，加强后备力量建设；精简全国基干民兵规模，深化民兵预备役部队规模结构、力量编成改革，推进预备役部队与现役部队一体建设和运用，加快实现由保障陆军为主向保障多军兵种转变。

此外，中国国防和军队建设还包括强化战略管理，坚持依法治军、从严治军，深入推进党风廉政建设和反腐败斗争，推进退役军人服务保障体系建设，出台一系列优待优抚措施等方面。

五、积极服务构建人类命运共同体

构建人类命运共同体，顺应和平发展的时代潮流，反映各国人民共同期待。中国军队始终坚持合作共赢，坚持履行国际责任和义务，在力所能及的范围内为国际社会提供更多公共安全产品，积极参加国际维和、海上护航、人道主义救援等行动，加强国际军控和防扩散合作，建设性参与热点问题的政治解决，共同维护国际通道安全，合力应对恐怖主义、网络安全和重大自然灾害等全球性挑战，积极为构建人类命运共同体贡献力量。

（一）　坚定维护联合国宪章宗旨和原则

作为联合国创始成员国和安理会常任理事国，中国坚定维护联合国在国际事务中的核心作用，坚定维护以联合国宪章宗旨和原则为基础的国际法和国际关系基本准则，坚定维护多边主义，推动国际关系民主化，广泛参与全球安全治理，积极参与军控与裁军等领域事务，为重大问题解决和重要规则制定贡献中国方案。

自 1990 年中国首次参加联合国维和行动至 2020 年的 30 年间，中国军队先后参加 25 项联合国维和行动，累计派出维和官兵 4 万余人次，16 名官兵在联合国维和行动中牺牲。30 年间，中国军队在维和任务区累计新建和修复道路 1.7 万多千米、桥梁 300 多座，排除地雷及未爆炸物 1.4 万余枚；累计运送物资器材 120 万余吨，运输总里程 1300 万余千米；累计接诊救治病人、抢救伤员 24.6 万余人次；截至 2020 年 8 月，维和步兵营累计完成长途巡逻 51 次、短途巡逻 93 次、武装护卫任务 314 次、武器禁区巡逻 3 万余小时。[1] 中国政府于 2008 年 12 月起派遣海军舰艇编队赴亚丁湾、索马里海域实施常态化护航行动，2008—2018 年 10 年间，中国海军常态部署 3—4 艘舰艇执行护航任务，共派出 31 批 100 余艘次舰艇、2.6 万余名官兵，为 6600 余艘中外船舶提供安全保护，解救、接护、救助遇险船舶 70 余艘。中国海军"和平方舟"号医院船自 2008 年入列以来，以"和谐使命"任务为主要载体，多次远赴海外开展人道主义医疗服务，截至 2024 年 6 月，累计到访 45 个国家和地区，服务民众 29 万余人次，实施手术 1700 多例，总航程 29 万余海里。自 2024 年 6 月开始，"和平方舟"号医院船第 10 次执行"和谐

---

〔1〕　国务院新闻办公室：《〈中国军队参加联合国维和行动 30 年〉白皮书》，新华社北京 2020 年 9 月 18 日电。

使命"系列任务。[1]

（二）推动构建平等互信、合作共赢的新型安全伙伴关系

中国积极发展对外建设性军事关系，形成全方位、宽领域、多层次军事外交新格局。根据《新时代的中国国防》白皮书，中国已同150多个国家开展军事交往，在驻外使馆（团）设有130个驻外武官机构，116个国家在中国设立武官处，同41个国家和国际组织建立防务磋商对话机制54项；2012年以来，中国军队高级军事代表团出访60多个国家，有100多个国家国防部长、军队总司令来访。

中国军队坚持互信互惠、合作共赢的原则，同世界各国军队开展务实交流合作。2012年以来，中国同30多个国家举行百余次联合演习与训练，演练内容从传统安全领域发展到非传统安全领域，演练地域从中国周边延伸至远海，参演力量从以陆军为主拓展至陆海空多军兵种。中国军队积极组织人才培养交流合作，2012年以来，中国向50多个国家派出军事留学生1700余名，20余所军队院校分别同40多个国家的院校建立和保持了校际交流关系，共接纳130多个国家的上万名军事人员到中国军队院校学习。[2]

（三）推动构建地区安全合作架构

2001年6月，中国同哈萨克斯坦、吉尔吉斯斯坦、俄罗斯、塔吉克斯坦、乌兹别克斯坦共同发起成立上海合作组织。2017年6月，上海合作组织首次扩员，印度和巴基斯坦成为上海合作组织成员国。上海合作组织已成为世界上幅员最广、人口最多的综合性新型区域合作组织，成员国间持续加强防务安全领域交流合作，深化睦邻友好和战略互信，加强军事文化交流，增

---

[1] 《中国海军"和平方舟"号医院船起航执行"和谐使命-2024"任务》，新华社杭州2024年6月16日电；《中国海军"和平方舟"号医院船首访喀麦隆》，新华社喀麦隆杜阿拉2024年10月7日电。

[2] 国务院新闻办公室：《〈新时代的中国国防〉白皮书（全文）》，http://www.scio.gov.cn/zfbps/ndhf/2019n/202207/t20220704_130617.html。

进成员国团结友谊。

中国积极支持亚洲相互协作与信任措施会议机制建设，倡导树立共同、综合、合作、可持续的亚洲安全观，为构建亚洲地区安全合作架构发挥了重要作用。中国还本着开放包容、务实合作的原则，积极参加东盟防长扩大会（"10+8"防长会）、东盟地区论坛、香格里拉对话会、西太平洋海军论坛等多边对话和合作机制，常态化举行中国–东盟防长非正式会晤，建设性提出加强地区防务安全合作的倡议。

西太平洋海军论坛成立于1988年，是地区性海军合作机制平台，经过30余年的发展，已成为西太平洋地区颇具影响力的机制性海军论坛。论坛现有23个成员国、7个观察员国。中国是论坛创始成员国，始终秉持包容、平等、合作的原则理念，建设性地参与论坛事务。[1]

东盟地区论坛首届外长会召开于1994年，目前，东盟地区论坛已成为亚太地区主要的官方多边安全对话与合作平台，至2024年7月已举行31届外长会。[2] 东盟地区论坛成员包括澳大利亚、孟加拉国、文莱、柬埔寨、加拿大、中国、朝鲜、欧盟、印度、印度尼西亚、日本、老挝、马来西亚、蒙古国、缅甸、新西兰、巴基斯坦、巴布亚新几内亚、菲律宾、韩国、俄罗斯、新加坡、斯里兰卡、泰国、东帝汶、美国和越南。

东盟防长扩大会于2010年倡议创建，成员国包括东盟十国及中国、美国、俄罗斯、日本、韩国、印度、澳大利亚、新加坡八个东盟对话伙伴国。该机制旨在加强东盟与亚太地区有关国家间的互信与合作，共同应对跨国非传统安全挑战，有利于加强东盟与对话伙伴国在安全和防务领域的合作，有

---

〔1〕《五个关键词看懂第19届西太平洋海军论坛年会》，http://www.mod.gov.cn/gfbw/qwfb/yw_214049/16302391.html。

〔2〕《东盟地区论坛》，https://www.mfa.gov.cn/web/gjhdq_676201/gjhdqzz_681964/lhg_682614/jbqk_682616/。

利于促进地区稳定与繁荣。[1]

香格里拉对话会是由英国国际战略研究所、新加坡国防部亚洲安全峰会办公室联合举办的年度论坛，每年6月在新加坡市中心的香格里拉大酒店举行，故得名"香格里拉对话会"。[2] 自2002年首次举办以来，香格里拉对话会已经成功举办21届，规模迅速扩大，如今已成为讨论亚太安全最具影响力的多边平台之一。

（四）妥善处理领土问题和海洋划界争端

中国秉持亲诚惠容的周边外交理念，坚持与邻为善、以邻为伴，通过谈判协商和平解决领土问题和海洋划界争端。中国与12个陆地邻国解决了历史遗留的边界问题，同周边九个国家签署了睦邻友好合作条约。[3]

中国把管控分歧、增进互信作为维护周边稳定的重要内容，倡议建立中国-东盟防长热线，同东盟国家全面有效落实《南海各方行为宣言》，积极推进"南海行为准则"磋商，加强海上安全务实合作，推进地区安全机制建设，努力将南海打造成为和平之海、友谊之海、合作之海。

---

〔1〕《梁光烈在东盟防长扩大会上强调各国加强互信协作》,https://www.gov.cn/ldhd/2010-10/12/content_1720117.htm。

〔2〕《香格里拉对话l"香会"今日开幕,三大热点话题值得关注》,https://www.thepaper.cn/newsDetail_forward_27565804。

〔3〕《新时代中国的周边外交政策展望(全文)》,新华社北京2023年10月24日电。

编后记

本书为英文翻译作品，为使其内容表述更符合我国国情，更契合读者需求，提升阅读体验，我们在原文基础上对以下几方面作了调整和修改：

第一，内容适应性方面。由于不同国家在文化背景、社会环境等方面存在差异，书中某些表述与国内普遍情况存在一定出入。我们对此进行了优化与调整，使其更贴近国内实际情况。

第二，信息准确性方面。原书中一些时效性内容，如数据、政策等已随时间发生变化，同时部分信息存在事实偏差或难以查证等情况，对此，我们进行了全面更新及酌情删改，以确保信息准确性。

第三，内容增补方面。针对部分专业术语、政策性表述、数据、信息等查证资料来源，作补充说明，使内容更完整，便于读者更好地理解原文、追根溯源。

第四，篇章结构方面。针对原书中部分内容存在重复阐述，或与本书主题关联不大等情况，我们进行了系统梳理及整合，以使内容更加简洁紧凑、逻辑更加连贯合理。

我们期望为读者呈现一本内容简明、准确，更加贴合国内阅读习惯，更加全面反映中国价值观模式的图书，但谬误和疏漏仍难以避免，请读者不吝批评指正，以使本书臻于完善。

编者

2025 年 2 月